高等学校经济与管理类教材 · 旅游管理类系列

U0656443

智慧旅游
理论与实践

钟栎娜 邓 宁◎编 著

华东师范大学出版社

·上海·

图书在版编目（CIP）数据

智慧旅游：理论与实践 / 钟栎娜，邓宁编著. —
上海：华东师范大学出版社，2017
　ISBN 978 - 7 - 5675 - 6901 - 0

　Ⅰ.①智…　Ⅱ.①钟…　②邓…　Ⅲ.①旅游业发展-
研究　Ⅳ.①F590.3

　中国版本图书馆 CIP 数据核字(2017)第 225057 号

智慧旅游——理论与实践

编　　著　钟栎娜　邓　宁
责任编辑　孙小帆
责任校对　王婷婷
版式设计　卢晓红
封面设计　俞　越

出版发行　**华东师范大学出版社**
社　　址　上海市中山北路 3663 号　邮编 200062
网　　址　www.ecnupress.com.cn
电　　话　021 - 60821666　行政传真 021 - 62572105
客服电话　021 - 62865537　门市(邮购)电话 021 - 62869887
地　　址　上海市中山北路 3663 号华东师范大学校内先锋路口
网　　店　http://hdsdcbs.tmall.com/

印刷者　常熟市文化印刷有限公司
开　　本　787 毫米×1092 毫米　　1/16
印　　张　13.75
字　　数　301 千字
版　　次　2017 年 11 月第 1 版
印　　次　2024 年 2 月第 11 次
书　　号　ISBN 978 - 7 - 5675 - 6901 - 0
定　　价　35.00 元

出版人　王　焰

（如发现本版图书有印订质量问题,请寄回本社客服中心调换或电话 021 - 62865537 联系）

前言

从国外的智慧地球、智慧城市，到国内的智慧产业、智慧城市、智慧科技，以"智慧"为基础的概念不断涌现，极大地改变了人们的生产和生活方式。旅游业作为现代服务业的重要一环，与智慧化产生了新一轮的碰撞。2010年3月，江苏省镇江市在全国范围内率先创造性地提出"智慧旅游"的概念，开展"智慧旅游"项目建设；2012年5月，国家旅游局确定首批国家智慧旅游试点城市；2014年被确定为"智慧旅游年"，标志着我国智慧旅游时代正式来到。

智慧化为旅游业发展插上腾飞的翅膀。旅游业是我国的战略性支柱产业，也是新科技最好的应用场景之一。智慧旅游发展，产业是基础，技术是动能，创新是核心，变革是结果。智慧旅游发展的十年，正是信息技术在旅游业全面应用、推动产业全面革新的十年。从PC互联网到移动互联网，再到产业互联网，智慧旅游在信息技术发展的时代浪潮里不断成长，已经成为推动旅游业转型升级和高质量发展的重要抓手。

智慧旅游发展是大势所趋。近年来，国家和地方出台一系列支持政策，为智慧旅游发展指明了方向，提供了产业落地保障。党的二十大报告提出：加快建设数字中国，发展数字经济，实施国家文化数字化战略；同时强调坚持以文塑旅、以旅彰文，推进文化和旅游深度融合发展。智慧化则是推动文旅深度融合的重要途径，智慧旅游是贯彻落实党的二十大精神的重要实践。同时，随着国民收入水平的提高、信息化应用的普及、大众旅游发展程度加深，游客需求更加多样化、个性化，这就要求旅游业做好供给侧结构性改革，顺应旅游市场信息化需求，将科技融入旅游产品、体验、服务、管理场景中去，为游客提供更好的出行体验。

本书紧扣时代脉搏，紧追行业趋势，系统介绍了智慧旅游的相关理论与应用实践，理论部分聚焦概念演变、整体架构、技术支持，实践部分聚焦旅游管理、服务、营销、标准。本书共七个章节，重点阐述了以下问题：

1. 数字地球、智慧城市理念导向下智慧旅游的缘起、概念、演变和发展；

2. 智慧旅游的总体架构、信息流动向、应用场景和基本功能；

3. 智慧旅游使用的基本计算机技术及技术应用场景；

4. 旅游管理领域中智慧旅游的运用,包括城市管理、景区管理、酒店管理、旅行社管理;

5. 面向旅游者的行前、行中和行后各类智慧旅游服务;

6. 旅游营销中信息化技术的使用,从游客体验、游客服务,以及营销渠道领域介绍了智慧旅游在其中的应用以及对于传统旅游营销渠道的革新;

7. 我国智慧旅游标准化的现状,包括智慧旅行社、智慧景区、智慧酒店、智慧旅游乡村、智慧旅游营销以及智慧旅游电子商务平台的标准。

本书的编写依托于广泛的学术研究和实践经验,吸收国内外新的研究和发展成果,涵盖了智慧旅游的多个领域和案例,章节内容以专业理论阐释为基础,配以实际案例和应用场景分析,以深入浅出的形式介绍智慧旅游的主要知识,旨在帮助读者将理论知识与实践应用相结合,激发读者对智慧旅游发展的思考。通过学习本书,读者将了解和掌握智慧旅游的核心概念和原理,以及智慧旅游管理、服务、营销方面的具体应用,为读者专业学习和实践奠定坚实的基础。

中国智慧旅游发展已经进入崭新的发展阶段。站在新风口,智慧旅游发展面临着诸多机遇和挑战。道阻且长,行则将至。希望本书可以为智慧旅游领域科研、管理、运营等方面提供参考,为中国智慧旅游发展和创新贡献力量!

编者

2024 年 2 月

目录

第 1 章
智慧旅游导论

学习目标

- 了解智慧旅游的缘起。
- 掌握智慧旅游的概念及其演变。
- 了解智慧旅游的发展条件与应用。

1 智慧旅游的提出

智慧旅游是在智慧地球概念和智慧城市概念的基础上提出的,是国内外旅游信息化的最新发展成果,也是智慧城市的重要组成部分。

1.1 智慧地球概念的提出

2008年11月6日,美国IBM总裁兼首席执行官彭明盛在纽约市外交关系委员会发表演讲《智慧地球:下一代的领导议程》。"智慧地球"的概念被明确地提出来,这一概念给人类构想了一个全新的空间——让社会更智慧地进步,让人类更智慧地生存,让地球更智慧地运转。

2009年1月28日,奥巴马就任美国总统后,与美国工商业领袖举行了一次"圆桌会议"。作为仅有的两名代表之一,IBM首席执行官彭明盛再次提出"智慧地球"这一概念,建议新政府投资新一代的智慧型基础设施,阐明其短期和长期效益。奥巴马对此给予了积极的回应。之后不久,奥巴马即签署了经济刺激计划,批准投资110亿美元推进智慧的电网,批准投资190亿美元推进智慧的医疗,同时批准投资72亿美元推进美国宽带网络的建设。由此正式拉开了智慧地球由概念走向实践的序幕。

2009年2月24日,IBM大中华区首席执行官钱大群在2009IBM论坛上公布了名为"智慧地球"的最新策略。IBM认为,"智慧地球"的建设和实施不仅仅能够在短期内有力地刺激经济、促进就业,而且能够在短时间内打造一个成熟的智慧基础设施平台。人类能以更加精细和动态的方式管理生产和生活,从而达到全球"智慧"状态,最终形成"互联网+物联网=智慧地球"的发展模式。IBM提出"智慧地球"是因为IBM认识到互联互通的科技将改变这个世界目前的运行方式。这一系统和流程将有力推动实体商品的开发、制造、运输和销售,服务的交付,从人、金钱到石油等万事万物的运动,乃至数十亿人的工作、自我管理和生活。

智慧地球也称为智能地球,它是指把感应器或其他传感设备嵌入和装备到电网、铁路、桥梁、隧道、公路、建筑、供水系统、大坝、油气管道等各种物体中,并且被普遍连接,形成所谓"物联网",然后将"物联网"与现有的互联网整合起来,实现人类社会与物理系统的整合。

智慧地球具体来说具有以下三个方面的特征:更透彻的感知、更广泛的互联互通、更深入的智能化。

"更透彻的感知"是超越传统传感器、数码相机和射频识别(Radio Frequency Identification, RFID)技术的更为广泛的一个概念。具体来说,它是指利用任何可以随时随地感知、测量、捕获和传递信息的设备、系统或流程。通过使用这些新设备,从人的血压到公司财务数据或城市交通状况等任何信息都可以被快速获取并进行分析,便于立即采取应对措施和进行长期规划。未来该技术将被嵌入各种设备中,如车、器具、道路等。传感器将被利用到整个生态系统供应链、医疗保健网络、城市,甚至河流等自然系统。

"互联互通"是指通过各种形式的高速的高带宽的通信网络工具,将个人电子设备、组织和政府信息系统中收集和储存的分散的信息及数据连接起来,进行交互和多方共享。从而更好地对环境和业务状况进行实时监控,从全局的角度分析形势并实时解决问题,使得工作和任务可以通过多方协作得以远程完成,从而彻底改变整个世界的运作方式。预计未来网络用户将普及所有人,未来的互联互通技术将促成"三种屏幕"(电视、电脑和移动手机)的融合,并实现不中断的网络连接。数以万亿计的事物紧密相连,汽车、家用电器、相机、道路、管道,甚至医药品和家畜。

"智能化"是指深入分析收集到的数据,以获取更加新颖、系统且全面的洞察来解决特定问题。这要求使用先进技术(如数据挖掘和分析工具、科学模型和功能强大的运算系统)来处理复杂的数据分析、汇总和计算,以便整合和分析海量的跨地域、跨行业和职能部门的数据和信息,并将特定的知识应用到特定的行业、特定的场景、特定的解决方案中以更好地支持决策和行动。超级计算机和云计算可被应用于处理、建模、预测和分析流程将产生的所有数据。

IBM认为智能技术正应用到生活的各个方面,如智慧的医疗、智慧的交通、智慧的电力、智慧的食品、智慧的货币、智慧的零售业、智慧的基础设施、智慧的银行,使地球变得越来越智能化。

这些智能化手段将深刻改变人们的生活方式和生产方式。例如智慧的电力,赋予了消费者管理其电力使用并选择污染最小的能源的权利;智慧的医疗,解决医疗系统中的主要问题,如医疗费用过于昂贵、医疗机构职能效率低下以及缺少高质量的病患看护;智慧的城市,实现更高的城市生活质量、更具竞争力的商务环境和更大的投资吸引力;智慧的交通,采取措施缓解超负荷运转的交通运输基础设施面临的压力;智慧的供应链,致力于解决由于交通运输、存储和分销系统效率低下造成的物流成本高和备货时间长等系统问题。

IBM智慧地球的结构构想图如图1-1所示。

为应对智慧地球带来的机遇和挑战,2009年6月,欧盟委员会宣布了"物联网行动计划",实现将各种物品,如书籍、汽车、家用电器甚至食品连接到网络中,确保欧洲在构建新型互联网的过程中起到主导作用。欧盟认为,此项行动计划将会帮助欧洲在互联网的变革中获益,同时也提出了将会面临的挑战,如隐私问题、安全问题以及个人的数据保护问题。

2009年8月日本继"e-Japan"、"u-Japan"之后提出了更新版本的国家信息化战略——"i-Japan战略2015",其要点是

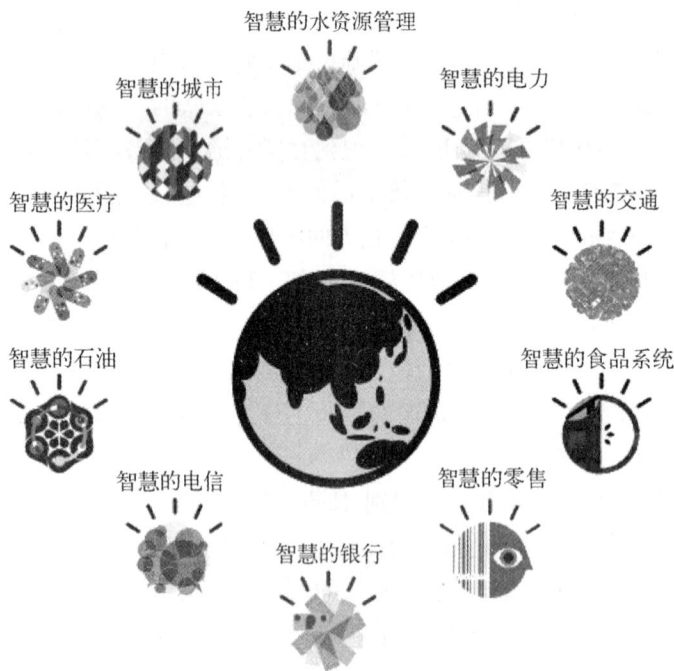

图1-1 IBM智慧地球构想图[①]

---

① 资料来源:http://www.ibm.com/smarterplanet/cn/zh/? re=masthead.

大力发展电子政府和电子地方自治体,推动医疗、健康和教育的电子化。政府希望通过执行"i-Japan"战略,开拓支持日本中长期经济发展的新产业,大力发展以绿色信息技术为代表的环境技术和智能交通系统等重大项目。

党的十八大以来,我国深入实施数字经济发展战略。党的二十大报告提出,加快建设网络强国、数字中国。2023 年 2 月,中共中央、国务院印发《数字中国建设整体布局规划》,明确数字中国"2522"整体框架,即夯实数字基础设施和数据资源体系"两大基础",推进数字技术与经济、政治、文化、社会、生态文明建设"五位一体"深度融合,强化数字技术创新体系和数字安全屏障"两大能力",优化数字化发展国内国际"两个环境"。

1.2　智慧城市的概念及其框架

智慧城市是充分利用数字化及相关计算机技术和手段,对城市基础设施和与生活发展相关的各方面内容进行全方面的信息化处理和利用,具有对城市地理、资源、生态、环境、人口、经济、社会等复杂系统的数字网络化管理以及服务与决策功能的信息体系,涉及智能建筑、智能家居、路网监控、智能医院、城市生命线管理、食品药品管理、票证管理、家庭护理、个人健康与数字生活等诸多领域。智慧城市全景图如图 1-2 所示。

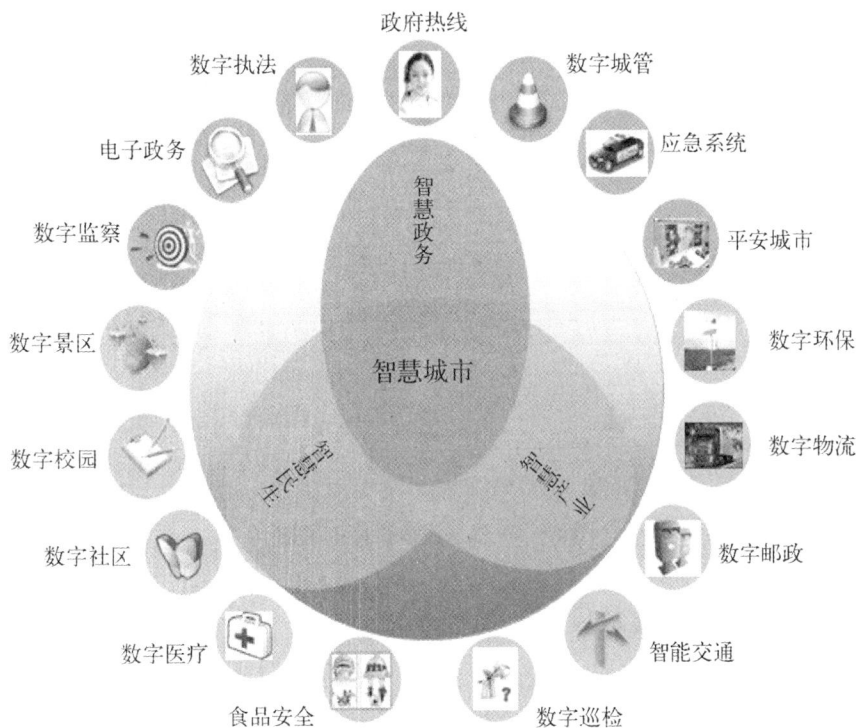

图 1-2　智慧城市全景图

智慧城市的特点包括:灵活、便捷、安全、更具吸引力、广泛参与与合作、生活质量更高。灵活是指能够实时了解城市中发生的突发事件,并能适当即时地部署资源以作出响应;便捷是指远程访问"一站式"政府服务,可在线或通过手机支付账单、学习、购物、预订和进行交易;安全是指更好地进行监控,更有效地预防犯罪和开展调查;更具吸引力是指通过收集并分析数据和智能信息(例如客流和货运)来更好地规划业务基础架构和公共服务,从而创造更有竞争力的商业环境来吸引投资者;广泛参与与合作是指实现政府不同部门之间常规事务的整合以及与其他私营机构的协作,提高政府工作的透明度和效率;生活质量更高是指越少的交通拥堵意味着越少的污染,降低交通拥堵和服务排队所浪费的时间意味着市民可以更好地均衡工作和生活,更少的污染和更完善的社会服务意味着市民可以拥有更健康快乐的生活。

全球有 600 多个城市正在建设"无线城市"。美国的亚特兰大、波士顿、拉斯维加斯、洛杉矶、旧金山、西雅图、费城、奥斯汀、克利夫兰、马里恩、匹兹堡、密尔沃基等城市都在建设无线网络,德国的杜塞尔多夫、匈牙利的杰尔、耶路撒冷、摩纳哥、伦敦的威斯敏斯特区、新加坡、日本,以及韩国的首尔、仁川、釜山等 6 个城市,还有马来西亚的吉隆坡、澳大利亚的悉尼都在积极建设无线智慧城市。我国的山东、四川、北京、天津、青岛、武汉、上海、南京、杭州、广州、深圳、扬州、厦门等已经明确了无线城市计划。

智慧城市的框架由感知层、网络层、平台层、应用层组成,具体如图 1-3 所示。

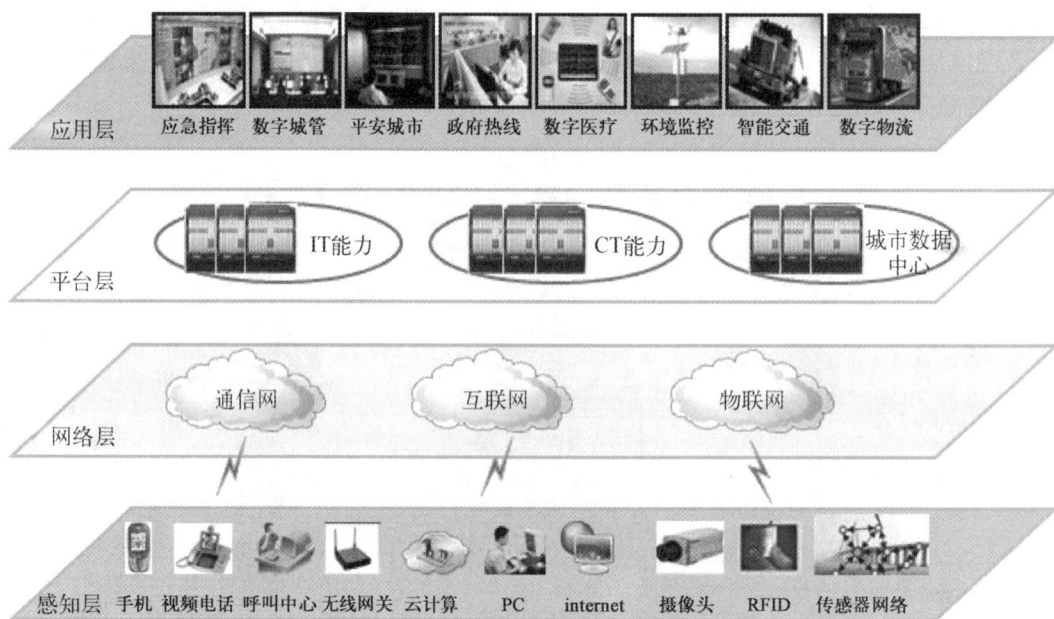

图 1-3　智慧城市整体框架图

1.3　从智慧城市到智慧旅游

在智慧城市建设的大背景下,旅游行业结合行业的实际发展情况,并在信息+旅游的基础上,提出了智慧旅游的概念。智慧旅游是智慧城市建设的重要组成部分,智慧旅游是智慧城市的形象大使,是智慧城市的重要展现主体之一。

智慧旅游建设离不开智慧城市的基础环境。智慧旅游高度依赖所在区域的信息基础设施,包括 4G 和无线网络覆盖,并对三网融合有一定的需要。这些基础建设投资巨大,并需要协调各方面的关系,仅仅依靠智慧旅游很难实现。智慧城市一般是由地方政府推动,并在基础设施建设上有完善的解决方案和对应的资金预算。智慧旅游应该充分利用智慧城市的建设成果,避免重复建设。

智慧旅游是智慧城市的重要组成部分。几乎所有的城市都具备旅游的功能,不考虑智慧旅游的智慧城市是不完整的。从政府部门职能角度看,智慧旅游应该从属于智慧城市,是智慧城市建设不可或缺的一个方面。

智慧旅游和智慧城市应该协调联动。在游客安全保障、紧急救援、景区环境保护、旅游行业监督执法等方面,旅游主管部门很难独立采取行动,需要联合智慧城市的其他各部门,通过智慧城市平台实现联动协作。

智慧旅游可以带动智慧城市建设。部分城市特别是把旅游作为支柱产业的城市,可以通过先开展智慧旅游建设,在打下一定基础,产生一定效益之后,再进一步开展智慧城市的建设。

智慧城市建设可以产生科技旅游项目。智慧城市建设中一些高科技项目的展示区、融合新技术的城市广场、演出场馆等,都可能成为科技旅游的项目,自然也可以成为智慧旅游的项目。

知识拓展

江苏省镇江市于 2010 年在全国率先创造性提出"智慧旅游"概念,开展"智慧旅游"项目建设,开辟"感知镇江、智慧旅游"新时空。智慧旅游的核心技术之一"感动芯"技术在镇江市研发成功,并在北京奥运会、上海世博会上得到应用。中国标准化委员会批准"无线传感自组网技术规范标准"由镇江市拟定,使得镇江市此类技术的研发、生产、应用和标准制定在全国处于领先地位,为智慧旅游项目建设提供了专业技术支撑。

1.4 感知中国的概念及其发展状况

2009 年 8 月 7 日至 9 日,国务院总理温家宝在中科院无锡高新微纳传感网工程技术研发中心考察时提出要尽快建立中国的传感信息中心,或者叫"感知中国"中心。感知中国的概念也随之进入学界和企业界的视野。这也是我国政府应对国际信息化发展新趋势的体现。

随后,温家宝总理在 11 月 3 日发表了题为"让科技引领中国可持续发展"的重要讲话,在这次讲话中,物联网被列为国家五大新兴战略性产业之一。要求"着力突破传感网、物联网关键技术,早部署后 IP 时代相关技术研发,使信息网络产业成为推动产业升级、迈向信息社会的发动机。""传感网"、"物联网"一时成为热点,引起广泛关注。党的二十大报告提出,加快发展数字经济,促进数字经济和实体经济深度融合,打造具有国际竞争力的数字产业集群。以信息化培育新动能,以数字化为产业现代化赋能。

"传感网"是多学科高度交叉的前沿研究领域,综合了传感器、嵌入式计算、网络及通信、分布式信息处理等技术。传感网络利用大量的微型传感计算节点,通过自组织网络以协作方式进行实时监测、感知和采集各类环境或监测对象的信息,以一种"无处不在的计算"的新型计算模式,成为连接物理世界、数字虚拟世界和人类社会的桥梁。目前的传感器网络技术还是以微型传感终端和组网为主,成本比较高,也缺乏接入互联网的能力。无线传感器网络在环境监测、资源监测、灾害污染监测、公共安全和国防、智能交通等各个领域都有广泛的潜在应用前景,也是国际信息领域的研究热点和竞争焦点。

"物联网"是一个理念,指的是将各种信息传感设备,如射频识别(RFID)装置、红外感应器、全球定位系统、激光扫描器等种种装置与互联网结合起来而形成的一个巨大网络,其目的是让所有的物品都与网络连接在一起,方便识别和管理。物联网是利用无所不在的网络技术(有线的、无线的)建立起来的,其中非常重要的技术是RFID电子标签技术。它是以简单的RFID系统为基础,结合已有的网络技术、数据库技术、中间件技术等构筑的一个由大量联网的阅读器和无数移动的标签组成的、比因特网更为庞大的网络。物联网成为RFID技术发展的趋势。在这个网络中,系统可以自动地、实时地对物体进行识别、定位、追踪、监控并触发相应事件。

知识拓展

2009年10月24日,在西安曲江国际会展中心召开的第四届中国民营科技产品博览会上,西安优势微电子公司首次推出了国内首颗物联网核心芯片——"唐芯一号",宣告我国已经攻克了物联网的核心技术。

2009年11月7日,总投资超过2.76亿元的11个物联网项目在无锡成功签约,项目研发领域覆盖传感网智能技术研发、传感网络应用研究、传感网络系统集成等物联网产业多个前沿领域。此举意味着温家宝总理提出的"感知中国"无锡示范区成功起航,标志着中国在物联网研发领域又迈出了坚实的一步①。

物联网关键技术在我国得到了广泛的应用:RFID主要应用在电子票证/门禁管理、仓库/运输/物流、车辆管理、工业生产线管理、动物识别等领域,中央政府也将RFID产业列入了"十一五"计划,相关部门投入大量资金实施了目前世界上最大的RFID项目(更换第二代居民身份证),各地也积极地实施交通一卡通、校园一卡通、电子身份证、动物管理、液化气钢瓶的安全检测、大学生电子购票防伪系统等项目。二维码技术已广泛应用于动物溯源、汽车行业自动化生产线、公安、外交、军事等部分领域,比如中国移动与农业部合作推广的"动物标识溯源系统",已经有10亿存栏动物贴上了二维码。

但目前我国物联网还处在零散应用的产业启动期,与大规模产业化推广还存在很大差距,还存在以下几个方面的问题:

一是行业融合的难度大。物联网的发展目标是促进信息技术与其他行业的深度融合,这种融合会触及企业的业务流程改变、机械设备改造、人员岗位调整等问题,必然会遇到较

① 资料来源:中国信息产业网 http://www.cnii.com.cn/20080623/ca592463.htm.

大阻力。

二是缺乏统一的技术标准。物联网主要是跨行业、跨领域的应用，各行各业的应用特点和用户需求不同，没有统一的标准和规范，造成物联网开发、集成、部署和维护的高成本，制约了物联网业务的规模应用。

三是缺乏可持续的商业模式。物联网的产业链构成复杂，涉及终端制造商、应用开发商、网络运营商、最终用户等诸多环节，各环节利益分配困难，难以实现共赢，进而导致商业模式的不可持续，需要进行商业模式的创新和多元化。

四是政策环境有待健全。随着物联网应用的推广，会涉及越来越多的国家安全、企业机密和个人隐私的信息，亟待出台保障信息安全、保护个人隐私的法令、法规，加强信息应用的监管。

2　智慧旅游的概念与演变

2.1　智慧旅游的概念

关于智慧旅游的概念，不同的学者从不同的角度给出了定义，并且进行了研究与探讨（编者注：出处请参阅书后"参考文献"部分）。

黄超等将智慧旅游定义为各类旅游活动的整合：智慧旅游也被称为智能旅游，就是利用云计算、物联网等新技术，通过互联网或移动互联网，借助便携的上网终端，主动感知旅游资源、旅游经济、旅游活动等方面的信息，达到及时发布、及时了解、及时安排和调整工作与计划，从而实现对各类旅游信息的智能感知和利用，即借助智慧城市的技术支持整合旅游产业链，服务旅游市场主体的各类旅游活动。该观点基于系统整合的角度，认为智慧旅游是借助于智慧城市的技术从事的各种旅游活动。

唐洪广认为智慧旅游是一种全新的旅游形态：智慧旅游是一种通过物联网、云计算、下一代通信网络、高性能信息处理、智能数据挖掘等技术在旅游体验、产业发展、行政管理等方面的应用，使旅游物理资源和信息资源得到高度系统化整合和深度开发激活，并服务于公众、企业、政府等领域，是面向未来的全新的旅游形态。

罗成奎将智慧旅游定义为一种旅游方式：智慧旅游是将云计算、物联网、互联网、下一代通信网络、高性能信息处理、智能数据挖掘等技术广泛地运用于旅游中，达到旅游信息基础架构与高度整合的旅游基础设施的完美融合，使得政府旅游管理部门、相关旅游企业和旅游者等可以作出更明智决策的旅游方式。它不是一种旅游形态，而是融汇于其他旅游形态之中的一种旅游方式。

金卫东认为智慧旅游是一种技术应用平台：它是以物联网、云计算等高科技为支撑，通过智能手机、电脑、触摸屏等多种服务终端，为广大民众和旅游企业、旅游管理部门提供各类旅游公共服务的综合应用平台。该观点基于技术创新的角度，把智慧旅游看作是一个复杂而强大的信息技术支撑的服务平台,可以为旅游活动的各个参与者提供快捷而周到的服务。

张凌云等将智慧旅游定义为智能技术在旅游业中的应用:智慧旅游是基于新一代信息技术,也称信息通信技术(ICT),为满足游客个性化需求,提供高品质、高满意度服务,从而实现旅游资源及社会资源的共享与有效利用的系统化、集约化的管理变革。

李云鹏从旅游信息服务视角,认为智慧旅游是旅游者个体在旅游活动过程中所接受的泛在化的旅游信息服务。

任瀚将智慧旅游定义为一个智能集成系统:认为智慧旅游是以物联网、云计算、移动通信技术、人工智能及其集成为基础的综合应用平台,以实现人的逻辑思维能力为目标的,可以充分满足旅游者个性化需求、提高旅游企业经济效益和提升旅游行政监管水平,带来新的服务模式、商务模式和政务模式的智能集成系统,是旅游产业重要的技术、服务和监管革命。

这些学者从不同的角度,根据不同的侧重点对智慧旅游作出了定义,但是不管是哪种定义,他们都肯定了智慧旅游是以物联网、云计算、高性能通信手段等为技术依托,使旅游活动的各个参与者能更好地参与到旅游中。但是目前国内对智慧旅游的定义太过繁杂,这很不利于对智慧旅游的深入研究。

一些学者对智慧旅游的技术、体系框架等进行了研究:黄超等认为智慧旅游的技术包括信息技术、物联网技术、互联网技术、4G移动通信技术、传感技术等;刘军林等认为智慧旅游技术的支撑是云计算、物联网、高速无线通信技术、地理信息系统、虚拟现实技术等;张凌云等认为智慧旅游区别于一般信息系统或工程的核心技术是云计算、物联网、移动终端通信以及人工智能四大技术的集大成者,是新一代信息技术的集成创新和应用创新。金江军从智慧旅游的四大部分——智慧政府、智慧景区、智慧企业、智慧游客的角度来构建智慧旅游的体系框架;郑俊通过阐述智慧旅游的内涵及在我国的建设情况,构建了智慧旅游流程图和智慧旅游总体架构;姚国章通过对智慧旅游的概念、表现形式、业务内容、参与主体等进行分析,提出智慧旅游的发展框架;唐洪广从公共服务平台、应用层、基础设施这三个方面构建了智慧旅游的基本框架;张凌云等通过阐述智慧旅游的起源及发展条件,提出了智慧旅游的CAA框架体系和应用模型。黄超等分别从旅游者、旅游企业、旅游目的地、旅游管理组织以及相关部门和产业这五个角度来探讨智慧旅游的路径选择。刘军林等将智慧旅游系统简要概括为"一心、两端、三网"。上海旅游网公司总结了智慧旅游的建设模式和运营模式。朱珠初步构建了智慧旅游的感知体系,并借助云计算、物联网等技术构建了旅游管理平台。虽然不同的学者对智慧旅游所依赖的技术的界定稍有不同,但是大体上都涵盖了云计算、物联网、移动通信技术等。不同的学者基于不同的角度来构建智慧旅游的框架。

国内学者对智慧旅游的影响的探讨包括宏观和微观两方面。宏观方面:马勇等从宏观方面分析了智慧旅游对旅游业发展的影响,指出智慧旅游是世界旅游业发展的未来趋势,也是我国旅游业转型升级的战略需求。微观方面:刘军林等主要从旅游景区的角度分析了智慧旅游对旅游业的影响;丁风芹从发展智慧旅游的意义的角度分析了智慧旅游对旅游业带来的影响;金卫东分析了智慧旅游对于构建现代旅游公共服务体系的重大影响;张国丽研究了智慧旅游对于旅游公共信息服务建设的影响;任瀚对智慧旅游作了定位分析,从而指出了其对旅游业产生的影响;张旗分析了智慧旅游的发展对旅游市场可能产生的影响。

智慧旅游对旅游业带来的变革与影响,除了宏观的理论架构,这种变革与影响在旅游主体、客体、中介体中的具体表现及其发生机制应是未来研究的重点。

一些学者对目前国内智慧旅游发展的现状及问题进行了分析：黄羊山分析了推动智慧旅游的重要机遇；张凌云等对国内智慧旅游的发展情况进行了研究，并指出，智慧旅游自诞生以来受到各级政府的高度关注，国内许多城市已纷纷宣布了建设"智慧旅游城市"的发展战略；裴盈盈提出目前智慧旅游建设中存在的挑战；黄晓波从微观角度分析了智慧旅游的发展现状并提出了其存在的问题；莫琨分别从感知层、网络层和应用层探讨了智慧旅游所面临的安全威胁。

智慧旅游这一概念自从在中国诞生以来，就备受关注，上至国家，下到各级政府，都纷纷希望通过建设智慧旅游，来推动旅游发展方式的转变。但是智慧旅游的发展也面临着众多的问题，比如基础设施建设跟不上需求的发展，游客的信息安全受到很大的威胁等，但是威胁与机遇共存，云计算、物联网等在我国已经有了一定的发展，智能手机的大量普及，以及政府的高度重视都构成了智慧旅游的助推力。

对于智慧旅游发展中产生的问题，不少学者提出了自己的对策：蒋丽芹等提出要加大对智慧旅游技术开发投入的力度；金江军认为应该在旅游行业推广新一代技术，以游客为中心整合旅游信息资源以及提升旅游服务的自动化和智能化水平；唐洪广从政府部门的角度提出了对智慧旅游建设的建议；高天明认为发展智慧旅游过程中必须坚持顶层设计与底层建设同步进行；丁凤芹在其对策中，着重强调要面向公众，动员全社会参与到智慧旅游的建设中来。智慧旅游是建立在旅游信息化基础上的一种更高层次的全行业信息化，我国的旅游信息化程度虽然有了很大程度的发展，却远远不能满足智慧旅游的要求。政府虽然也在倡导智慧旅游的建设，但是其实践往往落后于口号。

对于智慧旅游的评价体系的研究方面：张凌云在四层模型基础上构建了智慧旅游的评价体系；邓贤峰在国内首次对智慧景区的评价标准体系进行了探讨；沈杨等认为对智慧旅游的评价尚没有一个统一的标准，但借助智慧旅游城市的解决方案，"信息化的基础设施"、"信息化的游客应用"以及"信息化的产业应用"这三个方面是至关重要的。目前对智慧旅游的评价体系尚不成熟，虽然有学者提出了评价的因子，但都只是提供了一个大致的方向，而没有将其落到实处，更没有对评价的因子的权重进行研究。

其他方面的研究：严斌从自然地理学专业的角度在数据仓库整合机制的基础上，采用面向对象的分析方法，以智慧旅游信息系统的功能及数据需求为切入点，将 ETL（数据抽取、转换和加载）的数据整合方法提升、优化，形成了面向智慧旅游信息系统的旅游数据整合模型；蒋丽芹等对我国智慧旅游产业的发展进行了研究，并对其前景进行了展望，认为智慧旅游市场前景广阔，其产业应用空间巨大；杨阳分析了智慧旅游下旅行社发生的变化并提出了其发展对策；陈胜容以京东旅游环线为例，分析了在智慧旅游前提下的区域旅游发展新策略，比如建立区域云计算平台、建立区域旅游环线网、建立区域智慧景区、建立区域旅游感知网络和建立智慧的区域旅游行业管理系统/方法；姚国章提出了"云计算"对智慧旅游发展的作用以及推进"云计算"在智慧旅游中的应用的对策和措施；李臻等提出了智慧酒店建设的意义并对智慧酒店经营的前景进行了展望；冯浩在其硕士论文中从信号与信息处理专业的角度将 RFID 技术与旅游相结合，对江苏省的智慧旅游服务卡的需求进行了分析，并进行了尝试性设计。

因此,我们给出智慧旅游的概念:智慧旅游就是利用云计算、物联网、大数据等新一代信息技术,通过互联网/移动互联网,借助编写的终端上网设备,主动感知旅游资源、旅游经济、旅游活动、旅游者等方面的信息,使旅游系统与信息系统高度整合,让旅游系统及其利益相关者都以更加智慧的方式运行的一种旅游发展形态。智慧旅游的建设与发展最终将体现在旅游管理、旅游服务和旅游营销三个层面。

智慧旅游有着极为深刻的内涵:(1)以人为本,重点关注游客旅游体验。智慧旅游注重旅游服务的泛在化,游客在旅行中可通过多种接入方式,全程无差别享受信息化服务。在设计服务内容时,更多考虑游客的感受和需要,获取更多样的服务方式,增加服务的互动性和实时性。(2)通过开拓创新促进行业发展。要求旅游行业在保证业务规范的基础上,不断进行开拓创新。通过产品溯源等信息化手段保障旅游产品质量;通过精准营销、投诉快速反馈机制、服务满意度网络评价等方式保证旅游服务水平。通过差异化竞争,关注用户体验,发掘自身特长,不断开展产品和服务模式创新,提升对旅客的吸引力。(3)科学规划、精细管理,改变简单粗放的旅游管理方式。建立科学、客观的旅游规划建设体系,完善旅游基础设施建设,为旅游管理提供良好的基础;建立各级旅游政务管理平台,实现旅游信息高度汇总整合;创建良好的旅游监督环境,开放更多旅游管理展示和评价窗口给公众,增强旅游管理透明度。

此外,智慧旅游还具有以融合的通信与信息技术为基础,以可互动体验为中心,以一体化的行业信息管理为保障,以激励产业创新、促进产业结构升级为特色的特征。智慧旅游以高效、低碳的模式,实现物理资源与虚拟信息的全面互联互通,提供无处不在、触手可及的基础服务。通过智能化方式感知游客状态,进行深入分析,打造集需求采集、服务交互、效果反馈于一体的游客互动新模式。它实现行业与管理信息的大贯通,形成"敏感感知、准确判断、精确执行"的智慧化信息系统,从而对旅游活动进行监测、分析和控制。智慧旅游鼓励个人、企业和政府在智慧旅游基础设施上进行科技、业务、管理的创新应用,通过整合与创新,提升综合竞争力。

2.2 从旅游数字化到旅游智慧化

旅游智慧化的提出和智慧城市密切相关,也和信息化技术对旅游行业的逐步渗入密切相关。旅游信息化是旅游业发展的全局变革,旅游产业作为与用户体验息息相关的行业面临着网络化和数字化的快速变革,以计算机技术和网络化技术应用为主要手段的信息化已成为全球经济的发展趋势。旅游业的信息化是现代化经济和技术发展的需求和必然,也是旅游业自身发展的需要,旅游信息化成为推动旅游业发展的新的增长点。旅游信息化发展经历了四个阶段,即从数字化到网络化到智能化再到智慧化。第一阶段是数字化,由于计算机的出现,通过将信息转化为数据成为计算资源,由计算机进行计算处理,使其成为有用的旅游信息。第二阶段是网络化,由于互联网的出现,旅游信息可以在网络中互联互通,通过通信传输,将分散的旅游信息转化为集成的信息,从而得以更好地应用。第三阶段是智能化,由于信息技术的进步,由现代通信与信息技术、计算机网络技术、行业技术、智能控制技术汇集而成的针对某一个方面的应用的智能集合。第四阶段是智慧化,由于物联网的出现,使物体与物体在网络中互联互通,根据需求将感知信息进行加工建立智慧系统,实现智慧化应用,智慧化是旅游信息化发展的最新阶段。

（1）旅游数字化阶段

旅游数字化是旅游信息化建设较早的阶段,主要是利用互联网技术简化旅游从业人员的工作流程,提高工作效率,掌握旅游者的基本信息。对旅游行业主管部门来说,旅游数字化可以包括以下内容。

一是构建旅游信息数据库。强调有组织地规划和设计旅游信息资源库,统一管理基础数据和专题数据,旅游数字化主要是应用互联网等技术实现信息的集成共享,分布式异构数据集成管理,建立共享和服务机制,实现从单一功能到专题综合应用。将数字化作为一种手段,这种手段的主要功能是整合覆盖各个方面的旅游信息资源,解决旅游服务的效能问题,通过旅游数字化的建设,实现旅游信息资源的共享,极大地提高旅游市场的政府监管的运作效能,降低旅游企业和政府的运营成本。

二是构建城市/区域性旅游信息服务终端。旅游数字化建设不仅需要看不见的软件的集成组合,也需要通过一些数字终端来展现,基础设施是数字化建设的基础支撑,尤其是在旅游公共服务建设方面,数字化旅游在构建城市/区域性旅游信息服务终端中发挥着重要作用,如"数字信息亭"等。

三是构建旅游网站与旅游呼叫中心的协同发展模式。旅游网站建设并不是全面的,也不可能实现旅游者在旅游过程中的旅游信息咨询要求,因此,旅游者客观上还是比较依赖旅游呼叫中心的服务。传统的旅游呼叫中心主要有114、12580等综合性服务热线,然而,由于其涉及内容庞杂,服务的精细化程度远远不够,因此,由国家旅游局牵头实施的12301呼叫中心系统工程建设得到很好的发展。12301呼叫中心系统是一个定位于多媒体技术、整合各种旅游资源、支持多种接入方式、全面服务公众的旅游信息公共服务平台。旅游网站与旅游呼叫中心的协同发展能为旅游者带来便捷的服务。

四是旅游数字化能在一定时期内实现旅游劳动力的大解放,为旅游信息化的继续向前发展奠定良好的硬件和软件基础。一方面,旅游数字化建设推动了先进的技术融入旅游业,数字景区、数字酒店等旅游接待服务设施的数字化建设成果提升了旅游业的整体服务水平,为旅游信息化的建设提供了良好的基础支撑平台;另一方面,旅游数字化建设带动了旅游服务质量的改善和提升,促进了先进的旅游管理理念的普及,为旅游信息化的深入建设提供了良好的思想环境。

（2）旅游网络化阶段

网络已经成为人们日常生活、工作的重要组成部分,由此使传统的社会系统、经济结构、人类的生活方式发生了深刻的变化。因此,对于旅游而言,网络的介入与发展,不仅使传统旅游业加快了信息化的步伐,更为重要的是,传统旅游业的概念得到了新的诠释,网络旅游新概念开始深入人心,由此使得旅游资源所构成的地理空间概念得到深化和发展,网络旅游空间这一新的空间形态概念开始形成,展示了网络旅游特有的价值取向。

随着网络在全球的发展,网络服务已进入旅游业的方方面面,不但为旅游者提供了空前的快捷服务,也为旅游业提高效率、改进服务质量和降低成本等提供了日益便利的条件。大量的旅游企业或旅游目的地设立了自己的网站,既可以宣传旅游目的地以及旅游企业,同时也可以进行网络分销和中介交易的旅游电子商务活动,而且紧跟科技步伐并不断完善自己的网络管理。这类网站的不断普及和改善,既可吸引更多的客户,为旅游者提供更多便利,又不断推动了全球旅游业整体的完善和发展。旅行者通过网站选择旅行路线和景点,可获得充足的资料。网络预订机票、旅店、汽车等各类与旅游相关的项目,为航空公司、旅店等节省了大量的人力开支,这类企业再把节约的成本让利给旅游者。

(3)旅游智能化阶段

时代在发展,科技无止境。旅游数字化随着科学技术的向前发展不断深入,尤其是面对旅游者需求层次的大幅度提高,旅游智能化建设应运而生。智能化是一个方向,旅游智能化主要是为了解决有效配置和运行的问题,为旅游业的发展提供全面解决方案,创造核心竞争力。首先是解决资源的整合问题,其次是在资源的整合过程中有效配置。旅游智能化主要解决的是旅游业中各个要素之间的结构和关系的问题。

旅游智能化是智能化系统应用于旅游业产生的作用和效果,是旅游信息化发展的高级阶段。智能化系统是由现代通信与信息技术、计算机网络技术、行业技术、智能控制技术汇集而成的针对某一个方面的应用的智能集合。随着现代通信技术、计算机网络技术以及现场总线控制技术的飞速发展,数字化、网络化和信息化正日益融入人们的生活中。在生活水平、居住条件不断提升与改善的基础上,人们对生活质量提出了更高的要求,随着人们需求的日益增长,智能化的内容也得以不断更新和扩充。

第一,对于信息科技革命的智能应用。旅游智能化较之于以往的数字化,其对科技革命的理解和应用更为深刻和全面。旅游智能化面向应用、面向旅游产业升级,把新一代IT技术充分运用在旅游产业链的各个环节之中,把"智能"嵌入和装备到各类旅游资源中,是对信息技术的透彻解释。

第二,忽视旅游者的需求,从技术到技术的发展。旅游的智能化由于过分强调信息技术革命在旅游业中的应用,往往忽视旅游者的需求,对于一项技术成果,不是考虑旅游者对其是否有需求,而是一味思考其能够应用在旅游业的什么方面,因此产生的市场效益也不够高。

案例

早在20世纪90年代,外出旅行买机票往往还要跑旅行公司。今天,只要确定了行程,不出家门就可在网上凭信用卡预订机票、汽车、旅馆以及景点的旅游船票等。在美国,网上预租汽车,不但便捷,而且可通过比较拿到最实惠的价格。事先预租好车辆,就可一下飞机,直接搭乘租车公司的机场班车,少则两三分钟,多则五六分钟就可抵达该公司的车场。如果租的是本人会员公司的汽车,班车上的电视屏幕就会显示出自己的名字及停车位,司机会把班车停在自己已租到的车位前。车钥匙已经插在车上,只需检查一下该车有无明显磕碰等问题,就可开车走人,到了车场门口,有专人核对驾照,半分钟不到核对好后,就可放行上路。出差结束,只要把车开回租车场,工作人员手持小型信息机,一两分钟的检查后就可当场打出收据放行,并会指引你乘坐旁边的班车到你的航班柜台门口前。这类成熟的机制,不但为经常出差的人们免去坐出租车的费用,而且解决了在出差地点的交通工具问题,既省时省钱,又非常便利。

（4）旅游智慧化阶段

从旅游智能化到旅游智慧化，不仅要实现技术上的变革，更重要的是旅游信息化定位的变革，将旅游信息化建设的出发点和落脚点从强调科技的职能，转移到强调科技带给用户体验的提升，真正做到以旅游者的满意为重点。

智慧旅游依托智能旅游的技术基础，凭借先进的智能化手段，将以物联网、云计算、射频技术等最新科技信息革命的成果注入到为旅游者服务中去，通过超级计算机和云计算将"物联网"整合起来，实现人与旅游资源、旅游信息的整合，以更加精细和动态的方式管理旅游景区，从而达到"智慧"状态。智慧旅游强调以人的需求为主题，而不是一味地追求科技的最先进、最尖端、最智能。智慧旅游贯穿于旅游者旅游活动的始终，从旅游需求的产生到旅游实践，再到旅游心情的分享可以做一个闭环的智慧旅游范例。

旅游智能化强调的是技术上与旅游相关的一种能力，使人能够更好地享受便利、高效的旅游服务（将有形的产品看作整个服务的一部分），也可以被认为是旅游体验，但这种体验中的人是出于被动地位的，即职能程度不同获得的服务也不同；而旅游智慧化对信息（数据）集成技术依赖程度更高，旅游智慧化强调的是通过技术手段（设备）的主动感知和数据积累，可以主动发现人的需求而推送服务，从而使人可以被动地获得准确的服务。

旅游信息化实现从智能化到智慧化的飞跃，不仅仅是技术手段上的变革，更是应用效果上的变革。智能是技术范畴，而智慧更多地强调技术对人们产生的效果。智能旅游营造的旅游是一种机械的、智能的、孤立的服务，智慧旅游主要在于面向旅游需求的各种智能技术手段和技术能力的高效整合、快速呈现、迅速传播。旅游智能化向旅游智慧化的过渡，是旅游发展的必然规律。

虽然旅游智慧化建设不是盲目地追求科技的先进化，而是如何配置合理的资源，让游客体验无缝旅游的舒适感，但是旅游智慧化也是需要借助旅游智能化的基础平台，利用先进的技术设备和手段来实现的。旅游智能化是旅游智慧化的基础，具体包括思想基础、技术基础和基础设施基础。

首先，旅游智能化深化人们利用信息极速发展旅游业的认知，为旅游智慧化奠定思想基础。旅游智能化向旅游者、旅游企业和旅游监管部门展示出信息技术为旅游业带来的巨大变革，促使更多的人相信信息化是实现旅游产业转型升级的重要路径之一，也越来越成为一条必然之路。这为旅游的智慧化建设奠定了很好的认知基础，使得智慧旅游容易被更多人接受和肯定。

其次，旅游智能化提升旅游信息化水平，为迎接旅游智慧化的到来准备好技术条件。旅游智能化建设不仅带动了旅游业的迅速发展，同时带动了信息技术的应用成熟，证明了信息技术在旅游业中的强大生命力和效力，为推动信息技术的继续突破式发展夯实了技术层面的基础。

再次，旅游智能化提高了城市整体基础设施设备的智能化水平，为旅游智慧化营造良好的环境。如果说思想认知上的基础是"软"实力，那么基础设施方面的基础就是"硬"实力。

旅游智慧化是智能化的发展目标，代表着旅游信息化领域的最新成果和必然趋势。

首先，从词义本身看，智慧生活、智慧旅游、智慧城市等词语强调的是技术的进步使人们的生活得到改善而变得更加便利。智慧化和智能化的主要差异在"智"的结果上——"能"是

"智"的基本效用,而"慧"是"智"的升华。

其次,从发展阶段看,旅游的智能化在前,智慧化在后。沿着信息技术的发展趋势,旅游智慧化凭借的技术手段要比智能化更加高端和人性化。科技在不断进步,旅游信息化在向更先进的方向发展,旅游智慧化是智能化不断发展的结果。

再次,从实践价值和目标看,旅游智能化为智慧化奠定实践的基础,而智能化发展的终极目标是智慧化。智能旅游实现的是旅游媒介的高端化和智能化,忽视旅游者的需求,完成的是从技术到技术的循环;而智慧旅游以融合的通信与信息技术为基础,以游客互动体验为中心,以一体化的行业信息管理为保障,以激励产业创新、促进产业结构升级为特色。旅游智慧化实践的切入点和核心价值是游客互动体验。

3　智慧旅游的应用与发展

3.1　智慧旅游的条件

智慧旅游概念源于智慧地球与智慧城市,但其发展的推动力依托于以下六个方面:(1)全球信息化浪潮促进了旅游产业的信息化进程;(2)旅游产业的快速发展需要借助信息化手段,尤其是旅游业被国务院定位为"国民经济的战略性支柱产业和人民群众更加满意的现代服务业"以来,旅游业与信息产业的融合发展成为引导旅游消费、提升旅游产业素质的关键环节;(3)物联网/泛在网、移动通信/移动互联网、云计算以及人工智能技术的成熟与发展具备了促成智慧旅游建设的技术支撑;(4)整个社会的信息化水平逐渐提升并促进了旅游者的信息手段应用能力,使智能化的变革具有广泛的用户基础;(5)智能手机、平板电脑等智能移动终端的普及为智慧旅游提供了应用载体;(6)最为重要的是,随着旅游者的增加及其对旅游体验的深入需求,旅游者对信息服务的需求在逐渐增加,尤其旅游活动是在开放性的、不同空间之间的流动,旅游过程具有很大的不确定性和不可预见性,实时实地、随时随地获取信息是提高旅游体验质量的重要方式,也昭示了智慧旅游建设的强大市场需求。智慧化是社会继工业化、电气化、信息化后的又一次突破。智慧旅游已经成为旅游业的一次深刻变革。

3.2　智慧旅游的应用

党的二十大报告提出,坚持以文塑旅、以旅彰文,推进文化和旅游深度融合发展。智慧旅游则是贯彻落实党的二十大精神、推动文旅深度融合的重要手段。智慧旅游在现实中的应用有很多。在我国,已有不少省市将智慧旅游应用到旅游管理、旅游服务、旅游营销中去。在旅游管理方面,智慧旅游使得传统管理方式向现代管理方式转变,通过信息技术可以及时、准确地掌握游客的旅游活动信息和旅游企业的经营管理信息,实现旅游行业的监管从传统的被动处理、事后管理向过程管理和实时管理转变。智慧旅游依托信息技术,采集游客信息,建立分析体系,全面了解旅游各个过程中的变化,增强决策的科学性。在旅游服务方面,智慧旅游立足游客,通过信息技术提升服务体验与品质。智慧旅游通过科学的信息组织和呈现形式让游客快捷地获得旅游信息,帮助他们在短时间内完成旅游的决策过程。而且,智慧旅游通过物联网、无线技术、定位和监控技术,实现信息的传递和实时交换,减少游客在旅游过程中的障碍,让整个过程更加顺畅,提升舒适度和满意度,为游客带来更好的安全保障和旅游品质保障。在旅游营销方面,智慧旅游通过舆情监控和数据分析,挖掘旅游热点、游客兴趣点,引导旅游企业策划对应的旅游产品,制定对应的营销战略从而推动旅游行业的产品创新和营销创新。此外,智慧旅游还充分利用新媒体传播特性,吸引游客主动参与旅游的传播和研究,并通过积累游客数据和旅游产品消费数据,逐步形成自媒体营销平台。

案例

不妨以北京市作为例子。游客可以通过登录"i游北京"App或者登录北京市旅游委官方网站"北京旅游网"来购买北京众多景区的门票,而且能轻松查阅景区的舒适度指数。如果游客是旅行团的游客,还可以查询到导游的资格和旅行社资质……这些都是北京市智慧旅游的一部分,市旅游委为游客打造的正是融吃、住、行、游、购、娱为一体的游览体验。北京旅游网是目前全国语言版本最多的政府网站,多达10种语言,也正因为多语种服务,不少外国游客首先是通过北京旅游网了解到北京,每5个IP地址访问中就有一个来自海外。实际上,北京旅游网的官方微信目前也在全国各类政务微信中影响力靠前,总阅读量名列第三。

北京市在全国率先创立旅游产业调度中心。首都旅游产业运行监测调度中心集数据共享、产业监测、视频监控、公共服务、应急调度、视频会议等多项功能于一体,在全国旅游系统中是首创。调度中心实时发布京城各大景区的游览舒适度指数,为游客出行提供参考。调度中心被国家旅游局确定为"重点景区游客流量监测和服务系统试点省市"。游客通过北京旅游网或者"i游北京"App都可以快速查询了解到全市40个景区当天当时的景区舒适度指数、周边交通状况和气象实况。景区内的舒适度指数主要基于手机基站所监测到的用户量,能够比较准确地反映景区人流量的实时情况。舒适度指数每15分钟更新一次,共分5个级别,分别是5级舒适、4级较为舒适、3级一般、2级较拥挤、1级拥挤。

首都旅游产业运行监测调度中心整合了10余家委办局和区的信息资源,接入了全市委办局和区的信息资源,同时接入了全市7000余辆旅游营运车辆GPS信息、全市40家重点景区气象信息以及全市4A以上重点景区、5星级重点饭店近百家单位的视频监控信息。

此外,在"北京旅游网"的"虚拟导游"栏目中,游客在家里就能以360度的角度环视北京热点景区内的各景点,观赏各景点不同季节的风采和景观,聆听各景点生动的介绍和解说。通过互动,游客还可根据兴趣自主选择景点观赏,设计景区的游览线路,深度了解景区文化内涵。目前,"虚拟导游"栏目共收纳了北京200多个景区,除了5A景区,还包括柳沟、康西草原、天门山、朝阳公园、元大都遗址公园等郊区及城区的著名景点。北京A级景区虚拟旅游项目不仅创新、优化了为市民提供公共服务的手段和方式,同时为景区宣传推广提供了更多的渠道和广阔空间。通过这项工程的建设,不仅丰富了游客旅游活动的内容,提高了游客参与、体验和感知度,提升了游客的趣味性、娱乐性和满意度,而且为旅游企业建立宣传、营销、综合管理和公共服务平台奠定了基础。因此这项工程可以说是提升旅游服务、改善旅游体验、创新旅游管理、优化旅游资源利用的智慧旅游基础建设工程。

3.3　智慧旅游的发展

旅游从仅有纸质、人工两种途径的传统旅游,到计算机、局域网、单应用的电子旅游,再到电子化、分布式、互联网、宽带网、多应用、单向控制多管齐下的数字旅游日趋成熟,最后向智慧旅游的阶段迈进,旅游一直不断地跟随着社会发展的步伐。

智慧旅游在国外也被称为智能旅游(Intelligent Tourism)。作为"智慧地球"和"智慧城市"理念的倡导者,IBM公司也将这些理念运用于旅游酒店接待业的实践中,提出"智慧酒店"(Smarter Hotel)的解决方案,主要包括后台的集中化管理、云前台、自助进店和离店等模块。此外酒店服务的每一个细节也融入了智慧科技,包括提供下载的酒店预订与服务的App程序、楼宇自动导航、Wi-Fi网络、基于物联网技术的客房设备、远程会议服务等功能,以减少服务流程、提高管理效率、降低运营成本,为住客提供最全面的住宿体验。美国宾夕法尼亚州波科诺山脉度假区早在2006年就将射频识别(RFID)技术运用于接待行业。旅游者携带射频识别手腕带进入酒店入住和结账、开启房门、购买餐饮服务和纪念品,旅游项目费用支付也可使用手腕带进行操作。欧盟主要国家从2009年开始也着力开发远程信息处理技术,建立覆盖全欧的旅游交通无线通信网络,包括旅游信息系统、游览车运行调度系统、游览车安全控制系统等,实现智能化的旅游交通导航、信息发布、安全提醒、应急管理等功能。除了智慧旅游交通外,针对游客导览过程,也融入了智慧元素,如英国、德国两家科技公司合作开发的智慧导游手机App程序,通过游客的智能手机,为其提供线路规划、游览解说、原景重现、动画模拟、影片播放等导览服务,结合了人员导游与博物馆展示的特点功能。韩国首尔观光公社通过智能手机平台,开发出名为"i Tour Seoul"的App程序,为来自全世界的旅游者提供包括英、法、日、德、中文在内的移动信息查询和导航服务,游客可通过手机程序获得包括天气、历史文化、经典旅游景点和旅游活动、交通、购物、餐饮、住宿、娱乐、美容和医疗在内的全方位信息服务。

★★★★★　本章小结　★★★★★

本章介绍了智慧旅游是在智慧地球概念和智慧城市概念的基础上提出的一个旅游领域新概念,既是国内外旅游信息化的最新发展成果,也是智慧城市的重要组成部分。明确了智慧旅游的概念:利用云计算、物联网等新技术,通过互联网/移动互联网,借助编写的终端上网设备,主动感知旅游资源、旅游经济、旅游活动、旅游者等方面的信息,及时发布,让人们能够及时了解这些信息,及时安排和调整工作与旅游计划,从而达到对各类旅游信息的智能感知、方便利用的效果。最后介绍了智慧旅游发展的六个基本条件及其应用与发展。

★★★★★ 关键术语 ★★★★★

智慧地球　智慧城市　智慧旅游

★★★★★ 讨论与探究 ★★★★★

1. 如何从智慧旅游的由来,去深度认识智慧旅游发展的未来?

2. 智慧旅游最大的特征是什么?

3. 智慧旅游和智慧城市的关系是什么?

4. 智慧旅游有什么重要的条件,有哪些实践的应用,这些应用如何跟随时代的变化而变化?

第 2 章
智慧旅游的整体架构

学习目标

■ 掌握智慧旅游的三个维度。

■ 掌握智慧旅游的整体架构。

■ 掌握感知层、网络层、数据层、应用和服务层,以及支撑与产业体系的基本内容。

■ 了解智慧旅游信息流的过程。

■ 了解智慧旅游的场景和能力。

1　智慧旅游的维度

智慧旅游的整体架构可以从能力(Capabilities)、属性(Attributes)和应用(Applications)三个维度去理解,简称为智慧旅游的 CAA 框架体系。能力是指智慧旅游所具有的先进信息技术能力;属性是指智慧旅游的应用是公益性的还是营利性的;应用是指智慧旅游能够向应用各方利益主体提供的具体服务和功能。

公益性指智慧旅游的应用由政府或第三方组织提供,以公共管理与服务为目的,具有非营利性。营利性应用由市场化机制来决定服务提供商。智慧旅游的属性能够决定其开发主体、应用主体以及运营主体。

智慧旅游的 CAA 框架体系的内涵可归结为以下三点:一是以智慧旅游目的地的概念来明确应用主体,因此,除了一般智慧旅游所涵盖的旅游者、政府、企业之外,还包含了目的地居民,即智慧旅游涵盖了景区、城市(街区、社区等)、区域性旅游目的地概念;二是公益和营利属性是信息技术能力和应用的连接层,即纵向可建立起基于某种(某些)信息技术能力,具有公益或营利性质的,面向某个(某些)应用主体的智慧旅游解决方案;三是公益性智慧旅游和营利性智慧旅游的各种应用以及两者之间具有某种程度的兼容性和连通性,可最大限度地避免信息孤岛和填补信息鸿沟。

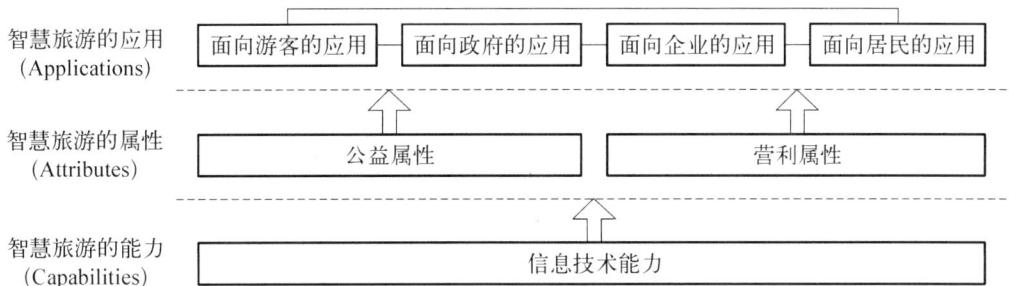

图 2 - 1　智慧旅游的 CAA 框架体系

2　智慧旅游的整体架构

基于 CAA 框架体系,可进一步定义智慧旅游的整体架构。

智慧旅游充分借助物联网、云计算、移动互联网等新兴信息技术带来的重大机遇,通过建设新一代信息技术基础设施和智能化应用,为游客提供无处不在、便捷化的旅游信息服务,提高旅游业务的综合管理和运营能力,创建优质的旅游生态环境,进而推动旅游产业的转型升级和结构调整。因此,智慧旅游实质上是一种基于新一代信息技术的旅游发展新模式、新形态。

智慧旅游整体架构是站在旅游信息化建设的角度，设计如何通过信息化的广泛应用，使旅游者的体验更加美好，使行业管理更加高效，使产业发展更加可持续。智慧旅游的整体架构由四个层次（感知层、网络层、数据层、应用和服务层）和四个支撑体系（标准规范体系、安全保障体系、运营管理体系和智慧旅游产业体系）构成。智慧旅游的整体架构如图 2-2 所示。

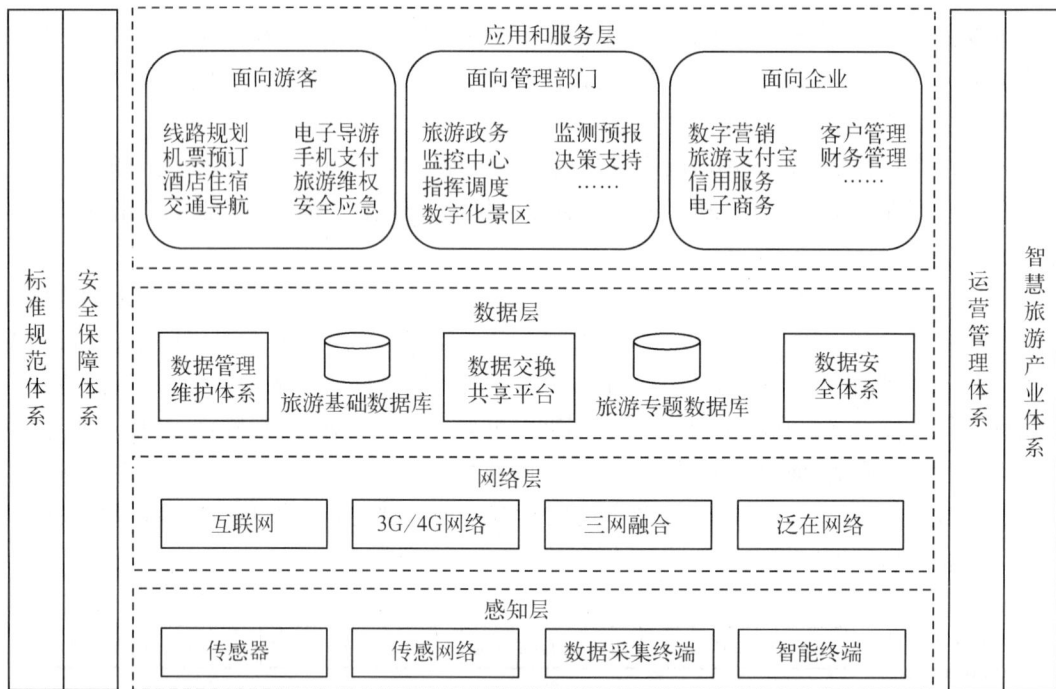

图 2-2　智慧旅游整体架构

智慧旅游是借助新一代信息技术整合旅游产业链，服务旅游市场主体的各类旅游活动，其体系涵盖感知层、网络层、数据层、应用和服务层，涉及规范、安全保障、运营管理以及相关产业体系等。

感知层是智慧旅游的神经末梢。感知层具有超强的环境感知能力和智能性，通过条码、射频识别、智能终端、传感器等泛在网技术实现对旅游基础设施、资源、环境、建设、安全等方面的识别、信息采集、监测和控制。

网络层是智慧旅游中的信息高速公路，是智慧旅游的重要基础设施。智慧旅游的通信网络应该是由大容量、高带宽、高可靠的光网络和全城覆盖的无线宽带网络所组成，充分利用三网融合的契机，为智慧旅游的应用提供无所不在的网络服务。

数据层是智慧旅游最重要的战略性资源。通过数据融合和信息共享，梳理并整合原先分散在旅游企业、旅游管理部门及相关机构或组织中的旅游资源信息、服务企业信息、服务对象信息、服务渠道信息、包含 GIS（地理信息系统）数据等在内的旅游目的地相关信息以及增值服务信息。数据层是形式准确、高价值的综合旅游信息资源库。

应用和服务层是指在感知层、网络层、数据层的基础上建立的各种智慧旅游的应用和服务。根据具体业务需求，对及时掌握的各类感知信息进行综合加工和智能分析，辅助统计、分析、预测、仿真等手段，为游客、旅游企业和政府部门提供个性化、智能化的服务。

标准规范体系、安全保障体系和运营管理体系贯穿于智慧旅游建设的各个层面，为智慧旅游建设提供保障和支撑条件，确保智慧旅游体系的安全、可靠运转和可持续发展。智慧旅游的建设将促进相关产业体系的健全和发展，如物联网、云计算、移动互联网、软件服务等战略性新兴产业。另外，由于旅游业的高度关联性，也将带动智慧交通、智慧物流、智慧医疗、文化创意等现代服务业的发展。

2.1　智慧旅游的感知层

感知层解决的是人类世界和物理世界的数据获取问题，是保证泛在网感知和获取物理世界信息的首要环节。感知层是智慧旅游体系中的神经末梢，也相当于皮肤和五官，用于识别物体，采集信息。感知层使用条码和识读器、RFID 标签和读写器、摄像头、GPS、传感器技术，采集各类旅游活动对象的基本信息，为相应的智慧旅游应用提供有效、精准的信息分析与决策依据。

2.1.1　感知方式

根据不同的感知信息和感知节点的特点，主要的感知方式可以分为以下四类。

（1）身份感知：通过条形码、射频识别、智能卡、信息终端等对感知对象的地址、身份及静态特征进行标识。

（2）位置感知：利用定位系统或无线传感网络技术对感知对象的绝对位置和相对位置进行感知。

（3）多媒体感知：通过录音和摄像等设备对感知对象的表征及运动状态进行感知。

（4）状态感知：利用各种传感器及传感网对感知对象的状态进行动态感知。

2.1.2　感知技术

在信息采集和感知方面，感知层所用技术主要包括：

（1）条形码。条形码是一种信息的图形化表示方法，可以把信息制作成条形码，然后用相应的扫描设备把其中的信息输入到计算机中。

（2）智能终端。智能终端主要包括智能手机、平板电脑、智能电视、智能卡等设备。

（3）射频识别技术。射频识别（RFID）又称为电子标签，是一种通信技术，可通过无线电信号识别特定目标并读写相关数据，而无须识别系统与特定目标之间建立机械或光学接触。RFID 标签主要分为被动、半被动和主动三类。由于被动式标签具有价格低廉、体积小巧、无需电源等优点，因此目前市场的 RFID 标签主要是被动式。RFID 技术主要用于绑定对象的识别和定位。通过对应的阅读设备对 RFID 标签（tag）进行阅读和识别。RFID 的典型应用领域包括门禁考勤、图书馆、医药管理、仓储管理、物流配送、产品防伪、生产线自动化、身份证防伪、身份证识别等。

（4）多媒体信息的采集。多媒体信息的采集是利用录音设备和各种摄像设备对音频、视频信息进行同步采集，并将其存储的各类技术，广泛应用于城市建设和管理的各个方面。

（5）传感技术。传感技术同计算机技术与通信技术一起被称为信息技术的三大支柱。从仿生学观点来看，如果把计算机看成处理和识别信息的"大脑"，把通信技术看成传递信息的"神经系统"的话,那么传感器就是"感觉器官"。传感技术是遵循信息论和系统论的,它包含了众多的高新技术,被众多的产业广泛采用,是现代化科学技术发展的基础条件。

传感器是智慧旅游感知层获得信息的主要设备之一,传感器主要包括温度、压力、湿度、光度、霍尔磁性传感器、微机电(MEMS)传感器、智能传感器等,在医疗领域得到了广泛应用。

(6) 定位系统。全球定位系统(Global Positioning System,GPS)是具有海、陆、空全方位实时三维导航与定位能力的新一代卫星导航与定位系统。GPS 作为移动感知技术,是采集移动物体信息的重要技术,更是物流智能化、可视化的重要技术。GPS 广泛应用于军事、民用交通(船舶、飞机、汽车等)导航、大地测量、摄影测量、野外考察探险、土地利用调查、精确农业以及日常生活(人员跟踪、休闲娱乐)等不同领域。

2.1.3 传输方式

感知层需要采用各种短距离无线通信技术,具体包括以下几类。

(1) IEEE 802.15.4。IEEE 802.15.4 是一种经济、高效、低数据速率(小于 250 Kbit/s)、工作在 2.4 GHz 和 868/915 MHz 频段的无线技术,用于个人局域网和对等网络。

ZigBee 是 IEEE 802.15.4 协议的代名词。ZigBee 是部署无线传感器网络的新技术,它是一种短距离、低速率无线网络技术,是一种介于无线标记技术和蓝牙之间的技术提案。ZigBee 来源于蜜蜂的"8"字舞,由于蜜蜂(Bee)是靠飞翔和"嗡嗡"(Zig)地抖动翅膀的"舞蹈"来与同伴传递花粉所在方位信息,也就是说蜜蜂依靠这样的方式构成群体中的通信网络。其特点是近距离、低复杂度、自组织、低功耗、低数据速率、低成本,主要适用于自动控制和远程控制领域。

(2) UWB。UWB(Ultra Wideband)是一种无载波通信技术,利用纳秒至飞秒级的非正弦波窄脉冲传输数据。通过在较宽的频谱上传送极低功率的信号,UWB 能在 10 米左右的范围内实现数百 Mbit/s 至数 Gbit/s 的数据传输速率。

(3) NFC。NFC 技术在单一芯片上集成非接触式读卡器、非接触式智能卡和点对点的功能,运行在 13.56 MHz 的频率范围内,能在大约 10 厘米范围内建立设备之间的连接,传输速率可为 106 Kbit/s、212 Kbit/s、424 Kbit/s,未来可提高到 848 Kbit/s 以上。

(4) 蓝牙。蓝牙是一种支持设备短距离通信(一般 10 米内)的无线电技术。能在包括移动电话、PDA、无线耳机、笔记本电脑、相关外设等众多设备之间进行无线信息交换。

智慧旅游建设具有范围广、规模大、业务复杂等特点,因此需要利用多种感知方式、感知技术和传输方式,实现信息从汇聚阶段向"人——人、人——物、物——物"协同感知阶段和泛在融合阶段迈进,满足智慧旅游采集是利用录音设备和各种摄像设备对音频、视频信息进行同步采集,并将其存储的各类技术,广泛应用于城市建设和管理的各个方面。

2.2 智慧旅游的网络层

网络层类似于人体结构中的神经系统,是在现有通信网和互联网的基础上建立起来的,综合多种通信技术,实现有线与无线的结合、宽带与窄带的结合、感知网和通信网的结合。该层的主要任务是将感知层采集到的信息,通过传感器网、通信网、互联网等各种网络进行汇总、传输,从而将大范围内的信息加以整合,以备处理。

网络层主要包括网络互连、三网融合、泛在网络三个方面的内容。

2.2.1　网络互连

（1）IP 宽带城域网。IP 宽带城域网是覆盖整个城市区域内的宽带网络。从目前通信网络技术的发展趋势看，多网的融合是不可逆转的大趋势，IP 技术将作为下一代网络的主要承载技术，IP 宽带网将成为各种通信应用统一的网络平台。

（2）无线宽带接入网。无线宽带接入网主要包括 3G/4G 移动通信系统、WIMAX、WLAN（Wi-Fi）宽带无线接入网以及数字集群网络、卫星移动通信网络、短波通信网络、专用无线通信等。利用宽带移动通信（3G/4G 等）和无线接入技术，确保全部公共场所、景区、道路实现无线网络覆盖。实现游客在任何地点、任何时间、任何情况下都能利用无线宽带上网，使用无线移动应用和信息服务。

（3）有线宽带接入网。有线宽带接入网为用户提供大容量、高速率的有线接入能力。主要包括局域网 LAN 接入、基于铜线的 xDSL 接入、FTTx 光纤接入网、基于无源光 Cabie 接入网等接入手段和网系。有线宽带接入网能够满足游客对高速上网、网络电视、高清电视、高清视频通话、全球眼等高宽带服务的需求，以及云计算服务的需求。

2.2.2　三网融合

三网融合中的三网是指以因特网（Internet）为代表的数字通信网、以电话网（包括移动通信网）为代表的传统电信网和以有线电视为代表的广播电视网。三网代表现代信息产业中三个不同行业，即电信业、有线电视业和计算机业的基础设施。三网融合主要指通过技术改造，实现电信网、广播电视网和互联网三大网络互相渗透、互相兼容，并逐步整合成为统一的通信网络，形成可以提供包括语音、数据、广播电视等综合业务的宽带多媒体基础平台。三网融合意味着三个网络层面实现互联互通，业务层互相渗透和交叉，为用户提供多样化、多媒体化、个性化的信息服务。

2.2.3　泛在网络

目前通信网络作为信息通信技术的重要基础分支，已经从人与人的通信发展到人与机器（或物体）间以及机器与机器间（M2M），并朝着无所不在的泛在网络方向演进。泛在网（Ubiquitous Network）是基于个人和社会的需求，实现人与人、人与物、物与物之间按需进行的信息获取、传递、存储、认知、决策、使用等服务，网络具有超强的环境感知、内容感知及智能性，为个人和社会提供泛在的、无所不含的信息服务和应用。

2.3　智慧旅游的数据层

在智慧旅游的建设过程中，需要从整体角度有效组织、整合和利用数据，最大限度地发掘数据的价值。数据层主要包括基础数据库与业务数据库、数据共享交换平台、数据安全体系、数据管理与维护体系四个方面的内容。

2.3.1　基础数据库与业务数据库

智慧旅游的各项应用和服务都需要基础数据的支撑，因此有必要整合现有信息资源来集中建设基础数据库，将现有分散在各部门及各行业的数据按照"以对象为中心"的原则进行整合、组织和利用，发挥数据资源的整体优势。同时，以基础库对象为主线，采用"逻辑集中、物理分散"的方式,利用数据共享交换平台,统一数据标准,建设信息资源目录,实现各部门和各行业业务数据的互联互通,建设智慧旅游各类业务库,为各行业应用提供一致性和权威性高的数据来源,提供面向政府、企业和市民的全方位、实时更新的基础信息服务。

2.3.2   数据共享交换平台

数据共享交换平台的定位不仅仅是一个技术层的交换机制,更应该考虑作为基础的、重要的应用支撑平台和体系。通过跨层级、跨部门的数据交换和业务协同,解决面向内部、外部的信息系统业务数据采集交换问题。鉴于其复杂性,应借助成熟的数据交换平台,将业务数据进行整合。通过数据交换平台,将不同来源、不同格式的数据统一格式和规范后存入各类数据库。另外,制定并实施信息资源共享与交换的管理办法,建立信息资源共享交换长效机制和管理制度,包括系统操作管理制度、交换流程管理制度、运行环境监视设备管理制度、系统应急计划及备份管理制度等。

2.3.3   数据安全体系

数据安全体系提供从信息和管理方面保证数据访问、使用、交换、传输的安全性、机密性、完整性、不可否认性和可用性,避免各种潜在的威胁。主要包括身份证、授权管理、数据交换过程安全保障和数据交换接口安全等方面的内容。

2.3.4   数据管理与维护体系

数据管理与维护体系是数据库建设的关键之一。智慧旅游建设形成的旅游信息资源是公共资源,应明确归属政府或授权相关部门进行管理和运营,并对数据采集、更新和整合进行统一管理,制定信息资源管理维护制度和技术平台管理维护制度两类。信息资源管理维护制度应包括信息资源公共制度、信息资源动态管理制度、信息资源安全管理办法、信息资源共享查询制度等技术平台。技术平台管理维护制度包括平台管理办法、平台对外服务指南及平台安全运营管理制度等。

2.4   智慧旅游的应用和服务层

服务是智慧旅游建设的出发点和落脚点。智慧旅游借助无处不在的感知网络,以统一的旅游信息数据库为基础,通过各种应用系统,向游客、旅游企业和政府管理部门提供各种智慧的服务。

2.4.1   面向游客

游客是旅游活动的主体。智慧旅游为游客有针对性地提供综合信息查询与在线订购服务,为游客出行之前的准备提供充分的资讯参考,帮助游客解决旅途中食、住、行、游、购、娱等诸多问题。比如,提供住宿、餐饮、购物行业和娱乐场所的资讯信息订购;航班时刻表及实时票价查询订购;市区公交地铁换乘、车站、驾车路线等信息服务;医疗安防等配套保障信息服务;其他日常旅游信息服务等。

根据跟团、自助、自由行、自驾游、背包客、商务游等多种旅游形式和游客的不同需求,有针对性地提供行程规划服务。对有意跟团的游客用户,提供各个旅行社的旅行价格、服务质量、用户评价方面的比较,并根据服务质量、路线价格等评价标准向用户推荐旅行社,帮助用户进行选择;对自助游的用户,提供旅游目的地各个方面的详细信息,包括交通、住宿、饮食、购物等信息查询,以便用户提前掌握旅游地的资讯;对自由行、自驾游、背包客用户,推荐旅游地最合适的旅游景点,提供时间、价格等方面的综合信息。

在旅游过程中,智慧旅游还可以为游客提供智能化的导览服务。借助精确的定位技术,并结合游客的喜好,通过文字、图片、声音、视频等多种形式,生动翔实地向游客展示景区秀丽的自然风光、人文景观,丰富的动植物资源,完善的旅游服务设施、项目以及多姿多彩的民俗民风,给游客带来丰富的旅游体验。

智慧旅游在为游客提供"全程式"旅游服务的同时,也可以为游客发布景点评论、游记攻略、分享旅游感受提供便捷、及时的渠道。借助 Web2.0 技术、旅游网站、论坛、微博等互动平台,可以实现游客之间、游客与旅游企业、旅游接待方、政府部门之间的互动沟通,以及对旅游投诉的及时处理等。

2.4.2　面向政府管理部门

旅游管理部门具有经济调节、市场监管、公共服务和社会管理的职能。智慧旅游的建设将进一步推进旅游电子政务建设,提高各级旅游管理部门的办公自动化水平,提高行政效率,降低行政成本;为公众提供畅通的旅游投诉和评价反馈渠道,强化对旅游市场的运行监测,提升对旅游市场主体的服务和管理能力;实现对自然资源、文化资源的监控保护和智能化管理,提高旅游宏观决策的有效性和科学性。

智慧旅游将提高管理部门的政务管理和行业服务能力。通过完善旅行社、饭店、景区、导游等行业管理系统,形成全国数据统一、分级授权管理的信息架构,保障旅游管理信息上传下达的时效性、准确性和一致性,有效提高旅游政务管理效率;建立各客源地旅游团队人员信息与行程信息的电子旅游服务和旅游安全事件的监控;及时公开各级旅游行政管理部门信息和旅游企业相关质量信息,促进旅游服务质量的提升。

智慧旅游将加强部门的旅游监测与应急响应能力。通过建立准确、及时的旅游监测预报体系,加强动态信息发布,提高对节假日等旅游高峰期的客流引导能力;建设重点旅游景区视频监控和旅游专业气象、地质灾害、生态环境领域的监测、预报预警系统,实现与各级应急指挥中心信息平台的信息共享,提高旅游景区的安全监控和应急调度能力;通过信息共享,加强与工商、公安、商务、卫生、质检、价格等部门协作,协同建立以部门协同、处理流程闭环为主要形式的旅游投诉受理和旅游救援服务机制,促进旅游行业的管理实现调控科学、管理高效、监管有力。

2.4.3　面向旅游企业

智慧旅游建设将借助云计算平台,聚合 IT 资源与存储、计算能力,形成区域范围内的虚拟资源地,实现旅游企业信息化的集约建设、按需服务。智慧旅游通过供应链、企业资源管理、在线营销、在线预订等专业化服务系统,可为旅游企业提供基于网络共享的软硬件环境和按需使用的应用服务,有效降低中小型旅游企业利用信息化手段开展经营活动的资源和技术壁垒,提升旅游信息化应用研发与服务效率。

智慧旅游将帮助联营企业开展网上营销。以广播电视、网络媒体、短/彩信平台、互联网门户与论坛、博客/微博客、位置服务、社交网络服务(SNS)等各类网络渠道资源作为旅游营销载体,针对其服务的客户群特征组织相应的在线旅游营销活动,对营销内容进行细分,建立客户忠诚度,管理旅游产品目录,为客户提供量身定制的个性化旅游产品与服务,改变旅游服务的增值化方向,建立新的竞争优势。

智慧旅游将有力地推动旅游电子商务的发展。通过建立科学、合理、权威的旅游企业信用评估标准,完善旅游市场主体信用信息管理体系;建设电子认证基础设施,规范电子认证服务;建立旅游产品安全电子合同系统,为数字签名、电子商务凭证提供统一的解决方案,保障旅游电子商务产品交易市场公平性、安全性;实现旅游电子商务系统与金融系统的对接,促进网上支付、电话支付和移动支付等新兴支付工具在旅游市场的应用;向客户提供个性化、交互式、易于使用的购买和支付工具,确保从产品服务选择、订单确定到支付整个过程的顺利完成。

2.5　智慧旅游的支撑保障与产业体系

智慧旅游的支撑保障体系包括智慧旅游的标准规范体系、安全保障体系、运营管理体系三方面的内容,是智慧旅游建设的基础支撑和重要保障。智慧旅游产业体系的发展是智慧旅游建设的关键目标。

2.5.1　标准规范体系

智慧旅游标准规范体系是智慧旅游建设和发展的基础,是确保系统互通与互操作的技术支撑,是智慧旅游工程项目规划设计、建设管理、运营维护、绩效评估的管理规范。智慧旅游标准化体系包括技术标准、业务标准、应用标准、应用支撑标准、信息安全标准、网络基础设施标准等。

2.5.2　安全保障体系

智慧旅游的安全体系建设应按照国家等级保护的要求,从技术、管理和运行等方面对智慧旅游的信息网络采取"主动防御、积极防范"的安全保护策略,建立计算环境安全、网络通信安全、计算区域边界安全三重防御体系,并在感知层、通信层、数据层和应用层通过建设安全的传感网络、安全的通信网络、安全的数据中心和应用平台,实现对智慧旅游的层层防控。

（1）对于传感层,安全防护的重点是实现用户的可信接入,保证数据的机密性、完整性、可用性、不可复制性。

（2）对于网络层,安全防护的重点是实现传输过程中的完整性、机密性、可用性,主要通过采用防火墙、IDS/IPS、抗 DDoS 攻击系统、网络密码机、信道密码机、服务器密码机、VPN设备、安全接入网关、安全性能检测设备等实现。

（3）对于数据层和应用层,可通过采用安全应用支撑平台、身份认证及访问控制系统、漏洞扫描系统、安全扫描工具、防病毒及恶意代码产品、可信接入认证系统、防非法接入认证系统、监控与审计系统、安全存储系统、主机安全加固系统、网络安全审计系统、入侵检测及防护系统的实现。

2.5.3　运营管理体系

智慧旅游的建设应逐步形成多元化投资机制。坚持以政府投入为导向、企业投入为主体、金融机构和其他社会资金共同参与的多渠道、信息化投资模式。建立"谁投资,谁受益;谁使用,谁付费"的运营机制,吸引社会力量参与。完善投资融资体系,吸引国内外风险资本进入智慧旅游的产业和基础设施建设。

智慧旅游的建设应大力推行服务外包制度。围绕用户技术支持、系统运行维护、软件设计开发等服务需求,积极在相关部门中推行信息化服务外包制度。改善预算管理,完善信息化项目支出预算相关规范,探索将信息化建设的技术支持、运行维护、软件开发等外包服务纳入政府采购序列,为政府部门购买服务、推行外包制度提供保障;通过资质认定、服务承诺、收费管理等配套的规范标准,为推行外包制度创造条件并形成规范。

智慧旅游的运营管理体系应逐步发展为多元化的投资中介服务体系。鼓励、引导工程技术研究中心、生产促进中心、创意服务中心等各类技术开发和中介服务机构按照市场运作的方式,结合智慧旅游建设,为政府、企业实施信息化提供需求诊断、方案设计、咨询论证、实施、监理、人员培训等方面的服务,形成专业化、网络化、市场化的新型信息化技术服务体系,最大限度地降低智慧旅游建设的风险。

2.5.4　智慧旅游产业体系

智慧旅游建设将通过旅游产业链各个环节的智慧化改造,提升我国整个旅游产业的规模和水平。通过改善游客体验,可增加游客旅游信心,增强旅游消费需求;通过发展面向国际的网络营销和电子商务,整体提升我国旅游业在国际市场的竞争力;通过与旅游相关的创新型服务,将有效促进金融、物流、信息、计算机服务和软件等战略性新兴产业与现代服务业的发展。

智慧旅游将提升旅游产业发展的可持续性。粗放式的旅游开发模式特别是重开发、轻保护等掠夺式的旅游资源开发模式已经不能适应经济发展的需要。智慧旅游通过信息技术在旅游产业中的应用,可增加旅游经济中的知识含量、科技含量,实现旅游业从依赖大量投入物质资源的粗放式发展方式到提高投入要素使用效率的集约式发展方式的转变,更好地实现产业的可持续发展。

智慧旅游将增强旅游产业竞争力,极大地提高旅游产业的服务水平、经营水平和管理水平,弥补传统旅游供应中灵活性差、效率低下的不足,使供应链上的各个环节间联系更加畅通,促进供应链向动态的、虚拟的、全球化、网络化的方向发展,提高应用系统、信息安全与管理的需要,开发相关标准规范的研究,加强标准宣传和培训,强化标准在智慧旅游建设各个环节中的应用,保证智慧旅游建设的效果和效益。

3 智慧旅游的信息流

3.1　来自旅游者的信息输入与输出

旅游者可以从智慧旅游平台获取景点介绍、导游广告、电子门票、优惠券信息以及社交信息,同时旅游者也可向智慧旅游平台发出指令并进行交互,从平台选购优惠券、订酒店、买机票以及发出自己的评论,等等。游客与平台之间的其他互动包括:

(1)旅游电子商务:用户通过多种接入方式,享受全方位、诚信的旅游服务。如:旅游信息服务、单项旅游服务、综合旅游服务、特产购物服务。

(2)智能门票及优惠服务:售票系统、中心平台、支付平台、验票系统。

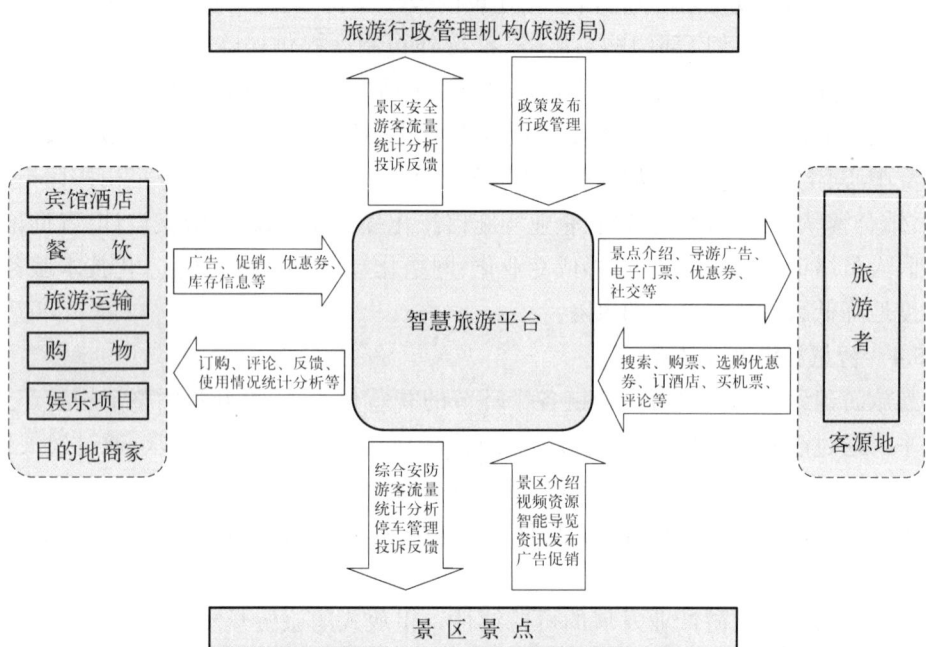

图 2 - 3　智慧旅游的信息流

（3）个性化智能导游：游客通过下载手机导览客户端，或租用定制导览终端的模式提供自助导览服务。

（4）景区（景点）应急救援。

（5）多媒体旅游资讯查询。

3.2　来自旅游行政管理机构的信息输入与输出

旅游局向平台进行政策发布，并且依托平台进行行政管理，包括办公平台、行政审核等，同时平台采集信息，向旅游局输出景区安全信息、游客容量、统计分析以及投诉反馈等。监管部门与平台之间的其他互动包括：

（1）跨部门协同办公系统：为旅游监管部门提供满足业务需要的网上协同办公系统，改善现有工作条件，提高跨部门工作效率，规范工作流程。

（2）旅游行业监管系统：市场监管、景区质量监管、合同监管、旅游电子合同、旅行团游客信息、旅行团行程单、导游、领队信息。

（3）区域文化宣传系统。

（4）优秀品牌宣传系统。

（5）招商引资系统。

3.3　目的地的信息输入与输出

目的地景区可以通过智慧旅游平台进行景区介绍，展示视频材料，进行智能导论，发布景区资讯，进行广告促销，同时，可以从平台获取综合安防、游客流量、统计分析、停车管理以及投诉反馈等各方面的信息。

目的地与平台之间的其他互动包括：

（1）车辆指挥调度管理：景区游客增加、车辆拥挤、景区项目正常运行的压力增大；景区运营管理的难度提高、成本上升；游客满意度下降。

（2）景区电子巡查：用户登录、基本地图操作、图层设置；GPS 定位、数据采集、问题上报；业务模块及数据更新、基础数据更新；图层设置、系统设置、应急导航等。

（3）景区安防监控与应急服务：GIS 地图管理、支持监控中心电视墙；实时图像远程观看，及时了解景区任意地区的安全情况；可控制画面放大和缩小、镜头转动；历史录像随时调用、定格画面抓拍；远程监听，与监控现场实时对讲；巡逻人员可随时随地用手机移动监控。

（4）景区流量实时监控：景区的出入口部署客流分析系统，实现对客流的在线统计分析及实时流量告警等服务，如：前端系统、WEB 远程访问用户、客流分析管理平台。

（5）景区 LED 流量引导。

3.4 目的地商家的信息输入与输出

目的地的宾馆酒店、运输、餐饮、购物、娱乐等商家可以依托平台输出自己的广告、促销、优惠券以及相关库存信息等。同时，平台也可以为目的地的其他商家提供订购信息、评论信息、游客反馈以及使用情况统计分析。

通过智慧旅游信息平台间不同信息的流动以及输入输出，将几个大的子系统联系到一起，形成旅游行业信息流通的闭环。

商家与目的地之间的其他互动包括：

（1）企业名片服务：通过"小区短信"为商家量身打造"企业名片"——发布服务促销信息。"小区短信"是一种在特定区域、特定时间对特定用户群发送特定短信的特色短信增值服务。利用广告营销功能可以与商家组成联盟，共同开拓和分享。

（2）企业营销管理。

（3）团队预订管理。

（4）旅行社佣金管理。

（5）酒店综合管理。

4 智慧旅游的场景和功能

4.1 互联网门户

（1）面向游客：网络虚拟旅游体验、旅游线路规划与引导、个性化智能导游、智能门票及优惠券、资讯发布、旅游社交互动服务、广告营销推荐、呼叫中心。

（2）面向景区、商家和主管机构：景区综合安防、景区游客流量管理、车辆及停车场管

图 2-4 智慧旅游的场景和功能

理、业务统计分析、景区管理、资讯发布、广告营销推荐、旅游电子商务。

4.2 WAP 门户

（1）能力中心：智能分析及宏观决策、广告营销、支付系统、应用整合、统一门户、停车场管理、景区安防、终端接入、旅行社管理。

（2）实例应用：LED、视频监控、多媒体 VR、彩信监控、电子优惠券、车辆监控、设施保护、基于移动位置服务（Location Based Service，LBS）。

4.3 定制终端

（1）物联网感知和识别平台：业务鉴权、业务管理、运营支持、终端管理、终端适配和信息采集、视频分发、录像与回放、前端接入。

（2）数据中心和云计算平台：旅游大数据存储组织管理、游客偏好数据、流量预测数据、批量数据导入、旅游运营数据汇交。

★★★★★ 本章小结 ★★★★★

本章是全书的重点章节，阐述了智慧旅游的总体架构，包括感知层、网络层、数据层、应用和服务层，以及外围支撑与产业体系。同时介绍了智慧旅游中信息流的动向以及智慧旅游可能的应用场景和基本功能。

★★★★★ 关键术语 ★★★★★

智慧旅游架构　感知层　网络层　数据层　应用和服务层

★★★★★ 讨论与探究 ★★★★★

1. 智慧旅游的基本架构是什么?
2. 智慧旅游的几个层次之间的关系是什么?
3. 智慧旅游所依赖的外部支撑环境是什么?
4. 智慧旅游中信息流是如何流动的?
5. 智慧旅游所运用的场景是什么?

第 3 章
智慧旅游的技术支持

学习目标

■ 了解智慧旅游中的基本技术。

■ 熟悉移动终端技术、物联网技术与虚拟现实技术。

■ 了解人工智能技术、云计算技术和信息安全技术。

1　与移动终端相关的技术

1.1　蓝牙

1.1.1　技术简介

蓝牙(Bluetooth),是一种开放的短距离无线通信的技术规范,可在世界上的任何地方实现短距离的无线语音和数据通信,而且功耗低,成本低。蓝牙技术最初由电信巨头爱立信公司于 1994 年创制,它最初的目标是取代现有的掌上电脑、移动电话等各种数字设备上的有线电缆连接,蓝牙可连接多个设备,克服了数据同步的难题。由于蓝牙体积小、功率低,其应用已不局限于计算机外设,几乎可以被集成到任何数字设备之中,特别是那些对数据传输速率要求不高的移动设备和便携设备。

1.1.2　在旅游业中的应用

(1)蓝牙室内定位

蓝牙的工作原理是通过蓝牙技术测量信号强度来进行定位,主要应用于小范围定位。在室内安装适当的蓝牙局域网接入点,把网络配置成基于多用户的基础网络连接模式,并保证蓝牙局域网接入点始终是这个微微网(Piconet)的主设备,就可以获得用户的位置信息。理论上,对于持有集成了蓝牙功能移动终端设备的用户,只要设备的蓝牙功能开启,蓝牙室内定位系统就能够对其进行位置判断。采用该技术作为室内短距离定位时容易发现设备且信号传输不受视距的影响。其不足在于蓝牙器件和设备的价格比较昂贵,而且对于复杂的空间环境,蓝牙系统的稳定性较差,受噪声信号干扰大。

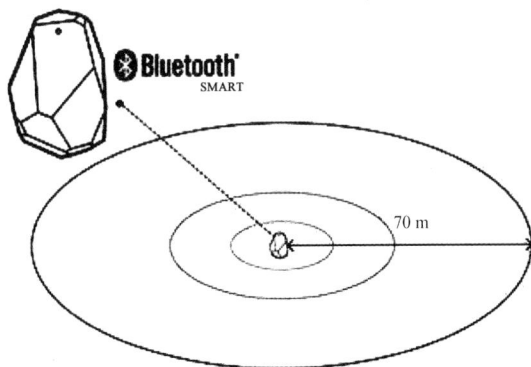

图 3 - 1　蓝牙定位技术示意图

图 3 - 2　蓝牙追踪器

(2)追踪行李牌

利用蓝牙定位技术,6 人游和防丢领域深耕打磨多年的智能硬件公司步丢联合打造完成了一款无线蓝牙技术的防丢产品——智能行李牌。此产品可捆绑于任何需要定位的物品上,可在一定空间内帮助人们搜寻,然后即刻确认物品所在位置。而且使用方便,打开 6 人游

App 的主页面,会自动链接旅行牌,开始定位物品,让手机和物品之间建立一个蓝牙链接,一旦物品距离超过顾客设定范围,智能行李牌就会发出温馨提示,从而提升旅途品质,用创新科技让旅行更安全。

1.2　NFC

1.2.1　技术简介

NFC(Near Field Communication)即近场通信技术,是一套由飞利浦半导体(现恩智浦半导体公司)、诺基亚和索尼共同研制开发,选用 13.56 MHz 电波的频率运行于 20 厘米距离内的短距高频无线电技术。此技术是由非接触式射频识别 RFID 及互联互通技术整合演变而来的,可以在移动设备、消费类电子产品、PC 和智能控件工具间进行近距离无线通信。

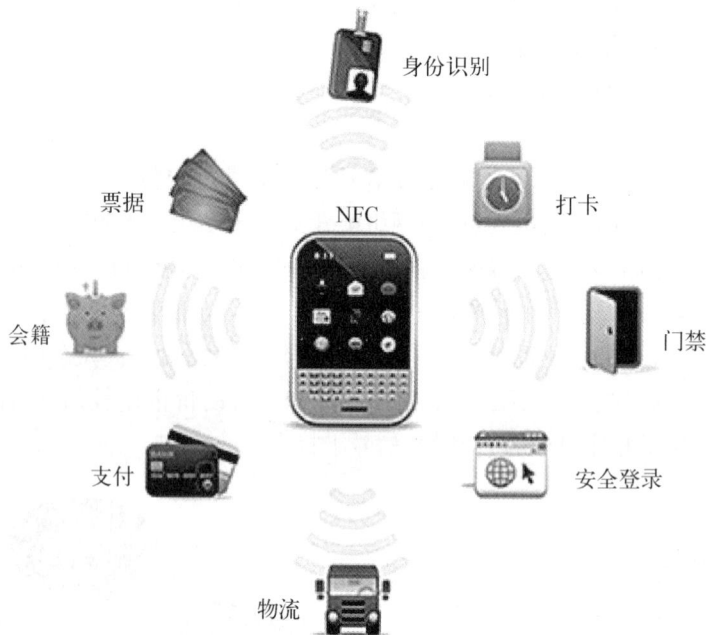

图 3-3　NFC 的功能

1.2.2　在旅游业中的应用

(1) 标签读取

最简单的 NFC 应用就是识别和阅读宣传广告、行李和其他设备上的标签,很多设备目前都提供 NFC 功能。在单一芯片上结合感应式读卡器、感应式卡片和点对点的功能,能在短距离内与兼容设备进行识别和数据交换。

(2) 便捷登机

NFC 能为旅游业带来切实的好处,比如机场的 NFC 读卡器使得乘客只需将手机放在读卡器上,读卡器就能自动读取登机牌的信息,然后乘客就可以直接登机而无需在手机上预先安装 App,甚至还省去了开机的麻烦。

图 3-4　NFC 标签

图 3-5　使用 NFC 智能手机触碰专用终端通过机场

（3）NFC 移动支付

NFC 移动支付是指消费者在购买商品或服务时，即时采用 NFC 技术，通过手机等手持设备完成支付，是新兴的一种移动支付方式。支付的处理在现场进行，并且在线下进行，不需要使用移动网络，而是使用 NFC 射频通道实现与 POS 收款机或自动售货机等设备的本地通信。NFC 近距离无线通信是近场支付的主流技术，允许电子设备之间进行非接触式点对点数据传输来交换数据。

图 3-6　NFC 支付

案例

2012 年新加坡开拓性地将 NFC 用作非接触式支付渠道。国外的苹果、三星，国内的华为、中兴都陆续成为 NFC 移动支付市场新的主力。2016 年中国银联与华为公司达成 Huawei Pay 合作,银联卡持卡人将可在拥有 Huawei Pay 功能的手机上,安全地管理和使用银联卡。今后,华为手机用户在移动设备上可享受银联"云闪付"的线下非接支付和线上远程支付两项主要支付功能。

（4）无线酒店预订

利用 NFC 近场通信技术的传输内容、移动支付、电子票证等功能,去哪儿网（Qunar.com）与全球手机创新和设计的领导者 HTC 及布丁酒店联手推出国内首个基于无线酒店预订的 NFC 技术应用,领先布局移动互联网 NFC 市场。HTC Desire C 手机中加入了 NFC 技术,通过这款手机中的去哪儿旅行客户端预订酒店,可以在抵达酒店前台时直接刷取手机获取会员优惠,自动完成入住信息输入,并直接成为酒店会员。

1.3 iBeacon

1.3.1 技术简介

iBeacon 是一项低耗能蓝牙技术,工作原理类似之前的蓝牙技术,由 iBeacon 发射信号,iOS 设备定位接收,反馈信号。其工作方式是,配备有低功耗蓝牙（Bluetooth Low Energy,BLE）通信功能的设备,使用 BLE 技术向周围发送自己特有的 ID,接收到该 ID 的应用软件会根据该 ID 采取一些行动。具体而言,利用的是 BLE 中名为"通告帧"（Advertising）的广播帧。通告帧是定期发送的帧,只要是支持 BLE 的设备就可以接收到。iBeacon 通过在这种通告帧的有效负载部分嵌入苹果自主格式的数据来实现。iBeacon 是苹果公司对于迅速发展的低能耗蓝牙接近性传输设备 Beacons 的升级版本。旅游品牌可以利用这些小而便宜的传

图 3 - 7　苹果 iBeacon 技术

输设备,当客户在机场或酒店等地时,通过他们的智能手机与其沟通。

1.3.2 在旅游业中的应用

（1）简化旅行服务

iBeacon 技术与网站分析工具相似,通过 iBeacon 技术获得的数据能够分析旅行者在机场和酒店的行为,这项技术能使旅游品牌更深入地分析旅行者的实际行为,简化旅行服务,提升旅行者的体验。

① 航空服务

iBeacon 技术可以为顾客提供个性化接待服务,能优化乘客包括点餐在内的舱内体验,实时获取乘客动态化需求。阿联酋航空已经开始试验 iBeacon 技术,帮助乘客搜索登机口,提醒他们登机,预估安检的等待时间,帮助他们追踪行李。维珍航空也开始试验这项技术,为乘客提供定制化的产品,如在机场出发区提供免佣金的货币兑换服务以及在登机前告知机上的娱乐设施。

② 酒店服务

利用 iBeacon 技术,酒店可以为顾客提供个性化接待服务,追加销售商品,形成无缝支付闭环。Smartstay 就是一款基于 iBeacon 定位技术打造智能酒店的应用。它能实时定点向客户推送相关消息创造更多消费,并实现云同步让酒店能够记录和分析客户的动态,为酒店带来收益的同时保障客户对酒店的忠诚度。

喜达屋酒店集团正在旗下 30 家酒店和度假村中试点 iBeacon 技术,帮助礼宾人员按照姓名接待客人,为赶时间的客人加快入住过程,可以允许顾客直接到达客房,甚至可以用手机替代传统的房门钥匙打开房门。此技术还可告知客房服务人员客人是否在房间内。

（2）基于场景的精准营销

基于 iBeacon 低功耗蓝牙技术,微信推出了 O2O 入口级应用——"摇一摇周边"。在 iBeacon

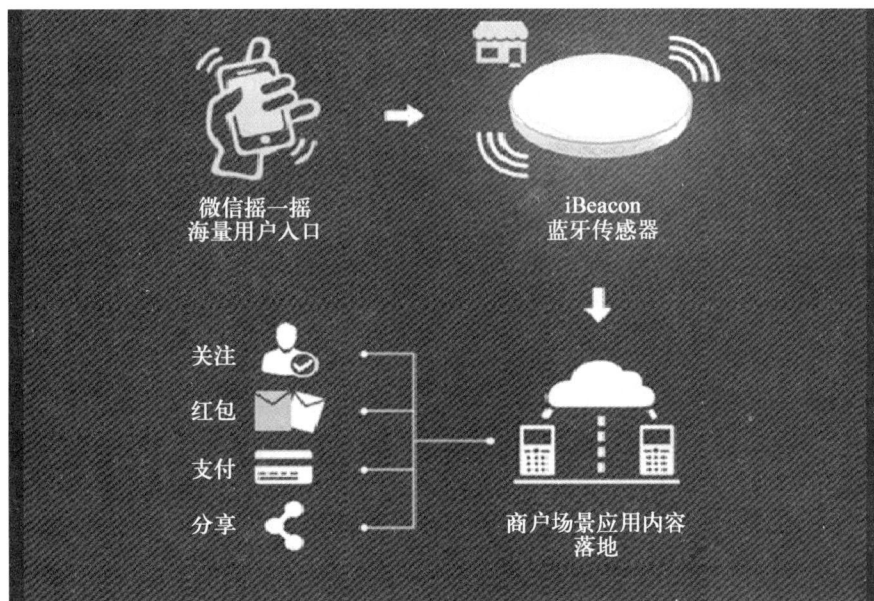

图 3 - 8　iBeacon 技术应用

信号覆盖的区域,用户手机蓝牙保持打开状态时,进入微信"摇一摇"界面,就会自动出现"周边"入口。用户只要摇动手机,即可获得相应的推送信息。由于不用关注即可实现与用户的互动,可以为商家提供基于场景的精准营销。商家可以根据用户的手机蓝牙 ID 信息,开展多种定制化、个性化的应用服务。

(3)景区自主游览

基于 iBeacon 技术,重庆智石科技公司研发出了智石(Bright Beacon)系统,此系统是一套完整的近场通信系统,包括智石信号发射基站、App 程序、服务器后台处理系统及开发者工具包。这套系统能通过信号基站准确获得用户位置及位置变化,从而触发 App 上各种实用功能。游客只需要打开智石科技的手机程序及蓝牙,就能独立地游览景区。"智石"会在游客靠近某一景点的时候,给游客弹出一段视频,或者图文介绍,为游客详细地讲解景区景点。"智石"还可以为游客提供一个精准的景区导航,精准导航的另外一个重要功能在于,能够为游客指引公共设施的位置,比如洗手间、小卖部的位置。这在给游客带来便利的同时,也大大地减轻了导游的工作负担。另外这种个性化的选择,对自驾游的游客来说也是一种便利。

1.4 GPS

1.4.1 技术简介

GPS(Global Positioning System)即全球定位系统,是由美国国防部研制建立的一种具有全方位、全天候、全时段、高精度的卫星导航系统,能为全球用户提供低成本、高精度的三维位置、速度和精确定时等导航信息,是卫星通信技术在导航领域的应用典范,极大地提高了地球社会的信息化水平,有力地推动了数字经济的发展。GPS 可以提供车辆定位、防盗、

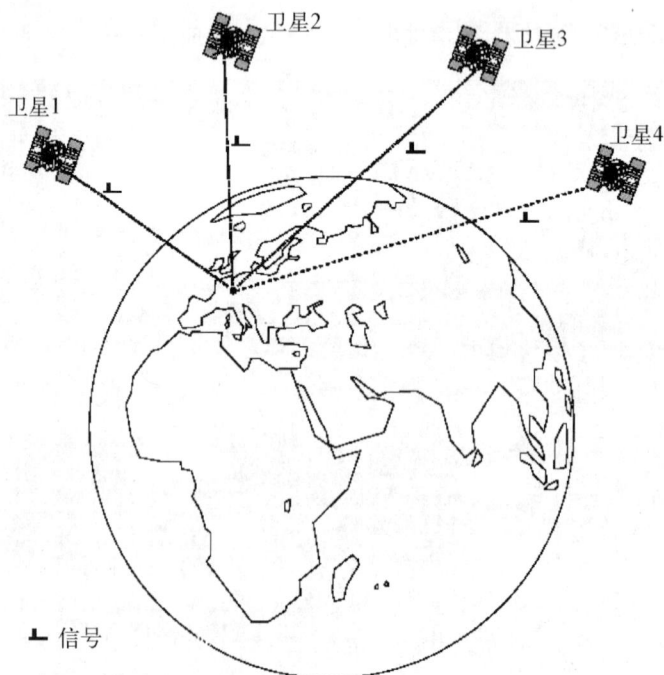

图 3 - 9　GPS 工作原理图

反劫、行驶路线监控及呼叫指挥等功能。

1.4.2　在旅游业中的应用

（1）获得旅游位置信息

GPS 定位是结合了 GPS 技术、无线通信技术、图像处理技术及 GIS 技术的技术。现实生活中，GPS 定位主要用于对移动的人、物、车及设备进行远程实时定位监控。GPS 定位的优势是，即使在接收不到电信运营商网络信号的情况下也可以利用 GPS 卫星进行无线定位。

手持 GPS 定位系统有野营郊游、户外探险、自助旅游等野外定点导航记录的功能，且全天候不受阴天黑夜、雨雪风霜等恶劣天气的影响，为徒步旅行者、户外探险者提供精准定位服务。

（2）旅游路线规划与导航

① 车载户外旅游导航

用户可以使用车载导航搜索前往的目的地，导航系统便会根据设定的起始点和目的地，自动规划一条路线，当用户没有按规划的路线行驶，或者走错路口的时候，车载导航系统会根据现在

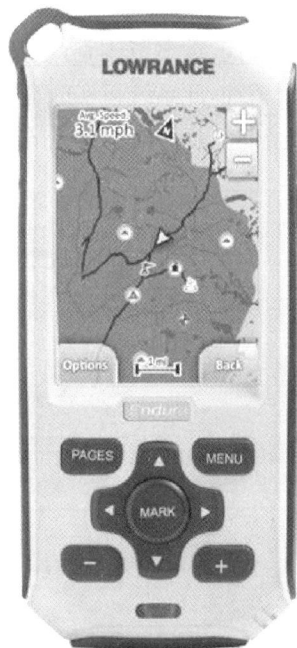

图 3 - 10　手持 GPS 定位器

的位置，重新规划一条新的到达目的地的路线。用户无需常看导航界面，听音即可辨路，行车更安全更高效，充分满足了自驾游和户外爱好者的全面需求。

② GPS 旅游智能导航

Locatify 公司依托 GPS 定位技术，研发了 GPS 旅游导航平台——SmartGuide（智能导航）。SmartGuide 是一个自动的语音导航，它自带 GPS 用的自定义地图、Google 地图和每个目的地的精彩图像。某种程度上，SmartGuide 像是一本带有特定区域语音导航功能的有声交互书籍。根据位置，导航会讲周围环境的一些细节。GPS 会触发讲述、照片以及地图的显示。

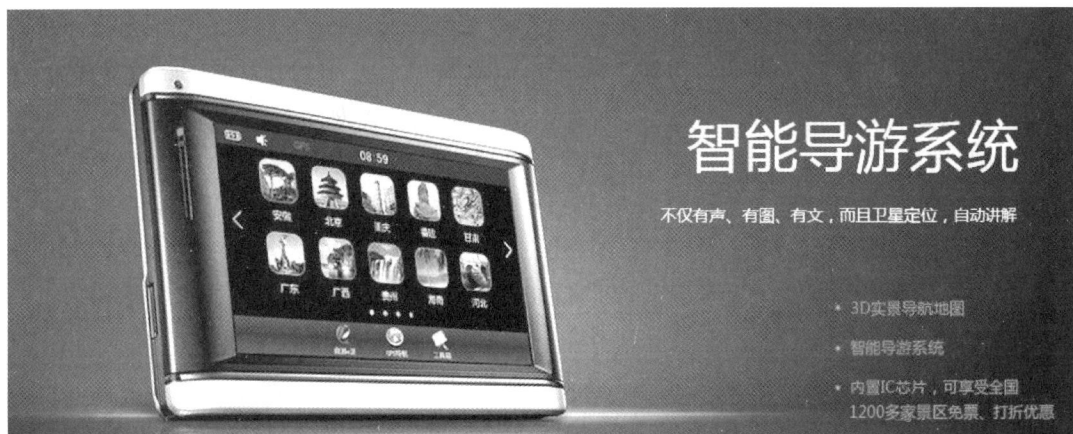

图 3 - 11　旅游智能导航

（3）旅游景区车辆调度

GPS 车辆调度系统是利用 GPS 技术、电子地图技术，提供对景区内车辆的监控、调度、导

航等功能。车辆监控由运行于服务器上的监控中心软件实现,功能主要有实时监控、动态单点查询、动态范围查询、发送指令等。景区管理人员可通过监控中心,对景区内车辆进行全程监控,此系统可实时显示车辆所在的位置,并可以对车辆进行轨迹回放。此系统可以有效地控制景区车辆,降低管理成本。

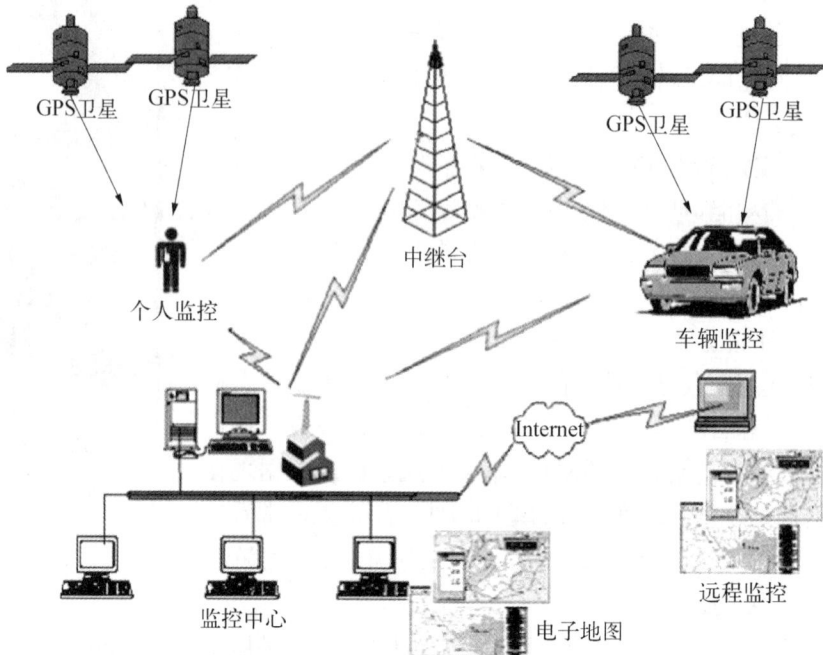

图 3-12　GPS 车辆管理系统

1.5　无线 Wi-Fi

1.5.1　技术简介

Wi-Fi 的英文全称为 Wireless Fidelity(无线相容性认证),与蓝牙一样,同属于短距离无线技术。其实质上是一种商业认证,同时也是一种无线联网的技术。之前是通过网线连接电脑,而现在则是通过无线电波来联网;常见的就是一个无线路由器,在这个无线路由器的电波覆盖的有效范围都可以采用 Wi-Fi 连接方式进行联网,如果无线路由器连接了一条 ADSL 线路或者别的上网线路,则又被称为"热点"。Wi-Fi 的覆盖范围可达 300 英尺左右(约合 90 米)。

1.5.2　在旅游业中的应用

（1）Wi-Fi 定位

每个无线 AP(Access Point)都有一个全球唯一的 MAC(Media Access Control)地址,并且一般来说无线 AP 在一段时间内是不会移动的。设备在开启 Wi-Fi 的情况下即可扫描并收集周围的 AP 信号,无论是否加密、是否已连接,甚至信号强度不足以显示在无线信号列表中,

图 3-13　无线 Wi-Fi

都可以获取 AP 广播出来的 MAC 地址。设备将这些能够标示 AP 的数据发送到位置服务器,服务器检索出每个 AP 的地理位置,并结合每个信号的强弱程度计算出设备的地理位置并返回到用户设备。可以在一定程度上提高定位精度(尤其在室内环境时),并为 iTouch、iPad、笔记本电脑等不具备 3G、4G 通信功能的移动终端设备提供尚可接受的粗定位能力。

(2) 基于 Wi-Fi 的景区智能导览系统

基于 Wi-Fi 的定位技术,旨在为游客提供定位、导航、路径规划、景点信息介绍、消息推送等一系列优质的服务。

根据检测已知的部署在景区内的 Wi-Fi 热点的信号强度来确定当前手持设备的具体位置,根据游客的当前位置和目的地规划出最短的路线并为游客提供导航。利用 Wi-Fi 给游客提供景点介绍信息,包括文字、音频、视频等形式。收集每位游客参观过的景区景点信息,根据游客游览的景点分析游客的性格爱好,并针对游客的性格爱好来推送消息,如向喜欢看花、喜欢参观艺术品的游客推送文艺主题的酒店或者推送类似的景点。

1.6 红外

1.6.1 技术简介

红外是红外线(Infrared Ray, IR)的简称,是一种电磁波,可以实现数据的无线传输。红外传输是一种点对点的无线传输方式,不能离得太远,要对准方向,且中间不能有障碍物,而且几乎无法控制信息传输的进度。红外通信技术适合于低成本、跨平台、点对点高速数据连接,尤其是嵌入式系统,已被广泛应用到移动计算和移动通信的设备中。

1.6.2 在旅游业中的应用

(1) 红外线室内定位

红外线 IR 标识发射调制的红外射线,通过安装在室内的光学传感器接收进行定位。虽然红外线具有相对较高的室内定位精度,但是由于光线不能穿过障碍物,使得红外射线仅能以视距传播。因此红外线只适合短距离传播,而且容易被荧光灯或者房间内的灯光干扰,在精确定位上有局限性。

(2) 旅游景区监控

智能红外视频监控系统可用于对整个旅游景区进行监控,此系统主要采用了红外热成像技术和模式识别技术。系统的基本工作流程是:当有异常情况出现时,监控中心将向高清摄像头发出启动命令,同时报警提示工作人员处理异常情况。该系统改变了传统视频监控的被动接收的感受模式,能够对视频图像中的目标进行自动监测、识别、跟踪和分析,从而通过电脑程序的自动筛选,过滤掉大量的用户不关心的视频监控录像,通过分析、理解视频画面中的内容,为用户提供对监控和预警有用的关键信息。利用这种技术,人们可以在完全无光的夜晚或者在雨雪暴风的恶劣气候下,清晰地观察四

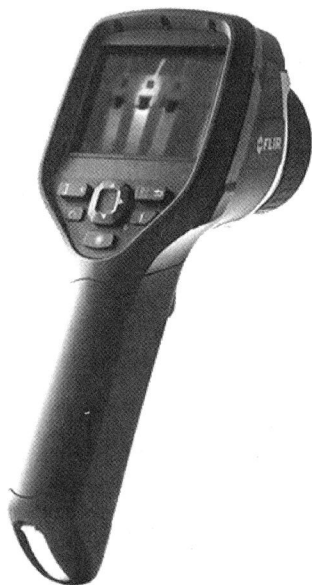

图 3-14 红外热成像仪

周情况。因此,红外热成像技术为安防监控领域提供了先进的夜视装备,并为安防监控工程提供了全天候的监视系统。

（3）保护景区文物

周界红外报警系统主要用于保护景区内的珍贵文物,以及监控危险区域游客的安全。它的工作原理是：入侵者跨过布防区或翻越围墙,就会遮断红外射束,触动警报系统,监控中心电子地图立即显示报警位置,同时自动启动周边摄像机进行跟踪拍摄,自动启动广播系统进行警告,提醒游客不要跨越区域。

1.7　语音识别

1.7.1　技术简介

语音识别技术,也称为自动语音识别（Automatic Speech Recognition,ASR）,是指将人说话的语音信号转换为可被计算机程序识别的信息,从而识别说话人的语音指令及文字内容的技术。与说话人识别及说话人确认不同,后者尝试识别或确认发出语音的说话人而非其中所包含的词汇内容。

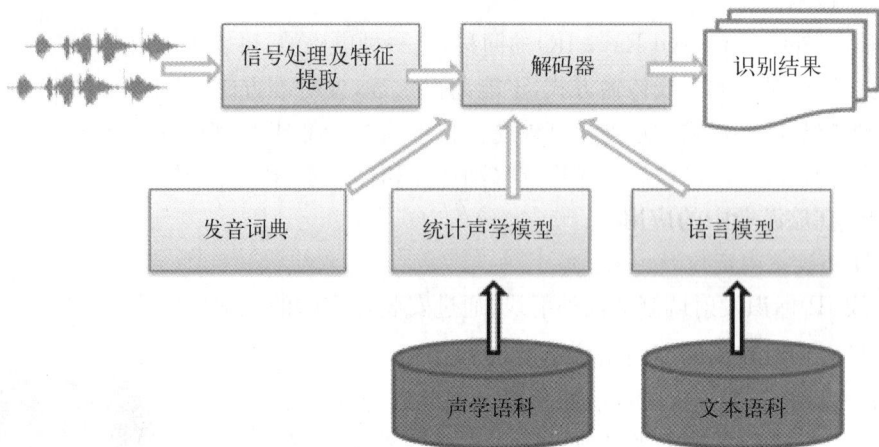

图 3－15　语音识别技术原理

1.7.2　在旅游业中的应用

（1）智能车载

Nuance 公司是最大的专门从事语音识别软件、图像处理软件及输入法软件研发、销售的公司,早已研发出定制的汽车级语音平台 Dragon Drive,通过将车载平台与手机连接,Nuance 可以帮用户实现语音控制 GPS 导航、信息收发、电话接打、社交网络更新等。

（2）手机"导游"

苏州思必驰信息科技有限公司的设计师,利用语音识别技术和近距离信息传输技术打造了一款手机"导游"产品。其中,语音技术包括语音合成技术和语音识别技术。手机"导游"会先去售票处报到,目的是获取该景区内所有景点的文本数据信息。有了这些数据,手机就能够轻松合成音频,在游客游览景区的同时,获得详尽的景点介绍。另外,游客每到一个景点,只需告诉手机"导游"自己所在的景点名称,它就能"听"懂指示,并向游客娓娓道来该景点的文化典故。

1.8　人脸识别

1.8.1　技术简介

人脸识别,属于生物特征识别技术,是根据生物体(一般特指人)本身的生物特征来区分生物体个体。广义的人脸识别实际包括构建人脸识别系统的一系列相关技术,包括人脸图像采集、人脸定位、人脸识别预处理、身份确认以及身份查找等;而狭义的人脸识别特指通过人脸进行身份确认或者身份查找的技术或系统。

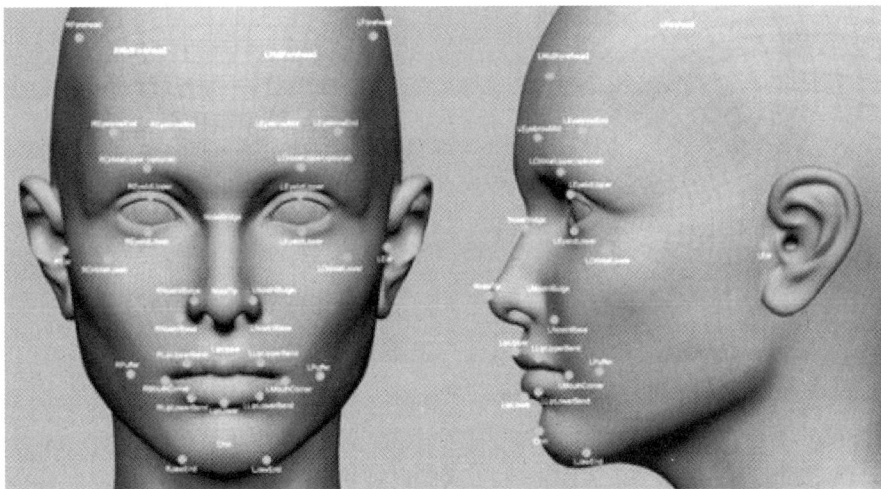

图 3 - 16　人脸识别技术

1.8.2　在旅游业中的应用

(1) 景区客流实时统计

现已有景区正在采用人脸识别技术做景区客流统计,该统计通过前端摄像机并依托人脸识别技术,对入园、在园和出园人数实时进行统计。同时系统还能实时将游客量传输到指挥中心,真正实现了中心与旅游景点之间的"零距离"管理联动,同时系统还将结合相关旅游App 软件,让游客随时掌握景区客流是"空闲"、"正常"还是"拥挤",便于他们及时调整游览线路,实现错峰入园。

(2) "刷脸"验票出入景区

结合人脸识别技术的智能门禁系统能更好地实现景区的数字化、智能化电子门禁管理,提升管理水平,使之更规范、更方便、更人性化地为游客和景区管理者服务。五大连池风景区已经开始实行新的售检票系统,除了传统的纸质门票外,游客可凭借二维码、身份证、指纹、手机验证码等多种形式进入景区。当系统读取电子门票时,对游人的脸部进行拍照,通过人脸识别系统识别,同时读取游人的指纹,对预先购票时的指纹进行比对,并进行身份的验证。先进的售检票系统,统计游客数量更加准确,为有效疏导游客提供科学依据。

（3）"刷脸"考勤

景区工作人员遍布各个岗位和区域，对于管理层来说，实时了解工作人员到岗情况、确定人员脱离岗位时间有很大的困难。深圳科葩推出了人脸识别考勤系统，系统将人脸识别模块与景区触摸屏或广告机进行整合，工作人员可在就近岗位区域的触摸显示屏进行"刷脸"考勤。方便管理中心实时了解工作人员到岗情况以及是否有替代、脱岗现象。整套系统不仅实现一机多用，还能够根据客户实际需要来选配功能，帮助客户提升管理效率并有效降低管理成本。

人脸验证：将摄像头采集的人脸图像与设备中的所有人脸数据进行比对。

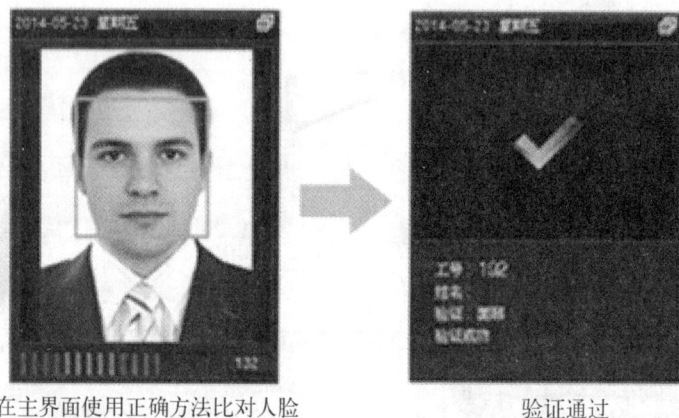

在主界面使用正确方法比对人脸　　　　　　　　验证通过

图 3 - 17　人脸识别考勤

1.9　在线支付

1.9.1　技术简介

在线支付是一种通过第三方提供的与银行之间的支付接口进行支付的方式，指卖方与买方通过因特网上的电子商务网站进行交易时，银行为其提供网上资金结算服务的一种业务。这种支付方式的好处在于可以直接把资金从用户的银行卡中转到网站账户中，汇款马上到账，不需要人工确认。它为企业和个人提供了一个安全、快捷、方便的电子商务应用环境和网上资金结算工具。在线支付不仅帮助企业实现了销售款项的快速归集，缩短收款周期，同时也为个人网上银行客户提供了网上消费支付结算方式，使客户真正做到"足不出户，网上购物"。

1.9.2　在旅游业中的应用

通过网上预订、银联"闪付"、手机支付等新兴支付手段，可以满足旅游出行方式改变带来的多元化支付需求。张家界景区根据旅游者个人的兴趣和需求，对旅游目的地的相关产品，比如门票、景区交通等，进行定制服务、旅游预订、租用电子导游和获取《旅游目的地观光指南》等，并通过在线支付的方式进行消费。这种信息技术与旅游业发展的创新模式，弥补了目前团队旅游和自由行存在的缺陷，是 B2C 和 C2B 模式的完美结合。

图 3 - 18   在线支付方式

2   物联网技术

2.1   技术简介

物联网(Internet of Things)就是物物相连的互联网,目前对于物联网并没有一个统一的定义,比较公认的概念是在计算机互联网的基础上,利用射频识别(RFID)、红外感应器、全球定位系统、激光扫描器、气体感应器等信息传感设备,按约定的协议,把任何物品与互联网连接起来,进行信息交换和通信,以实现智能化识别、定位、跟踪、监控和管理的一种网络。其中包含两层意思:其一,物联网的核心和基础仍然是互联网,是在互联网基础上的延伸和扩展的网络;其二,其用户端延伸和扩展到了任何物品与物品之间,进行信息交换和通信,也就是物物相息。物联网通过智能感知、识别技术与普适计算等通信感知技术,广泛应用于网络的融合中,也因此被称为继计算机、互联网之后世界信息产业发展的第三次浪潮。

2.2   物联网的关键领域

(1) 射频识别技术

射频识别(RFID)技术又称无线射频识别,是一种通信技术,可通过无线电信号识别特定目标并读写相关数据,而无需识别系统与特定目标之间建立机械或光学接触。因此,RFID技术也是一种传感器技术。RFID 技术是融合了无线射频技术和嵌入式技术为一体的综合技术,从概念上来讲,RFID 类似于条码扫描,对于条码技术而言,它是将已编码的条形码附着于目标物并使用专用的扫描读写器利用光信号将信息由条形磁传送到扫描读写器;而 RFID 则使用专用的 RFID 读写器及专门的可附着于目标物的 RFID 标签,利用频率信号将信息由 RFID 标签传送至 RFID 读写器。射频识别系统最重要的优点是非接触识别,它能穿透雪、雾、冰、涂料、尘垢和条形码无法使用的恶劣环境阅读标签,并且阅读速度极快,大多数情况下不到 100 毫秒。

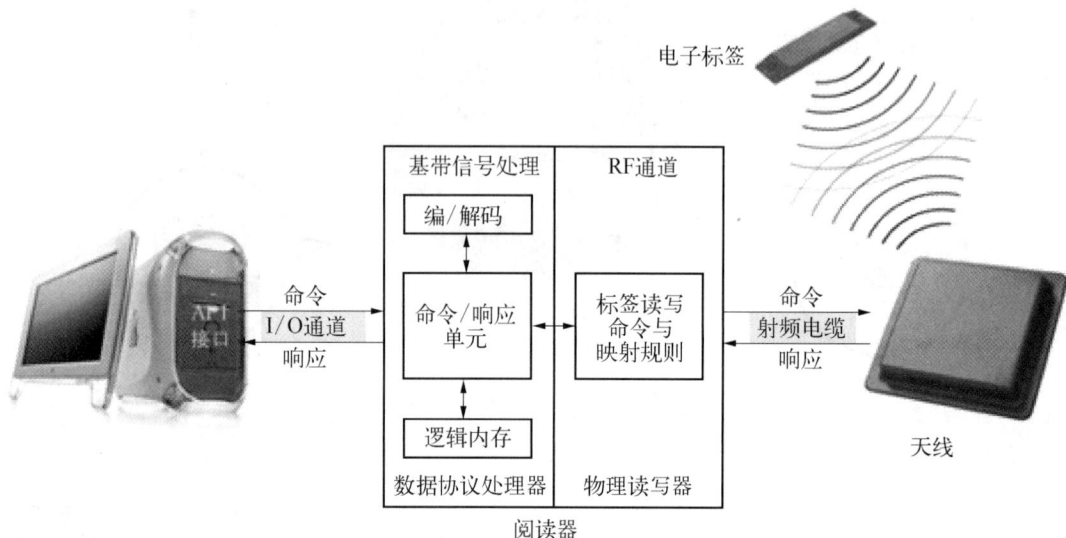

图 3 - 19　RFID 系统架构

（2）无线传感器网络

无线传感器网络（Wireless Sensor Networks，WSN）是一种分布式传感网络,它的末梢是可以感知和检查外部世界的传感器。WSN 中的传感器通过无线方式通信,因此网络设置灵活,设备位置可以随时更改,还可以跟互联网进行有线或无线方式的连接。WSN 是通过无线通信方式形成的一个多跳自组织网络。

（3）M2M

M2M 是 Machine-to-Machine 的简称,是一种以机器终端智能交互为核心的、网络化的应用与服务。它通过在机器内部嵌入无线通信模块,以无线通信等为接入手段,为客户提供综合的信息化解决方案,以满足客户对监控、指挥调度、数据采集和测量等方面的信息化需求。

（4）两化融合

两化融合是指以信息化带动工业化,以工业化促进信息化。其核心理念是以信息化为支撑,追求可持续发展模式,其最基础的传统技术是基于短距离有线通信的现场总线的各种控制系统。

2.3　在旅游业中的应用

（1）停车场管理

景区停车场需要大量工作人员进行监控,且由于场地有限,很容易导致拥挤堵塞。而通过利用 RFID 技术实现人员和车辆的出入控制,可以提高停车场的使用效率,减少停车场的人力成本,实现停车收费自动化。同时配合智能视频监控,实时监控车辆出入,实时监控人员进出,可以保障安全。

（2）旅游交通一卡通

旅游交通一卡通采用 RFID 技术的非接触式 IC 卡,用以实现支付交通费用方面的功能。该系统是以统一发行的 RFID 卡作为各种交易费用的支付介质,利用先进的计算机网络、自动控制、信息处理、通信等技术建立的以卡发行、消费、结算为基本业务的应用系统。2012年,厦门、漳州、泉州三地旅游局合作发行了"闽南旅游卡",这是一张整合厦门、漳州、泉州主要旅游景区付费方式的非接触式多功能区域性预付费卡,该卡可在多家景区及其附属行业（酒店、餐饮等地）进行刷卡消费。

（3）景区电子票务

景区电子票务,俗称无纸化电子票,具体是指集售票、管理、财务、验票为一体的综合性票务管理系统。使用该系统可以有效节省景区工作人员的时间从而提高效率,满足在线网上订票客户的需求,随时随地购买门票。2005 年爱知世博会的门票系统就采用了 RFID 技术,实现了大批参观者的快速入场。2006 年世界杯主办方也采用了嵌入 RFID 芯片的门票,起到了防伪的作用。

3　虚拟现实技术

3.1　技术简介

（1）虚拟现实

虚拟现实技术（Virtual Reality, VR）,是一种可以创建和体验虚拟世界的计算机仿真系统,它利用计算机生成一种模拟环境,是一种多源信息融合的交互式的三维动态视景和实体行为的系统仿真。该技术可以让用户使用人的自然技能对虚拟世界中的物体进行考察或操作,同时提供视、听、触等多种直观而又自然的实时感知。

虚拟现实技术主要包括模拟环境、感知、自然技能和传感设备等方面。模拟环境是由计算机生成的、实时动态的三维立体逼真图像。感知是指理想的 VR 应该具有一切人所具有的感知。除计算机图形技术所生成的视觉感知外,还有听觉、触觉、力觉、运动等感知,甚至还包括嗅觉和味觉等,也称为多感知。自然技能是指人的头部转动,眼睛、手势或其他人体行为动作,由计算机来处理与参与者的动作相适应的数据,并对用户的输入作出实时响应,并分别反馈到用户的五官。传感设备是指三维交互设备。

在虚拟现实系统中,环境主要是计算机生成的三维虚拟世界,这种人机交互的环境通常包括三种情况：① 完全对真实世界中的环境进行再现；② 完全虚拟,是人类主观构造的环境；③ 对真实世界中人类不可见的现象或环境进行仿真,这种环境是真实环境,是客观存在的,但是受到人类视觉、听觉的限制不能被感应到。

（2）增强现实

增强现实（Augmented Reality,AR）,是一种实时地计算摄影机影像的位置及角度并加上相应图像的技术,这种技术的目标就是把虚拟信息直接投射到真实环境中,让二者看起来"无缝"融合。这种技术不仅展现了真实世界的信息,而且将虚拟的信息同时显示出来,两种信息相互补充、叠加。增强现实技术包含了多媒体、三维建模、实时视频显示及控制、多传感器融合、实时跟踪及注册、场景融合等新技术与新手段。AR区别于VR和其他交互方式的最根本特点是尊重和保留现实场景。它有三个特性,一是互动性和参与感,让现实场景与信息、经验、思维、想象力融合;二是实时性,因为现实场景是实时的、当下的,AR技术打破了时间和空间对信息的阻隔;三是成本低、体验好。

图3-20 增强现实技术

3.2 在旅游业中的应用

（1）虚拟游览

虚拟游览,指的是建立在现实旅游景观基础上,利用虚拟现实技术,通过模拟或再现实景,构建一个虚拟的三维立体旅游环境。网友足不出户,就能在三维立体的虚拟环境中遍览遥在万里之外的风光美景,形象逼真,细致生动。通过虚拟旅游,不仅可以扩大旅游景点的影响力,达到吸引游客的目的,而且能够为没有条件到达旅游景点的游客提供一个空间。虚拟游览不受时间、空间、经济条件、环境条件的限制,可以满足游客游览和审美的需求。

（2）旅游场景再现

利用虚拟现实技术,可以真实再现已经不存在的景观。如通过重现古代社会的建筑文明,人们可以徜徉于古建筑之间,欣赏到千年前古建筑的原貌,感受古代文明的辉煌,具有景观珍藏的意义,而对于喜欢探幽寻古的游人来说,这也是难得的视觉享受。丹东鸭绿江数字旅游体验区通过AR技术的运用,真实场景和虚拟场景相互融合,使游客仿佛置身于抗美援朝战争的真实场景中。另外在成都浩海立方海洋馆,小朋友画的小鱼通过AR技术在场馆巨大的水族箱里和真鱼一起游来游去,神奇的体验增强了景区的吸引力。

（3）景区保护

将虚拟现实技术引入到景区保护领域中,可以用于对一些经典热门的景区的保护。虚拟现实可以缓解这些景区经济效益与遗产保护的矛盾。由于有人数限制,景区可以制作数字化的参观方式,合理避开游客对景区的伤害。比如故宫博物院利用虚拟现实技术来进行景区保护。紫禁城后半部分是皇帝居住和生活的地方,很多庭院、通道、房间内部都很狭小,有些房间内部陈设很多,为了保护文物和观众的安全,无法对外开放。因此,许多很有参观和研究价值的地方,许多发生过重大历史事件的场景,都被封闭着,无法与游客见面。而利用虚拟现实技术,不仅可以对文物进行很好的保护,而且可以跨越时间和空间的限制,再现历史场景,进入那些由于条件限制而不能进入的地方,使每一件文物回到它们的历史位置。

（4）展示文物古迹

利用虚拟现实技术,结合网络技术,可以将文物的展示、保护提高到一个崭新的阶段。首先要将文物实体通过影像数据采集手段,建立起实物三维或模型数据库,保存文物原有的各项形式数据和空间关系等重要资源,实现濒危文物资源的科学、高精度和永久的保存。其次利用这些技术来提高文物修复的精度和预先判断、选取将要采用的保护手段,同时可以缩短修复工期。通过计算机网络来整合统一大范围内的文物资源,并且通过网络在大范围内利用虚拟技术更加全面、生动、逼真地展示文物,从而使文物脱离地域限制,实现资源共享,真正成为全人类可以"拥有"的文化遗产。

（5）旅游宣传

旅游网站、旅行社网站通过虚拟旅游视景系统的建立,可以对现有旅游景观进行虚拟旅游,对于旅游消费者而言,可以全景式地了解风景区概貌,以及更直观地了解各景点地形地貌以及旅游线路。这既宣传了旅游资源又方便了消费者,从而起到预先宣传、扩大影响力和吸引游客的作用。通过虚拟三维景区建立及网络发布对旅游区进行科学的模拟和演示,将景区从二维"抽象"到三维影像,加速游客对风景区的认识过程。刺激旅游动机,引导旅游客流,实现旅游增效。

4　人工智能技术

4.1　技术简介

人工智能（Artificial Intelligence,AI）,是研究、开发用于模拟、延伸和扩展人的智能的理论、方法、技术及应用系统的一门新的技术科学。人工智能是计算机科学的一个分支,是对人的意识、思维的信息过程的模拟。它企图了解智能的实质,并生产出一种新的能以与人类智能相似的方式作出反应的智能机器。该领域的研究包括机器人、语言识别、图像识别、自然语言处理和专家系统等。

4.2　在旅游业中的应用

（1）旅游信息推送

通过搜索算法抓取和分析互联网上的所有旅游目的地信息,并对这些信息进行排名。对游客进行个性化分析,根据游客情况将最相关的景点信息介绍给游客。游客除了能查阅海量景点资源之外,还能获得最新的旅游信息和个性化的推荐。

（2）自助导览功能

当游客参观完一个目的地之后,可以根据游客的位置、季节、具体时间、天气和预算等来

图 3 - 21   人工智能技术

图 3 - 22   景区自助导览功能

提供下一步景点的建议。通过计算机视觉和增强现实技术可以准确无误地进行导航、互动。

（3）标识翻译软件

以自然语言处理、语音处理为基础的翻译软件可以为出国旅游的游客提供更多的便利。翻译软件不再局限于字典形式，当游客需要翻译外语的路标、菜单、广告语等标识的时候，只需打开智能手机应用，拍摄照片后，应用光学字符识别技术（OCR）来识别文字，再通过多语言智能翻译器获得游客能够理解的文字。

（4）智能语音助手

苹果的 Siri、微软的 Cortana、三星的 Svoice 和谷歌的 Google Now 是目前使用范围较广的智能语音助手。尤其是苹果公司的 Siri 语音机器人能回答各种琐碎的问题，比如推荐参观、谈论天气、设定题型等。工作流程如下：Siri 在接收到语音信息以后会快速处理，将语音信息处理为数据库可以理解的信息，然后进行云端的对接。Siri 自身的数据库包括了很多其他来源的信息，比如各种百科，各种介绍，等等。但仅仅依靠 Siri 的数据库并不足以回答用户各种各样的问题，所以必要的搜索功能也是要有的。Siri 包括的地图、周边景点的介绍、相关功能性的一些资料通过搜索后，最终得出一些结构化程度较高的答案。

图 3-23　苹果语音助手 Siri

（5）旅游信息挖掘

搜索、机器学习和知识理解等技术的应用成就了一批垂直搜索旅游信息服务企业，如"去哪儿"、"酷讯"等。垂直搜索网站通过便捷、先进的智能搜索技术对互联网上的旅游信息进行整合，为游客提供国内外机票、酒店、度假及旅游信息的深度搜索，提供实时、全面的旅游产品查询和信息比较服务，帮助游客找到高性价比的产品和优质的信息。

5　云计算技术

5.1　技术简介

云计算（Cloud Computing）是基于互联网的相关服务的增加、使用和交付模式，通常涉及通过互联网来提供动态的易扩展且经常是虚拟化的资源。目前较为普遍接受的定义是美

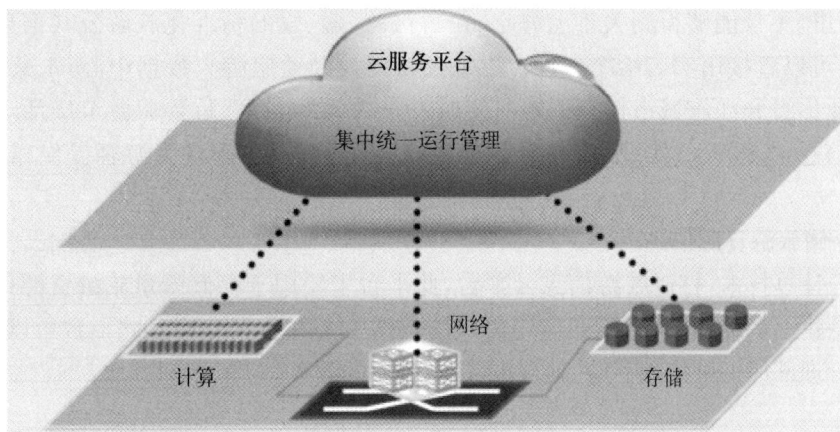

图 3-24　云服务平台

国国家标准与技术研究院(NIST)给出的定义：云计算是一种按使用量付费的模式,这种模式提供可用的、便捷的、按需的网络访问,进入可配置的计算资源共享池(资源包括网络、服务器、存储、应用软件、服务),这些资源能够被快速提供,只需投入很少的管理工作,或与服务供应商进行很少的交互。云是网络、互联网的一种比喻说法。过去在图中往往用云来表示电信网,后来也用来表示互联网和底层基础设施的抽象。云计算本质是弹性的在线 IT 服务,它并不是一种新技术,而是将计算、存储能力作为服务出售的模式。

5.2　在旅游业中的应用

（1）提升运营效率

利用云计算,能根据旅客消费记录及相关大数据在旅客购票时推荐增值服务或打包产品,在提升增值服务收入的同时增强旅客黏性。利用手机、平板等移动终端获取旅客的地理位置,并为其提供基于情景化的个性体验,如旅客在候机室时推荐其可能感兴趣的百货商品促销信息。维珍航空礼宾员借助谷歌眼镜来识别乘客身份,帮助乘客办理登机手续,还能根据乘客偏好提供个性化服务。此外,旅客自助值机、获取电子登机牌、打印行李标签等,都可以用智能终端连接云端来完成。

（2）精准营销

云技术能把分布的旅客乘机历史、网络和移动行为信息(包括购票渠道、支付和值机方式等)、电子邮件数据和客服信息整合后,建立统一视角以更好地了解旅客需求。挪威威德罗航空利用云技术整合旅客各方面的信息,呼叫中心销售代表在为旅客服务时,不仅能了解旅客的消费记录,还能掌握旅客习惯的购票渠道、是否习惯靠窗座位等行为偏好,甚至是否曾经打开过公司的营销邮件等,以便向旅客推销最适合的产品和附加服务,这样不仅能提升旅客忠诚度,还能增加附加服务收入。汉莎航空将数据中心设备放到了公有云上,而不再需要花巨资建私的数据中心。易捷航空把营销平台全部搬到了公有云上,有效地降低了成本,也提高了面向用户和市场的快速反应的能力。

（3）提供旅游公共信息

上海市旅游公共服务大会启动"旅游云"试运行。市民只要下载"市民云"App,在"旅游云"空间里,不仅能够得到关于上海吃、住、行、游、购、娱的精准化旅游公共信息,如果有不满意,还可以直接用实名给个差评。上海还将建设开通旅游大数据中心,汇集和发布全市旅游行业信息和涉旅城市信息。届时实时发布的 A 级景区、重要旅游节庆活动、旅游休闲度假区信息,景区天气实况、高空观景能见度及出游指数,都将为游客提供靠谱的出行指南。

（4）存储旅游资源信息

利用云计算技术,打造旅游信息云平台,此平台主要用于存储海量旅游资源信息,并根据这些信息建立多维度、面向不同应用需求的数据中心和数据仓库。此平台可以为涉旅企业和地方管理部门提供信息存储、处理、展示和应用的业务。

6　信息安全技术

6.1　技术简介

6.1.1　个人信息隐私保护技术

（1）基于数据失真的技术

基于数据失真的技术通过添加噪声等方法，使敏感数据失真但同时保持某些数据或数据属性不变，仍然可以保持某些统计方面的性质。一种是随机化，即对原始数据加入随机噪声，然后发布扰动后数据的方法；第二种是阻塞与凝聚，阻塞是指不发布某些特定数据的方法，凝聚是指原始数据记录分组存储统计信息的方法。

（2）基于数据加密的技术

数据加密技术是指将一个信息（或称明文）经过加密钥匙及加密函数转换，变成无意义的密文，而接收方则将此密文经过解密函数、解密钥匙还原成明文。数据加密技术是网络安全技术的基石，是实现信息保密性的一种重要手段，目的是防止合法接收者之外的人获得信息系统中的机密信息。

（3）基于限制发布的技术

基于限制发布的技术有选择地发布原始数据、不发布或者发布精度较低的敏感数据，实现隐私保护。当前这类技术的研究集中于"数据匿名化"，保证对敏感数据及隐私的披露风险在可容忍范围内。

6.1.2　电子支付安全的相关技术

（1）身份认证技术

身份认证技术是在计算机网络中确认操作者身份的过程而产生的有效解决方法。计算机网络世界中一切信息包括用户的身份信息都是用一组特定的数据来表示的，计算机只能识别用户的数字身份。常用的身份认证方式及应用如下：

① 静态密码

静态密码是最简单也是最常用的身份认证方法，它是基于"你知道什么"的验证手段。每个用户的密码是由这个用户自己设定的，只有用户自己才知道，因此只要能够正确输入密码，计算机就认为就是这个用户。但由于密码是静态的数据，并且在验证过程中需要在计算机内存和网络中传输，而每次验证过程使用的验证信息都是相同的，很容易被驻留在计算机内存中的木马程序或网络中的监听设备截获。因此，静态密码是一种极不安全的身份认证方式。

② 动态口令

动态口令技术是一种让用户的密码按照时间或使用次数不断动态变化，每个密码只使用一次的技术，它是基于"你有什么"的验证手段。它采用一种称之为动态令牌的专用硬件，用户使用时只需要将动态令牌上显示的当前密码输入客户端，即可实现身份的确认。即使黑

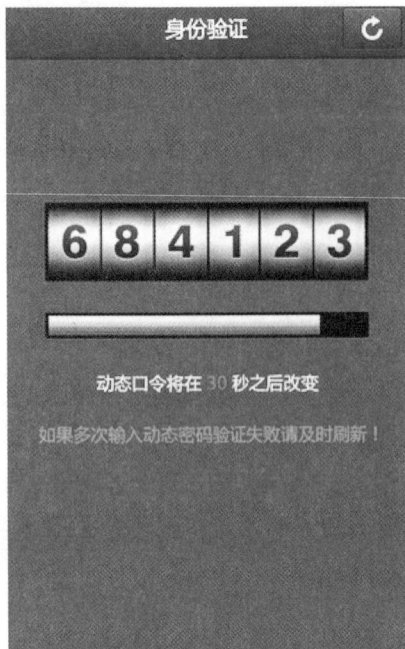

图 3 - 25 动态口令

客截获了一次密码,也无法利用这个密码来仿冒合法用户的身份,从而有效地保证了用户身份的安全性。但是如果客户端硬件与服务器端程序的时间或次数不能保持良好的同步,就可能发生合法用户无法登录的问题。

③ 短信密码

短信密码以手机短信的形式请求包含 6 位随机数的动态密码,身份认证系统以短信形式发送随机的 6 位密码到客户的手机上。客户在登录或者交易认证的时候输入此动态密码,从而确保系统身份认证的安全性。它是基于"你有什么"的验证手段。短信密码只要会接收短信即可使用,具有极大的普及性,由于手机与客户绑定比较紧密,短信密码生成与使用场景是物理隔绝的,因此密码在通路上被截获的概率极低,比较安全。

④ IC 卡认证

IC 卡是一种内置集成电路的卡片,卡片中存有与用户身份相关的数据,IC 卡由专门的厂商通过专门的设备生产,可以认为是不可复制的硬件。IC 卡由合法用户随身携带,登录时必须将 IC 卡插入专用的读卡器读取其中的信息,以验证用户的身份。IC 卡认证是基于"你有什么"的验证手段,通过 IC 卡硬件的不可复制来保证用户身份不会被仿冒。

⑤ USB Key 认证

USB Key 是一种 USB 接口的硬件设备,它内置单片机或智能卡芯片,可以存储用户的密钥或数字证书,利用 USB Key 内置的密码学算法实现对用户身份的认证。基于 USB Key 的身份认证方式采用软硬件相结合一次一密的强双因子认证模式,很好地解决了安全性与易用性之间的矛盾。

⑥ 生物识别技术

生物识别技术是指采用每个人独一无二的生物特征来验证用户身份的技术。常见的

图 3 - 26 USB Key 认证

有指纹识别、虹膜识别等。从理论上说,生物特征认证是最可靠的身份认证方式,因为它直接使用人的物理特征来表示每一个人的数字身份,不同的人具有相同生物特征的可能性可以忽略不计,因此几乎不可能被仿冒。生物特征认证基于生物特征识别技术,受到现在的生物特征识别技术成熟度的影响,采用生物特征认证还具有较大的局限性。

(2)数字认证技术

① 数字证书

数字证书就是互联网通信中标志通信各方身份信息的一串数字,提供了一种在互联网上验证通信实体身份的方式。数字证书是一个经证书授权中心数字签名的包含公开密钥拥

有者信息以及公开密钥的文件。最简单的证书包含一个公开密钥、名称以及证书授权中心的数字签名。数字证书还有一个重要的特征就是只在特定的时间段内有效。使用数字证书，即使用户发送的信息在网上被他人截获，甚至丢失了个人的账户、密码等信息，仍可以保证用户的账户、资金安全。

② 数字签名

数字签名又称电子加密，可以区分真实数据与伪造、被篡改过的数据。这对于网络数据传输，特别是电子商务是极其重要的。数字签名一般要采用一种称为摘要的技术，数字摘要是将任意长度的消息变成固定长度的短消息，它类似于一个自变量是消息的函数，也就是 Hash 函数。数字摘要就是采用单项 Hash 函数将需要加密的明文"摘要"成一串固定长度（128 位）的密文，这一串密文又称为数字指纹，它有固定的长度，而且不同的明文摘要成密文，其结果总是不同的，而同样的明文的摘要必定一致。

数字签名有两种功效：一是能确定消息确实是由发送方签名并发出来的，因为别人假冒不了发送方的签名。二是数字签名能确定消息的完整性。因为数字签名的特点是它代表了文件的特征，文件如果发生改变，数字签名的值也将发生变化。不同的文件将得到不同的数字签名。

③ 认证中心

认证中心（Certificate Authority，CA），也称为电子认证中心，是电子商务的一个核心环节，是在电子交易中承担网上安全电子交易认证服务、签发数字证书、确认用户身份、与具体交易行为无关的第三方权威机构。主要进行电子证书管理、电子贸易伙伴关系建立和确认、密钥管理、为支付系统中的各参与方提供身份认证等。

6.2　在旅游业中的应用

（1）指纹电子门票

指纹电子门票实际是一种用于身份验证的生物识别技术，往往与条码门票、IC 卡门票配合使用。当景区门票联网销售时，指纹电子门票显得更加便利，能有效避免逃票、倒票现象。云台山景区升级了电子门禁系统，采用指纹验票，游客购得门票 IC 卡后，在进入景区前进行首次验票时电子门禁系统会采集其右手食指指纹信息，并存储在 IC 卡中。游客在各景点验票时系统会验证其指纹信息。

（2）离线支付

所谓离线支付，就是在支付时一般只需提供卡号、有效期、CVV 码、签名等，有时签名甚至都不是必需的。这种支付虽然在网络上发生，但并不是实时完成的，对方在网络上获取支付人的相关资料后才申请收款，属于离线交易。支付宝推出的 7.6 版支付宝钱包，包含公众服务、全新转账、全新当面付、校园服务、开放平台等功能与服务。在 7.6 版新钱包中，支付宝的"当面付"功能得到了重大优化与升级，不但支持声波支付和二维码支付两种方式进行移动支付，更实现了先进的"声波离线支付技术"，让用户在手机网络信号不佳甚至没有网络的情况下也能快速支付。

★★★★★ **本章小结** ★★★★★

本章介绍了智慧旅游使用的基本计算机技术,包括与移动终端相关的技术、物联网技术、虚拟现实技术、人工智能技术、云计算技术和信息安全技术,对于各类领先技术在旅游行业的应用进行了阐述和举例。

★★★★★ **关键术语** ★★★★★

移动终端 物联网 虚拟现实 人工智能 云计算 信息安全

★★★★★ **讨论与探究** ★★★★★

1. 智慧旅游常用的技术有哪些?
2. 你如何看待新兴的技术对智慧旅游的影响?
3. 你认为智慧旅游目前需要在哪一个领域引入新的技术?

第 4 章
智慧旅游的管理

学习目标

- 掌握智慧旅游城市管理的基本工作框架。
- 掌握智慧景区管理的基本内容。
- 掌握智慧酒店管理的基本内容。
- 掌握智慧旅行社管理的基本内容。

1 智慧旅游城市管理

1.1 基于大数据的旅游公共管理与服务的运行框架构建

随着我国智慧旅游试点城市的推进,一些省市亦开始涉足数据服务的智慧应用,如成都智慧旅游数据中心集智能搜索、多屏同源、统计分析等功能于一体,为游客提供景区、线路、导航等全方位的信息服务。山东省则整合公安、交通运输、环保、国土资源、城乡建设、商务、航空、邮政、电信、气象等相关方面涉及旅游的数据,同时与百度、谷歌、淘宝等主要网络搜索引擎和旅游电子运营商合作,建立社会数据和旅游及相关部门数据合一的旅游大数据资源,推行旅游的数字化管理,开展数字化营销,利用大数据实施科学考核。

智慧旅游城市管理在决策模式上的转变具体体现在以下几个方面:

(1)统计调查方法及评测模式的转变

摒弃以往原始的发放问卷、抽样调查的方式,普遍开展全样本的数据采集与相关分析,从大量繁杂的数据中发现事物的本质。如对于游客满意度的测量,直接采用问卷调查的方式,则不可避免地会纳入一些主观因素而使得评价不客观,而采用舆情分析,即可全面收集游客满意度的相关指标,通过对游客微博的言论及对酒店、景区的评论、投诉,做语音分析、语义分析,提取关键词,建立模型与规则,自动识别游客反映的需求或问题,进而发现潜在的问题,预先做舆论向导,最终提高游客的满意度。

(2)通过构建模型进行事先预测,提高预测需求和供应变化的能力

国内外已有很多关于旅游需求预测的文献以及模型方法,旅游业对经济发展有重要的贡献作用,因而行业管理者、科学研究人员、规划师、行业从业者等都非常关注对于旅游需求的预测,因为准确的计划能够降低未来决策的风险。从宏观层面上说,精确的预测结果能够辅助一个目的地来预测游客对地方经济、文化与环境的贡献度与影响,政府部门可以据此进行合理的预算以保障旅游设施的有效规划、布局与维护。因此,精确的计划可以最小化由于过度的供应或供应不足而造成的经济损失。

(3)对突发事件进行快速跟踪和响应

大数据具有明显的"3V"特征,即量级(Volume)、速度(Velocity)、多样性(Variety)。大数据处理的速度之快使得它有对突发事件进行迅速影响的能力。如可通过空间地理数据迅速定位事件发生的地点,了解事件发生周边区域的人口、经济状况,按照道路等级情况、医疗卫生机构分布情况、伤员总数等信息,选择实施救援路线及伤员如何就近分散到相关医疗机构,根据坡度和土地利用数据综合使用进行平坦区避难场所的分析、选择等。这些都依赖于对大量数据的采集与实时的分析。

(4)利用深度挖掘提高对行为变化的理解与判断,防范危机于未然

利用大数据内容的多样性,从多源的数据、大量的数据、结构化及半结构化的数据中进行深度的数据挖掘分析,找出相关性,揭示危机预警信号,防患于未然。

基于大数据的旅游公共管理与服务的运行框架如图 4 - 1 所示。

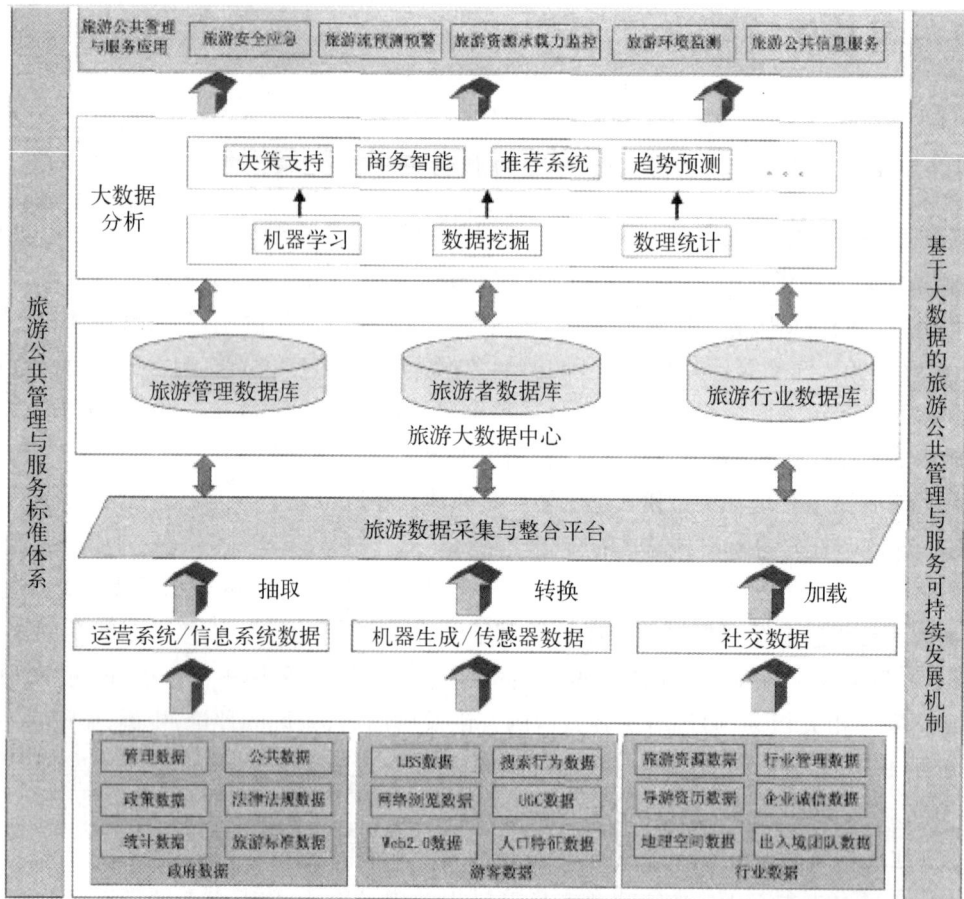

图 4 - 1　基于大数据的旅游公共管理与服务运行框架

在当前云计算、物联网、移动计算等新兴信息技术的支持下,在社交媒体、协同创造、虚拟服务等新型应用模式的持续推进下,这些技术和应用如何服务于旅游产业的变革升级,如何在旅游行业的公共管理中开展思维转型与管理创新,从而为大数据在旅游公共管理与服务中的应用提供研究思路与解决方案,有效提高旅游公共管理与服务的效率与质量,推进我国旅游公共服务事业的可持续发展,是一个将新兴信息技术应用与政府公共管理相结合的综合性工程。这里既有对以大数据为核心的技术应用的研究,更多的是如何搭建整个服务于旅游公共管理事务与决策的大数据平台,探讨其应用的内容与流程,从而为管理的创新服务。出于对旅游行业公共管理的需求,我们构建了基于大数据的旅游公共管理与服务的运行框架。在这一运行框架中,我们可以抽取出其关键要素,主要包括标准体系、技术支撑平台、数据源、大数据应用、可持续运营机制等。

① 标准体系

为了便于信息的统一、规范、共享、高效检索与传输、交换等,需要制定一系列的标准,使系统具有统一的数据描述、一致的技术结构、相同的对外服务接口,以便于系统平台的扩展以及与异构平台的对接。旅游公共管理与服务的标准体系主要包括用于规范数据采集与著录及数据存储的相关元数据标准、行业标准、技术标准、服务标准等。

② 技术支撑平台

技术支撑平台即实现框架所需的技术体系与支撑平台。大数据分析和处理的基础是大数据存储和大数据分析,需要占用大量的存储和计算资源,云计算则为大数据提供了有力的工具和途径,它能通过网络更好地调用、扩展和管理计算及存储资源和能力,以节省部署大型处理和服务的成本,更加迅速地处理大数据的丰富信息,并更方便地提供服务。同时大数据的技术还包括从数据的存储、处理到应用多方面的技术,如海量分布式文件系统、并行计算框架,适应于大数据存储的非关系型数据库系统(如 Bigtable、NoSQL 等)、实时流数据处理以及智能分析技术,如模式识别、自然语言理解等。

③ 数据源

用于旅游公共管理与服务的数据源可分为三类,第一类是政府管理的数据,主要包括政策数据、统计数据、法律法规数据、公共管理数据等;第二类是旅游者数据,包括基于位置服务的数据、网络搜索行为数据、网站浏览历史数据、UGC 数据、人口特征数据(个人基本信息)等;第三类是行业数据,主要包括行业资源数据、地理空间数据、行业管理数据、企业诚信数据、导游资历数据、出入境团队数据等。而这些数据将可能来自现有的信息系统(如电子政务系统、旅行社管理系统、导游管理系统、饭店统计管理系统、景区管理系统、统计与财务系统等)、机器生成/传感器数据(如呼叫记录、网络日志、设备日志等)、社交数据(如旅游评论类网站、微博等)。

④ 大数据的应用

大数据的应用是框架的关键,应用决定需求,需求决定分析方法与表现形式,不同的应用有着对数据不同的要求。从某种意义上来讲,应用的创新即意味着管理与服务的创新。旅游公共管理与服务的大数据应用即可以包含诸如旅游安全应急、旅游流预测报警、旅游资源承载力监控、旅游环境监控以及旅游公共信息服务等。

⑤ 可持续运营机制

主要包括数据采集的长效机制、数据及时被处理和利用并反馈的循环效应保障、配套的管理运行机制、系统的运维体系保障、持续的资金支持等。

1.2 案例:海口市智慧旅游公共服务平台的建设

海口市智慧旅游公共服务平台项目建设内容是借助先进的云计算、物联网和移动互联网技术,以"旅游公共云平台"和"数字旅游海量基础数据中心"为支撑,建立游客服务、决策支持、景区管理、行业服务、支撑服务等五大功能应用体系;通过实时感知游客位置、行为、消费、事件、环境信息等要素,为政府提供实时、精确的旅游统计、旅游预测与旅游决策;通过旅游信息融合和应用协同,有效消除信息孤岛,为行业提供敏捷、有效的旅游传播、产品整合、消费升级和应急联动;通过基于移动互联网的 LBS 应用,为游客提供泛在的、个性化的旅游导航、数字体验、在线支付和应急引导等旅游全生命周期服务。

海口市智慧旅游公共服务平台功能结构如图 4-2 所示。

智慧旅游的功能需求分为游客服务、决策支持、景区管理、行业服务、支撑服务五部分。

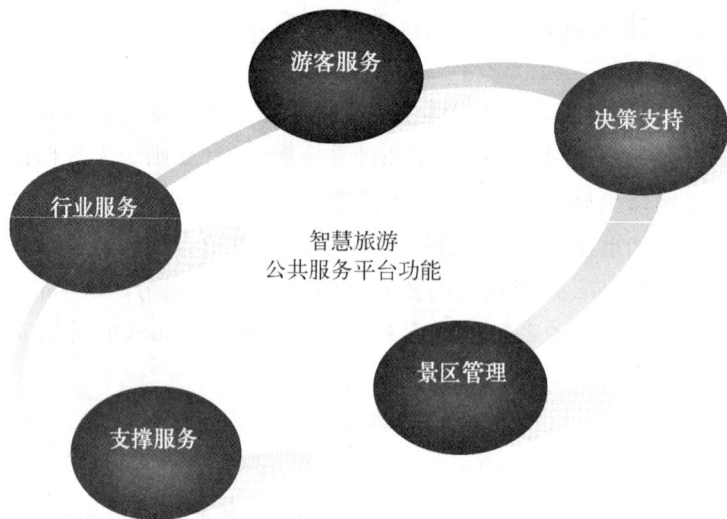

图 4 - 2 海口市智慧旅游公共服务平台功能结构图

其中游客服务功能主要分析游客的各种需求,决策支持功能主要分析旅游管理部门的需求,景区管理功能主要分析景区景点的功能需求,行业服务功能主要研究旅行社、旅游餐饮住宿企业、旅游商品销售企业等旅游相关行业和企业的需求,支撑服务功能主要分析指挥旅游公共服务平台的技术支撑功能。

1.2.1 游客服务

游客服务功能贯穿于游客从旅游计划到进入海口市游玩到游玩后离开海口市的整个过程,包括门户网站、虚拟旅游、旅游线路定制、信息查询、交通引导、地图导航、停车管理、电子门票、短信服务、智能导游、公众查询、在线拍照、应急处理、求助热线等功能。具体功能结构图如图 4 - 3 所示。

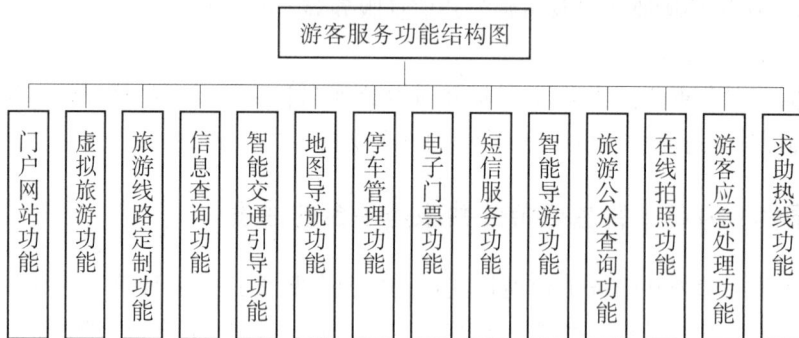

图 4 - 3 游客服务功能结构图

(1)门户网站功能

智慧旅游门户网站通常是游客首先会接触到的一个系统,因为旅游者旅行前往往会登录旅游景区网站查询各种内容。旅游景区网站是景区的一个窗口,在智慧旅游的背景下,景区旅游网站的建设尤为重要。丰富的网页功能、网页信息的及时更新、便捷的网上交流平台都是智慧旅游网站系统的特点。海口市智慧旅游公共服务平台可以为游客提供在线旅游的多种服务信息,包括:查询酒店、航班信息,旅游目的地信息(吃喝玩乐购等信息),天气、地图、旅游攻略信息,各大旅行社的团游路线、价格等信息。

　　另一方面,智慧旅游网站系统的开发促使景区实现无纸化办公,减少或缩短办事流程。既减少信息流转环节,提高信息发布速度,又降低办公成本,提高办公效率,为游客带来最高质量的服务内容。在智慧旅游公共服务平台,旅游门户网站上建立旅游政务网实现旅游政务信息公开和管理的功能。比如将海口市域范围的旅游资源的开发公告在网上进行报名和投标;在网上公布国家或省级旅游发展的要求和规划等。

　　(2)虚拟旅游功能

　　游客计划出游前一般需要到互联网上进行引擎搜索,作一些信息的收集,再作一些旅游的决策,但所收集到的信息和图片都是平面化的,可能没法具体感受。但如果采用高科技手段,提前筛选信息的时候就利用三维技术体验,有助于出游者作出决策,解决游客行前体验的问题。

图 4 - 4　在线旅游功能流程图

　　智慧旅游公共服务平台的虚拟旅游功能是利用三维技术体验,采用信息化手段和三维模拟技术构建的一个虚拟旅游环境,采用 3D 技术手段来实现旅游展示、在线旅游,有助于出游者作出决策,甚至可以在手机上参与景区互动游戏。

　　"虚拟旅游社区"打开了传统旅游业的服务模式新思路,游客从旅游景点的信息平台下载"虚拟旅游社区"控件后,就可以欣赏各大景点的美丽风光。使用键盘和鼠标控制可"漫游"变换角度和高度,俯瞰整个旅游景点。当然还可以运用社区中的角色,对感兴趣的景点进行全方位"游览"。通过该平台,使游客在网上体验美景,还可以让想来景点旅游的游客,预先在网上进行观光"演练",摸清景区路况,帮助游客确定旅游目的地。

　　(3)旅游线路定制功能

　　游客登录系统选择创建新行程后,可以自主挑选出行的方式(如徒步、公交车、驾车等)、想要游览的景点、想要住宿的酒店,旅游行程设计平台会自动计算出行车、游览景点以及前往下一个景点所需的大致时间,为游客合理安排线路提供参考。最后,系统会出示行程单。此外,系统根据出行人数、景区的票价、酒店住宿费以及汽油费估算出所需费用。选择旅行方式和目的地,自动生成旅行线路,为游客量身定制旅游线路。

　　(4)信息查询功能

　　在确定行程目的地之后,游客最关心的就是旅游资讯,比如旅游目的地天气状况、当地最好吃的小吃、最有特色的酒吧、最新鲜的玩法等。

　　在智慧旅游公共平台的框架下游客可以使用手机或平板电脑登录系统,浏览景区概况,获取地址、联系电话、开放时间、门票价格、周边景点、交通信息、自驾指南等信息。游客可以通过网络提前获知旅游景点、住宿酒店、餐饮门店、交通设施、购物商店、特色商品、导游服务等各个环节的信息,真正做到心中有数。

　　海口市智慧旅游公共服务平台作为一个以游客为中心的公共服务平台的信息查询功能主要包括四个模块的内容,如图 4 - 5 所示。

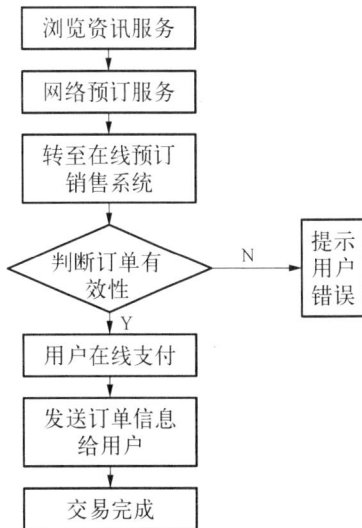

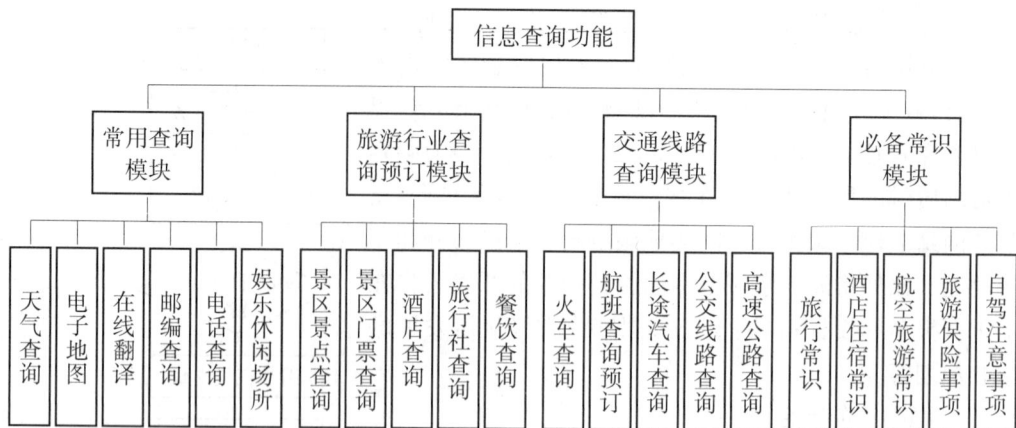

图 4 - 5　信息查询功能模块图

（5）智能交通引导功能

交通管理中如果运用物联网，就将感应器嵌入和装备到公路、桥梁、汽车等各种物体中，然后将"物联网"与现有的互联网整合起来，在这个整合的网络当中，存在能力超级强大的中心计算机群，能够对整合网络内的人员、机器、设备和基础设施管理和控制。如可以了解到每天进入某一市区的车辆有多少辆，哪条路上的车速是多少，等等，可以通过精确计算，给出最好的路线图，这样就可以实现智能交通，有效避免堵车。

游客在前往旅游目的地的途中，不仅可以定制行车路线，还可以及时了解道路交通运行情况，了解行车前方的实时车况和路况，帮助司机避开拥堵的路线，轻松到达旅游目的地。

（6）地图导航功能

地图导航是指给用户提供一张具有导航功能的电子地图，利用电子地图，用户不仅能够随时查看自己的当前位置，而且可以查找该地图内任意方位的信息。

地图导航功能的实现要求游客事先在手机上下载电子导航地图的应用，游客下载安装该应用后即可使用。游客可以利用电子地图查看自己当前所在的位置，同时可以搜索其他地点的位置信息。例如，当前游客位于某商场，游客下一步计划到超市购买特产等商品，则游客只需在搜索应用中输入关键字"超市"，点击"搜索"后会查出所有有关超市的信息，并且所有的地理位置都会在导航地图上予以标记，游客可以查看任意一个超市的位置信息，并可以就此超市位置查找公交等交通线路，游客可以选择自己习惯去的超市，也可以根据地理位置的标记直观地查找离当前位置最近的超市。

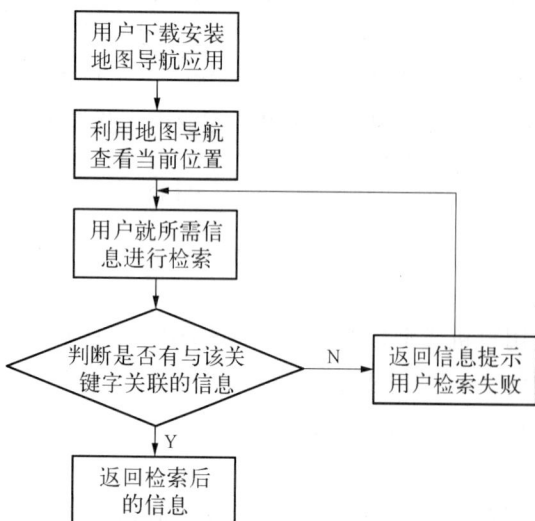

图 4 - 6　地图导航功能流程图

地图导航功能的应用使不熟悉海口的游客也能对海口市具体的交通位置有较好的掌握，相当于拥有一个随时陪伴在左右的当地导游,使游客的旅程变得轻松愉快。

（7）停车管理功能

在实地调研中,我们发现绝大多数海口市的景点都有停车场,部分实行收费制度,部分属于无人看管的免费停车场。所有景点的收费停车场均采取人工收费制度,且部分景点内有内部人员的办公车辆,但并未实施游客临时停车和内部车辆的分开管理;部分人工管理的停车场秩序混乱,内部人员与外来人员停车交叉,且内部车辆没有标识,难以识别。这种情况,既造成了内部人员停车的麻烦,又为外来车辆增加了安全隐患,甚至造成车主与停车管理方纠纷不断。无人看管的停车场更是在停车环境、管理安全方面有很大的不足。综合调研所得内容,分析后可知实施智能化停车管理势在必行。

智能停车管理将进入停车场的车辆分为两类:一类是属于长期车辆,包括企业内部办公人员的车辆以及定期旅行团的旅游车辆;一类属于临时车辆,包括本地游客或者外地散客的自驾车辆。智能管理必须将两类车辆分开进行管理。

停车场可以给经常性停车的车辆发放一张智能卡,该卡的作用就是可以进行自动识别,无需人工放行,智能系统自动感知该车辆的信息,核对无误后自动开启道闸放行,出停车场时亦是如此,系统自动感知后自动放行,且该卡可以进行充值,根据车辆停放时间的长短进行收费。

对于临时停放的车辆来说,在进场时,系统自动感知车辆的特征,管理人员只需在计算机上输入车辆的车牌号,系统会自动生成一张临时卡,该卡也可以按时间的长短进行收费;出场时,只需刷卡查看停车费用,付款后即可出场。在停车场还可以加上手机刷卡终端,有手机刷卡的用户可以利用手机进行刷卡,方便快捷。

智能停车管理可以有效、准确、智能地对进出停车场的长期车辆和临时车辆的数据信息进行识别、采集、记录并按需上传、处理,在必要时可以通过相应的人工干预进行补充,以避免非正常事件的影响,确保系统具有高效的车辆智能放行能力。在遇上长期车辆和临时车辆同时进入的高峰期时,由于对长期车辆系统可以自动识别和自动放行,节省了管理人员核对信息和开关道闸的时间,这样管理人员可以更好地为临时车辆服务,提高管理效率和服务质量。智能停车功能流程图如图 4-7 所示。

（8）电子门票功能

海口市目前几乎所有景区均采用传统的纸质门票。传统门票容易伪造、容易复制、人情放行、换人入园等弊端致使门票收入严重流失,难以进行游客出入园的计算统计。

门票管理的电子化将极大地提升旅游业法制化、规范化、信息化的管理水平,促进产业结构升级。高效率、低成本是电子门票技术在票务管理系统应用中的显著特点,不仅如此,电子门票还具有形象现代化、管理一体化、信息实时性、防伪可靠性、核算严密性的特点。传统手工售票工作电子化,同时实现票务管理工作走向全面自动化、规范化,能够从根本上解决票据查询难、售票劳动强度大的现状,提高票据管理效率和对客户的服务质量。

电子门票目前分为两种形式。一种是 RFID 电子门票,这种门票是将 FRID 电子标签嵌入纸质门票等介质中,电子标签有唯一的识别码,并且可以记录用户的基本信息,验票时采用的是电子验票系统。这种门票可识别性高、仿制困难,可以对票务作出更好的管理,RFID

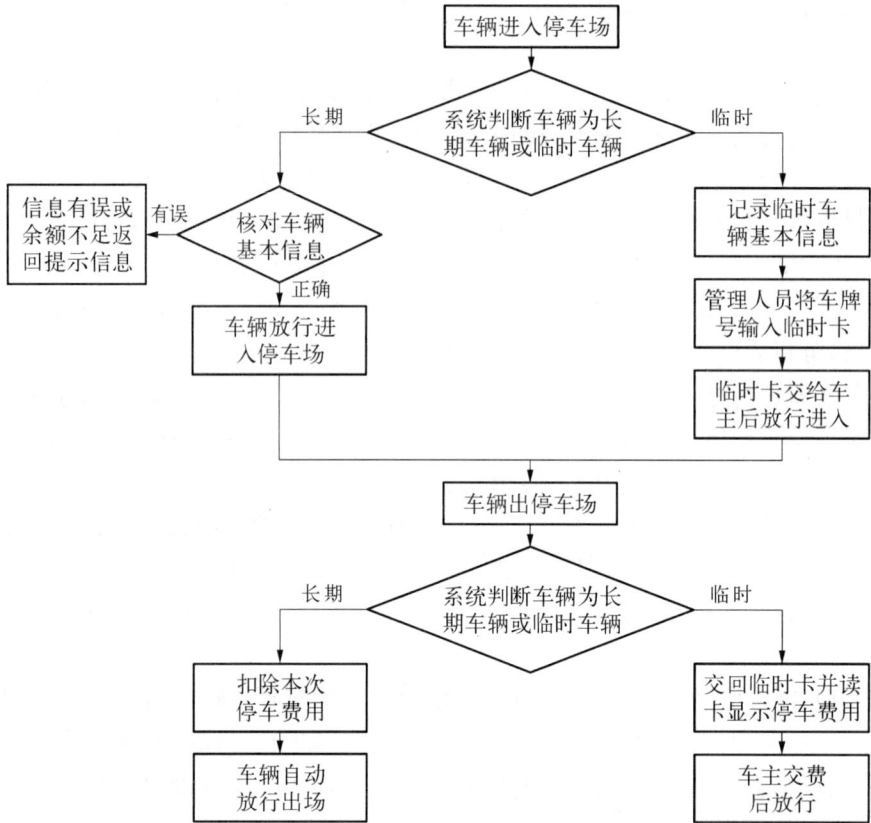

图4-7 智能停车功能流程图

门票主要用于在景区现场或票务代售点的门票销售。另一种是二维码电子门票,二维码电子门票,就是在出票时用条码打印机在门票上打上二维码,或者结合手机彩信实现手机二维码电子门票。二维码电子门票在验票时,只需在验票机感应区一扫就可以验证通过,无需人工手撕副券。智慧旅游平台主要是利用二维码结合手机彩信的方式,供远距离用户,如在网上购买门票的用户使用。

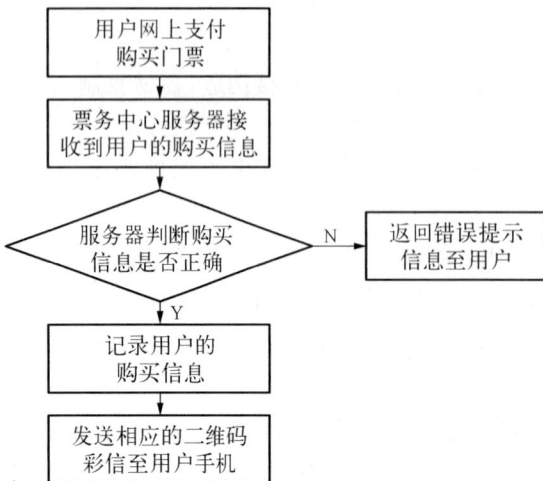

图4-8 二维码电子门票功能实现图

二维码电子门票功能实现的步骤是:首先,游客在网上查找到某景点门票的信息;然后,游客对该信息进行确认后,点击购买付款;最后,票务中心的票务管理系统确认游客付款后,记录游客的票务信息,并以手机彩信的形式发送唯一识别的二维码图像到游客手机上。游客到达景点旅游时,只需将手机上的二维码图像在验证机器上刷过,即可进入景点。二维码电子门票功能实现的流程图如图4-8所示。

(9)短信服务功能

短信服务是指海口市智慧旅游公共服

务平台利用手机短信的形式,向游客推送各种旅游资讯及旅游服务。

手机几乎是所有游客人手必备的工具,因此利用手机自身的部分功能为游客服务将会达到更好的效果。海口市智慧旅游公共服务平台利用手机自带的短信服务,实现了短信服务的功能。当游客进入某个地点时,智慧旅游平台接收到游客当前所处的位置后,利用手机短信形式推送与当前位置相关的资讯信息和服务应用至游客的手机,游客可以实时查看当前的位置信息,且在游客手机待机的情况下都能够接收到短信中心推送的信息,相当快速便捷。

短信服务适用范围广,具有普遍性,能够较好地为更多的游客服务,让游客享受智慧旅游全生命周期的高质量服务。短信服务功能流程图如图 4-9 所示。

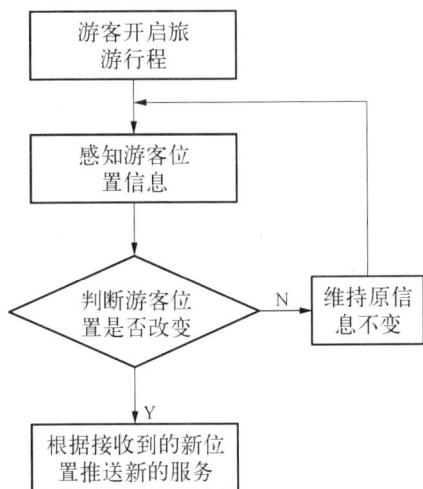

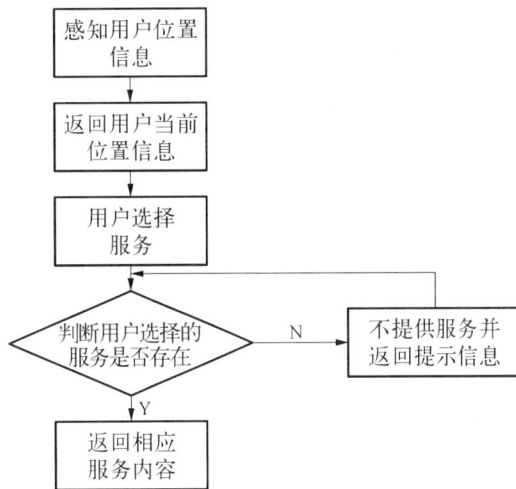

图 4-9　短信服务功能流程图　　　　图 4-10　智能导游功能实现流程图

（10）智能导游功能

在此次调研中可以发现,游客对目标信息的获取途径、获取量、自由选择度及便利性等方面要求越来越高,目前海口市大多数景区景点所采用的以人引导讲解为主的导游形式不仅表现手法单一、信息量少、可选性差,而且费时费力,会出现不同语种的人群沟通困难等问题,难以适应信息化旅游的发展要求,因此必须实现智能导游功能。

智能导游是指通过移动终端(如手机等)自动感知游客当前所在位置,实时获得相应景点信息介绍及个性化服务等,让游客真正享受到自主和专业的旅游服务。

当游客进入某景点区域时,通过特定的技术,自动感知游客当前所在的位置,然后将当前景点的各种文字介绍、图片、视频、音频以及附近位置可提供的相关服务等信息,自动推送到游客的手机上,游客可以随时进行查看,从而实现智能导游。智能导游功能实现的流程图如图 4-10 所示。

（11）旅游公众查询功能

旅游公众查询系统在各大星级酒店、主要景区景点、县(市)区旅游咨询服务中心、游客集散中心、车站、机场、社区等客流集中地铺设了信息服务终端。

只需指尖轻触,从"总导航"主页点击"游"进入,所有景点都会全部跳出来。景区分布图可以随意"拖动",点击某个景区,屏幕首先显示的是景点概况,下一页是有关景点的详细信息:地址、联系电话、开放时间、门票价格、周边景点、交通信息、自驾指南,等等,非常详尽实用。

旅游公众查询系统主要设资料检索、触摸查询、LED 播放等服务内容,由相关的旅游信息咨询服务中心服务器统一管理,可实现网络互通,同步更新各个终端的内容和最新信息。该系统的建成,使游客可查询到海口市范围内的吃、住、行、游、购、娱信息,从而拥有贴心的"电子旅游顾问"。

(12) 在线拍照功能

在线拍照是指游客可以利用移动设备终端,在旅行的过程中,随时随地将拍下的照片实时上传到网络上。

游客旅行的目的大多是为了放松心情,舒缓压力。而面对日益年轻化的旅游人群以及互联网应用程序的多元化,在智能手机和平板电脑日益普及的驱动下,随时随地记录身边的人物、事件、风景已成为一种流行的趋势。为此,海口市智慧旅游公共服务平台也推出了在线拍照的功能,方便游客在旅行的过程中随时随地拍下想要记录的事情,拍摄照片后就可以直接上传至网络,让亲朋好友随时可以看到自己的动态。

要实现在线拍照的功能,首先游客的手机或移动终端必须含有摄像头,有拍照的功能,然后游客需要在手机上或移动终端上下载一个在线拍照的插件,安装插件后,即可运行在线拍照的应用程序,游客抓拍照片后还可以对照片进行一些修饰,比如添加边框、调节明暗度等,保存照片后即可上传至网络,让好友可以随时了解自己的动态。

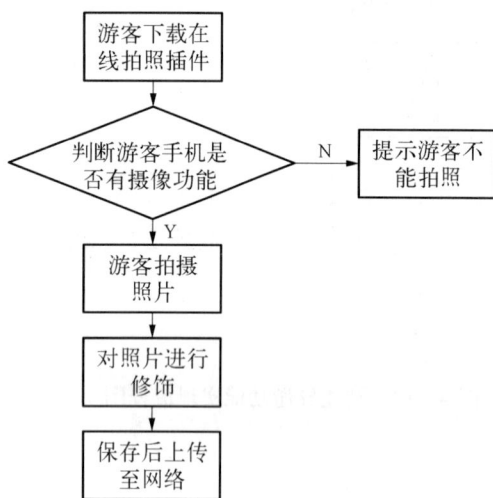

图 4-11 在线拍照功能实现流程图

(13) 游客应急处理功能

游客应急处理系统在游客发生意外的情况下,对于保障游客生命财产安全有重要作用。比如探险旅游者遇险时可通过终端迅速找到最近的避难所、急救站等,方便救援力量迅速确定遇险游客位置,实施有效救援。在走散或遇到危险的情况下游客可以通过 GPS 定位或 RFID 射频设备及时呼救。

另外,旅游景区内可以通过摄像头监测整个景区情况。根据"智慧旅游"设计方案,可以根据预先定义的各种规则,自动发现突发异常事件并报警。同时,还将设有专门的"人员追踪系统",该系统将旅游年卡、市民卡与游客手机事先绑定,对游客在景区中游览过的区域进行记录,可初步锁定走失游客的位置,以便及时开展营救工作。

(14) 求助热线功能

求助热线是指在遇到困难或特殊情况等自己解决不了的问题时,可以通过求助热线寻求帮助。目前,国内综合性的求助热线应用最广泛的是 114 和 12580,还有其他一些专项服务性质的求助热线,如法援热线等。

海口市智慧旅游公共服务平台也可以开通一条求助热线,专门用于旅游方面的求助。首先,它可以成为游客与导游之间沟通的桥梁,热线可以直接接通导游,随时随地与导游沟通并获得帮助;其次,它是获取紧急救援的渠道,例如游客在旅游过程中遇到危险或困难需要紧急救援的,包括医疗救援、消防救援等,游客可通过求助热线向就近的单位求助;再次,求助热线还提供多种旅游服务,比如租车、伴游、消费预订等各种服务。

海口市智慧旅游公共服务平台所提供的求助热线是建立在 VoIp 技术上的,可以把 VoIp 应用与旅游 LBS 应用相结合,游客在手机上下载 VoIp 应用,只需点击 VoIp 应用即可与各服务方通话,获得所需的帮助。求助热线的使用对于游客旅行过程中的便捷性有很大的提高,同时也扩展了游客消费的另一种途径。

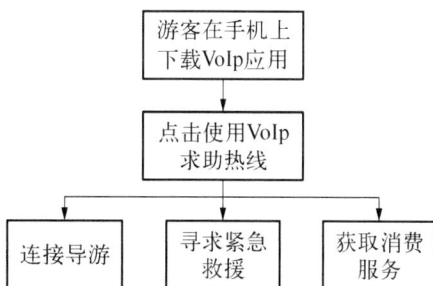

图 4-12　求助热线功能流程图

1.2.2　决策支持

决策支持服务功能应用是辅助决策者通过数据、模型和知识,以人机交互方式进行半结构化或非结构化决策的计算机应用系统。它是管理信息系统向更高一级发展而产生的先进信息管理系统。在旅游管理决策中,需要动态监控旅游资源利用状况,为各类旅游规划、开发和优化提供数据支持和参考,为旅游管理部门进行整体规划和制度完善、为旅游业者进行高效管理和业务开展等提供决策支持,最终提高旅游行业管理和营运水平,实现旅游业的大发展。决策支持功能结构图如图 4-13 所示。

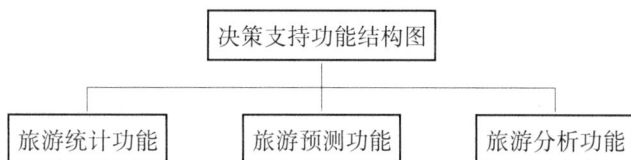

图 4-13　决策支持功能结构图

（1）旅游统计功能

目前,海口市旅游部门在旅游统计方面,主要是由景区、宾馆、酒店等向旅游部门汇报相关的旅游信息情况,采取人工收集和处理的方式对旅游信息数据进行统计和分析。这种方式存在很多的问题,如数据的来源是通过汇报的形式收集的,其数据的真实性、全面性、完整性都需要考虑,这样就影响了旅游数据的统计结果和降低了旅游统计的作用。

在智慧旅游公共服务平台当中,主要是通过实时感知游客位置、行为、消费、事件、环境等信息要素,为政府提供实时、精确的旅游统计、旅游预测与旅游决策。在感知服务功能当中,通过各种感知终端将收集到的旅游信息,如:游客数量、分布和消费数据、积分情况等。再由支撑服务层通过云计算和公共数据中心对旅游数据进行分类、统计,最后交给政府相关部门,为政府旅游统计提供实时的数据依据。

通过与传统数据统计方式的对比,智慧旅游公共服务平台的旅游统计功能更加科学,收集的数据信息更加全面、更加精确和精细,为海口市旅游业的大发展提供可靠的事实依据。旅游统计功能流程图如图 4-14 所示。

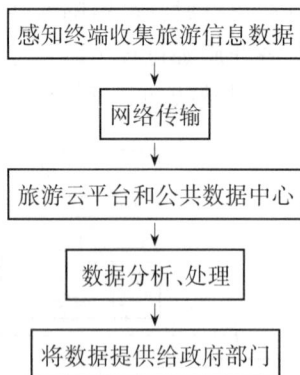

```
感知终端收集旅游信息数据        旅游统计资料和数据
        ↓                       ↓
    网络传输              智慧旅游云平台、公共数据中心
        ↓                       ↓
旅游云平台和公共数据中心          旅游预测系统
        ↓                       ↓
    数据分析、处理               结论及建议
        ↓                       ↓
 将数据提供给政府部门           提供给政府部门
```

图 4-14 旅游统计功能流程图   图 4-15 旅游预测功能流程图

(2)旅游预测功能

目前,海口市旅游部门对旅游业发展的预测主要是根据以往每年的旅游情况和旅游统计的相关数据来进行的。在智慧旅游公共服务平台当中的旅游预测功能主要是通过智慧旅游云平台和公共数据中心为支撑为政府提供精确的旅游统计、旅游预测及旅游分析,为政府在旅游决策方面提供科学的、全面的旅游发展依据。在旅游预测功能方面,智慧旅游云平台和公共数据中心采用先进的技术,对收集到的大量数据进行整理并用海量数据挖掘分析预测技术进行旅游预测。如:对旅游资源的利用情况、旅游的消费情况、旅游的高低峰期、旅游的天气情况等一系列的因素进行合理的分析。将得出的结果和数据等交给政府相关部门,为政府对海口市旅游的发展制定长远的计划和决策提供支持及服务。

(3)旅游分析功能

```
旅游统计资料和数据
        ↓
智慧旅游云平台、公共数据中心
        ↓
  专业的分析技术系统
        ↓
   相应结论及建议
        ↓
  提供给政府旅游部门
```

图 4-16 旅游决策功能流程图

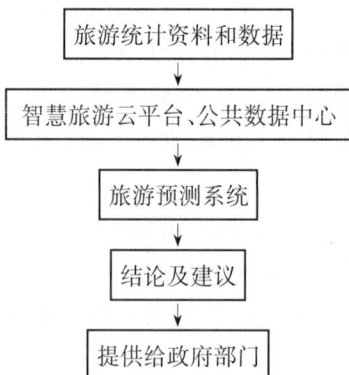

以往,海口市旅游部门主要是根据收集到的旅游资料和相关数据来分析目前海口市旅游发展的总体情况。一般是利用人为的整理并通过繁琐的分析过程得出旅游发展情况的结论,这样的方式需要大量的人力、物力及时间去统计和分析。在智慧旅游公共服务平台当中,主要是通过智慧旅游云平台和公共数据中心,运用先进的分析系统及技术来对旅游资料和数据进行科学、合理的分析。为政府相关部门提供强大的解决方案及建议,有利于政府对旅游业的发展作出决策。旅游决策功能流程图如图 4-16 所示。

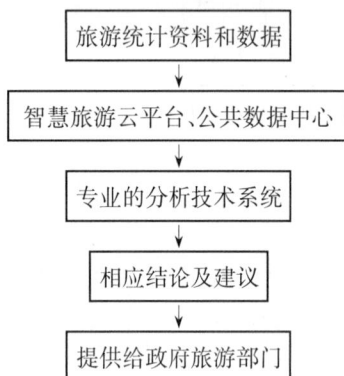

1.2.3 景区管理

景区管理是智慧旅游公共服务平台的一个重要功能需求,通过智慧旅游公共服务平台能够有效地提高景区的管理水平,提升景区的形象。景区管理功能包括景区客流管理功能、景区员工管理功能、景区资源管理功能、景区应急管理功能、旅游展示功能、景区观景视频功能。具体结构图如图 4-17 所示。

图 4 - 17　景区管理功能结构图

（1）景区客流管理功能

影响旅游景区可持续发展的因素之一是景区内的游客数量超过了景区所能容纳的最大承载量，因此对旅游景区的客流量控制显得十分重要。旅游景区的客流量控制包括景区内游客总量的控制和景区内各个景点的客流量控制。前者直接通过电子门票技术就可以轻松获取当前景区内游客总数量，当超过景区最大承载量时就可以采取停止售票、放缓售票等方式进行相应控制。对于后者而言，可以根据景区内各个景点的分布情况，将景区划分为相对独立的小区域，在小区域一些关键的位置点设置 RFID 读写器，配置多对天线，将天线配置在门（或是其他关键点）的位置，覆盖关键点。当游客通过关键点时，RFID 读写器通过不同的天线获取游客的 ID 号，这样，经过位置点的所有 RFID 标签都可以通过读写器获取，并在第一时间将数据发送到数据中心。系统根据读取信息的结果判定游客的进出，实时了解景点的游客分布情况，做到系统的实时监控。一台高性能的 RFID 读写器能够每秒处理数百张的电子门票，完全可以满足大量的游客数据处理工作。这样一来，可以通过了解景点游客的实时分布情况调整游客量，当景区内游客分布不均匀时就可以通过工作人员的适当引导来缓解那些"人气较高"的景点的压力。

景区可以通过配置游客管理系统来引导游客的空间流向，借助智慧旅游对游客在景区内的流动特征、消费习惯等进行科学的计量分析，甚至游客自身就可以根据智慧旅游的终端设备得到景区内客流分布的实时信息，自主调整游览线路。

智慧旅游可集成多种传感器，通过自组无线网络实现旅游资源数据采集和汇总，具有不依赖基础设施、组网灵活、免布线、免维护、低功耗等特点。热门景区一到旺季容易出现游客拥挤、乘车站点拥挤、车辆调度不畅等问题，应用景区智能监测可以实现优化的综合实时管理调度。

（2）景区员工管理功能

旅游景区的可持续发展离不开每一个员工的辛勤努力。对于十分注重服务质量的旅游景区来说，任何一个员工的失误都可能给景区的形象带来巨大损害。因此景区需要不断加强对员工的管理，以提高景区的经营效率、维护景区的良好形象。物联网对于景区员工管理方面的应用原理与前面所提到的票务管理十分类似，只是应用形式有所差别。RFID 标签具有唯一的 ID 号，通过给每位员工配备一个带有 RFID 的工作卡，就可以实现对员工的点对点管理，确保他们在适当的时间出现在适当的位置并为游客提供良好的服务。其次，可以利用 RFID 工作卡的读写功能与信息储存功能让游客直接对工作人员的服务进行打分评价，形成一套以游客满意程度为基础的旅游景区员工评价体系，并以此作为员工薪酬发放的重要参考依据。

（3）景区资源管理功能

在旅游景区内，无论是自然旅游资源还是人文旅游资源，随着时间的流逝，都会因为各种自然因素或人为因素受到损害。更为严重的是，一些恶劣的气候现象甚至会导致旅游景观的消失。当然，旅游资源遭到破坏的原因也与旅游区超负荷开放、游人过多等人为因素有关。采取必要措施对各类旅游资源进行保护迫在眉睫。目前，各个景区一般是通过在各处设置摄像装置，对景区内的资源实行视频监控。智慧旅游中的景区管理不仅仅是从视觉上对各个资源进行监控，而且通过射频识别、红外感应器、全球定位系统、激光扫描等技术对旅游资源的温度、湿度、负重程度、色泽度等各个方面进行监测，使得管理者可以对有需要的资源进行及时维护，对于已经受到损害的旅游资源可以直接将监测到的相关信息传送到互联网上进行分析，从而获取相对具有科学依据的解决办法。而设置在景点附近的识别系统及预警系统可以向试图破坏旅游资源的游客发出警告。在使用智慧旅游的旅游资源管理系统之后可以将景区内的各个资源连接为一个整体，并形成相对完善、科学的监测管理系统，使得旅游资源具有更长久的生命力。

（4）景区应急管理功能

对于森林公园、山岳等范围较大的景区，经常会出现游客走散、失踪等现象。针对这种情况，智慧旅游可利用定位跟踪、RFID 身份识别等功能在景区内建立一套完善的游客安全保障体系。根据不同类型的旅游景区，智慧旅游在安全管理方面的应用形式也有所区别。对于地貌环境多变复杂的地区，在有限的人手下，如何合理调配人手，以最快的速度进行现场的救护工作显得非常重要，也很有必要。当游客走失或遇到危险时可以通过游客携带的电子门票，利用 GPS 技术定位，然后通知距离最近的救护人员配置一台带 GPS 的 RFID 手持设备第一时间前往现场救护；对于那些面积范围相对较小，游客密集的景区，很容易成为恐怖分子袭击的目标，因此需要在景区入口处利用 RFID 射频识别技术进行严格的安全检查，避免恐怖分子将危险物品带入景区内；对于一些危险系数较高的旅游项目的景区，一方面要在事故易发段安排救护人员，另一方面可以通过智慧旅游的全方位监测来预防各种事故的发生。

（5）旅游展示功能

海口市智慧旅游公共展示平台为游客提供多种形式的旅游展示服务。其中不仅包括文字展示、图片展示、视频展示，还包括了目前比较流行，也能够比较真实全面反映景区状态的720 度全景展示。

目前景区的展示形式大多为文字展示或图片展示，这两种展示形式是静态的，不能完全表达景区的特点和特色，而效果好的视频制作往往成本比较高，而且也只是单方面的动态呈现。720 度全景展示虽然是由静态的图片拼接而成的，但是能够 720 度上下左右全方位地展示景区的特色，而且可以根据用户的需要自动调节方位以及放大缩小查看，方便用户随时观看各个角度的景色。同时 720 度全景还可以分季节拍摄，可以分别拍摄春夏秋冬四个季节的景色，让游客自主选择喜欢的季节参观游览。

多种形式的景区展示，不仅能为游客带来不同视觉效果的冲击，而且可以更全面、多角度地呈现景区的风景和人文特点。景区景点配以文字的说明，语音视频的表述，再加上720 度全景的展示，让景区呈现多元化的状态，让观看的游客有身临其境之感，成为吸引游客的一大亮点。旅游展示功能流程图如图4-18所示。

　　（6）景区观景视频功能

　　目前大多数景区的宣传都是以视频为载体来展现景区优美风景的。现在所使用的视频绝大多数都是很久以前已经拍摄好的现成的视频，这种视频往往不能达到很好的宣传效果，宣传手段过于传统且无创新点，对观众往往无新鲜感和吸引力。

　　海口市智慧旅游公共服务平台计划推出一项实时景区观景视频的功能，这项功能的特点是：任何用户使用计算机或者手机就可以在任

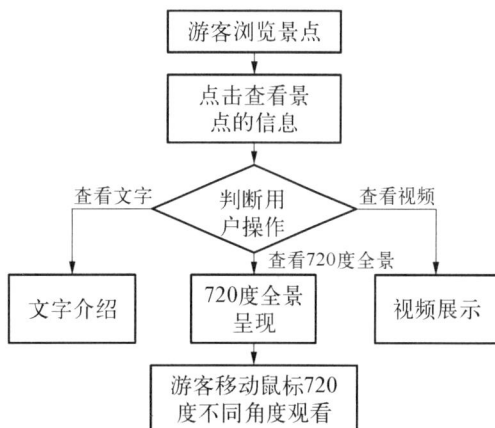

图 4-18　旅游展示流程图

何地点、任何时间实时观看景区的现场直播，可以与此时、此地、此景的游客一起体验景区风光、城市形象，并且可以通过视频参与互动。

　　这项功能的主要目的在于更好地宣传景区，可以将景区的特色风景向游客更好地展示，比如说日出、海边涨潮等特色场景等。用户只需要登录海口市智慧旅游公共服务平台网站，点击进入该功能的页面，即可享受该服务，该功能更加真实地向游客呈现景区最好的一面。功能实现不仅可以给用户带来真实的体验，还可以显示景区真实、真诚的特性，达到很好的宣传效果。实时观景视频功能图如图4-19所示。

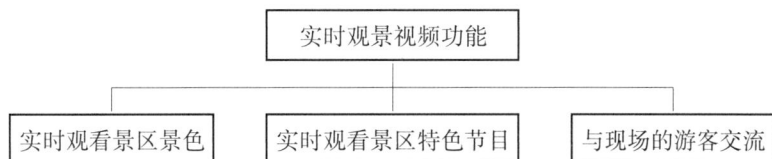

图 4-19　实时观景视频功能图

1.2.4　行业服务

　　智慧旅游公共服务平台的行业服务主要面向的对象是旅行社、旅游商品销售企业、餐饮住宿企业等旅游行业相关企业。目前，海口市企业在电子商务服务方面相对滞后，企业大都建立了网站，但是普遍都只提供一些企业的基本信息介绍等内容，没有完全实现真正的电子商务和行业服务功能，无法满足游客进行"网上旅游"和购物的各类需求。智慧旅游公共服务平台则能够改变这一状况。智慧旅游提供了消费导航、预订服务、在线销售、在线支付、积分管理、小额支付功能、服务评价等多种功能服务。具体结构图如图4-20所示。

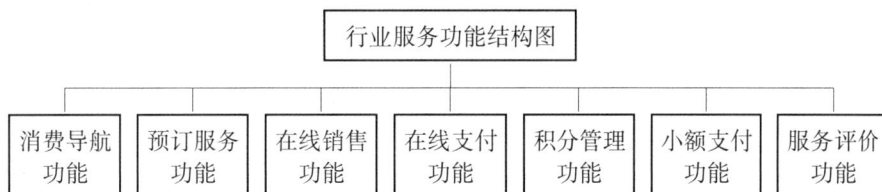

图 4-20　行业服务功能流程图

(1) 消费导航功能

游客只需进入消费导航应用,即可方便地查找自己所需的产品信息,同时还设有评分评价机制,游客可以根据自己的实际情况,选择相应价位且评价更好、评分更高的商品或场所,游客在消费后同样可以进行评分和评价,同时,利用评价可获积分的功能,促进游客进行消费。消费导航功能可以在电脑、手机、电视、平板电脑等多种电子媒介上实现。消费导航功能的实现在为游客带来便利的同时还刺激游客消费,促进旅游产业链的发展;而评分评价机制的实施起到了质量监督的作用,不仅让质监部门了解到消费者对商品的看法,而且促进商店商场进行自我规范、自我监督。消费导航功能流程图如图 4-21 所示。

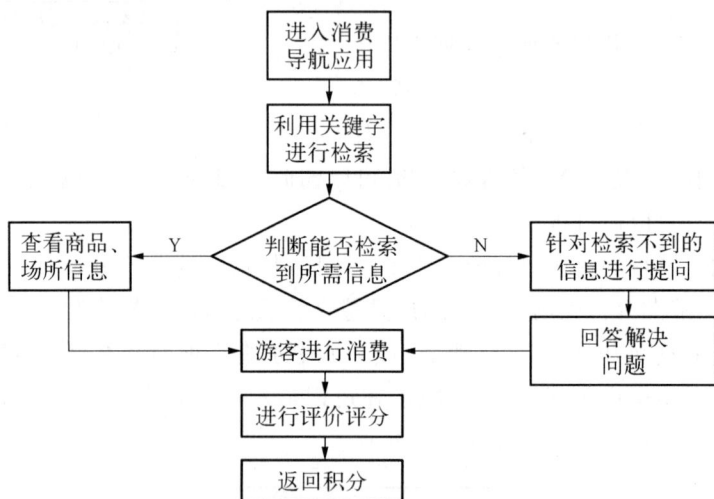

图 4-21 消费导航功能流程图

(2) 预订服务功能

游客经过全面而深入的在线了解和分析,已经知道自己需要什么了,就可以直接在线预订(客房/票务)。只需在网页上自己感兴趣的项目旁点击"预订"按钮,即可进入预订模块,预订不同档次和数量的该项目。

游客可以对相关的景区、酒店、机票等信息进行评价。网友如果满意,就可以进行一站式预订,如果不满意,还可以针对某个环节进行调整,直到满意为止。

由于是利用移动互联网,游客可以随时随地进行预订。加上安全的网上支付平台和灵活的行程预订与取消机制,可以随时随地改变和制定下一步的旅游行程,同时减少时间和人力成本,也不会错过一些精彩的景点与活动,甚至能够在某地邂逅特别的人,如久未谋面的老朋友。

智慧旅游公共服务平台框架下的预订服务包括:酒店预订、航班预订、旅行团预订、景点门票预订、餐馆预订、汽车租赁以及各种娱乐场所消费预订等信息。同时,公共服务平台可以作为第三方支付平台,不仅可以查看各种预订信息,在线付款后的消费也得到安全保障,消除用户在线旅行预订的后顾之忧。

(3) 在线销售功能

对酒店宾馆、旅行社、商品等实现在线销售功能,并通过第三方支付平台为游客提供保证,同时也为旅游行业提供规范的管理措施,促进其实现良性的合作和竞争。类似于现在的淘宝网可以实现在线购买、销售来促进海南省旅游业的发展。

（4）在线支付功能

海口市目前各大景点均没有开设网上支付的功能,各旅行社的网站有小部分具备网上支付功能,但是总体来说较为凌乱,没有把景区和旅行社联系在一起,不便管理。对于游客来说,这样的在线支付没有安全保障,游客如果对本次旅游不满意也没有地方投诉,因此常常在这方面产生矛盾和纠纷。

智慧旅游平台针对这种现象,可以提供一种安全有保障的在线支付方式。在线支付是指卖方与买方通过因特网上的电子商务网站进行交易时,银行为其提供网上资金结算服务的一种业务。它为企业和个人提供了一个安全、快捷、方便的电子商务应用环境和网上资金结算工具。在线支付不仅帮助企业实现了销售款项的快速归集,缩短收款周期,同时也为个人网上银行客户提供了网上消费支付结算方式,为客户提供了极大的便利。

智慧旅游的公共平台可以提供一个第三方的中间平台,将海口市所有的景点和旅行社的信息收集在一起,也可以在平台上加入海口市各种特色产品以供用户选择。用户可以在平台上自行浏览景区景点以及旅行社的信息,然后选择相应的景点门票进行购买,也可以预订旅行团,用户在线购买支付完成后,支付的费用不会直接支付给景区或旅行社,而是转至第三方也就是旅游公共平台进行暂存,在游客旅行结束在网上进行确认后,平台再将货款支付给景区或旅行社。如果用户选择购买特色产品,用户需填写邮寄的地址,同样的,在用户收到产品并进行网上确认后,平台再支付货款给卖方,类似于目前淘宝网站的模式。

这种方式可以保障游客的利益,一旦游客在旅行过程中出现问题,便可以向平台提出申请,要求平台暂缓支付费用,平台会在用户反映问题后对该事件进行调查,如果确实是景区或旅行社的责任,则会扣除一部分相应的费用,扣除的费用可以补偿一部分给用户,另外一部分可以暂时保存在公共的账户中。每年可以评选出一些服务态度好、产品质量高、用户满意度高的旅游企业,然后将公共账户中的金额作为奖金,分等级地奖励给企业。这样做不仅可以保障游客的利益,而且可以有效地管理各旅游企业,提高海口市旅游行业的整体质量,为海口市旅游业树立良好的口碑。在线支付功能流程如图4-22所示。

（5）积分管理功能

积分管理功能是指游客旅行过程中在签到、消费、评价、分享、上传照片等活动所获得的积分。积分的多少是根据签到的次数、消费的金额、评价的次数等进行累积的。

积分可以有三个方面的作用,一是当积分达到一定值的时候,用户可以利用积分进行商品的兑换,海口市智慧旅游公共服务平台可以提供多种等级的商品予以兑换,不同等级的商品对应不同积分,用户积分满足该商品的积分限额即可进行兑换;二是保留积分不使用,当用户对平台所提供的商品不满意时,也可以保留累积的积分,累积积分可用于游客的下次旅游减免部分费用,可以制定某个标准给予用户再旅游时一定的优惠;三是积分转赠的使用,当用户有亲戚朋友来海口市旅游时,用户也可以将自己的积分转赠给朋友,该朋友可以利用获赠的积分获得旅游优惠,也可以继续累积该积分进行更好的商品兑换。

用户可以对自己的积分进行管理,利用手机上网的用户更可以随时随地获取自己的积分信息。兑换的商品是不定期进行更换的,用户可以随时查看商品的信息,看到中意的商

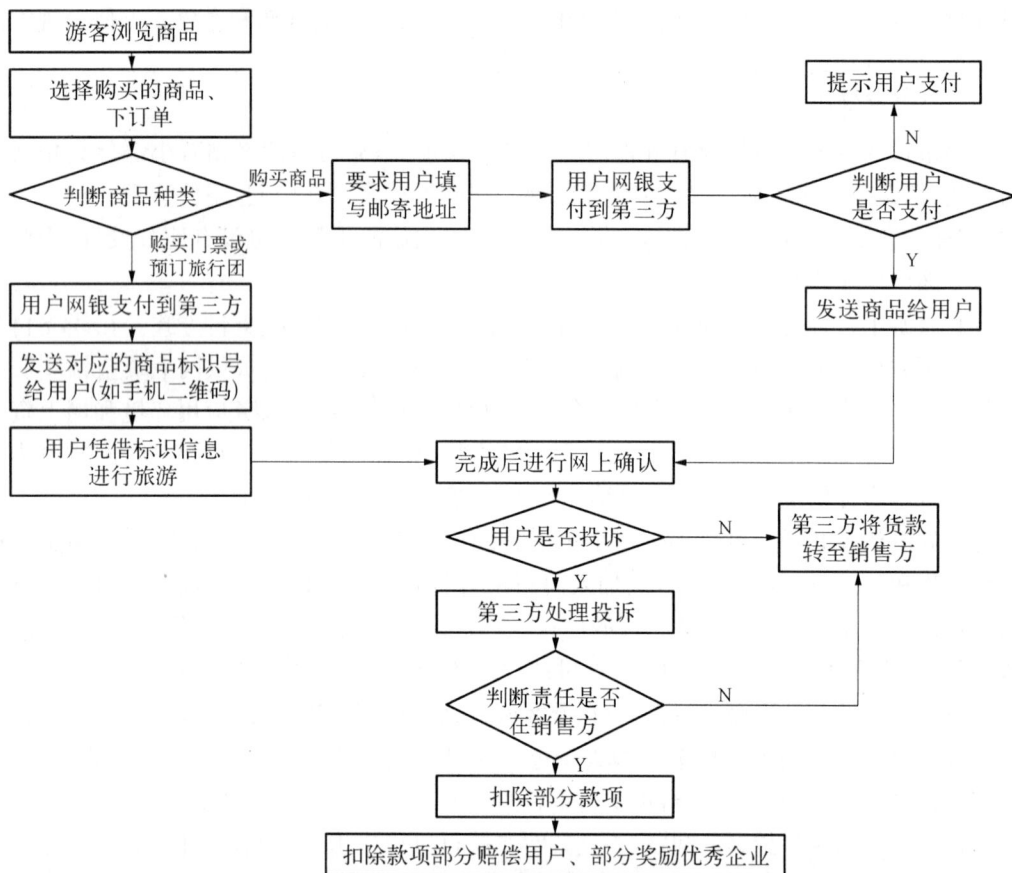

图 4 - 22 在线支付功能流程图

品,即可进行商品兑换。商品兑换一般情况下都是通过邮寄的方式进行的,用户在确定兑换该商品的时候需要填写邮寄地址,平台会根据该地址将商品邮寄给用户。

积分功能的实现目的主要是促进用户在海口的消费;而参与活动,比如签到、评价、分享等,则是对海口市旅游的一种间接的宣传,可以使海口市旅游资源的传播途径、传播方式变得更多更广;同时积分转赠的服务可以促使游客将海口旅游推荐给亲戚朋友,帮助海口市旅游增加客源。积分管理功能流程图如图 4 - 23 所示。

(6)小额支付功能

在旅行过程中付费过程麻烦,付费处理时间长,针对支付问题,海口市智慧旅游平台设计了利用手机方式的小额支付功能。在海口市任何一个景区景点、酒店、旅行社甚至商场商店内都可以利用手机进行付款,快捷方便。

小额支付功能实际上是利用手机支付。此时,用户必须持有可以用于手机支付的手机,或者将手机卡换成可以支付的手机卡。游客在到达海口时,如果游客持有可以用于手机支付的手机,那么只需对个人信息进行登记并对手机进行充值后,即可使用手机刷卡;如果游客没有该类手机,则可以租用特殊的手机卡或者租用一台智能手机,同样需要对个人信息进行登记,然后对手机充值,即可使用手机支付了。在各个景点、酒店、旅行社以及商场商店都设置有刷手机的 POS 机,用户在选购好商品后,通过快捷方式,在手机刷卡终端上进行刷卡即可。

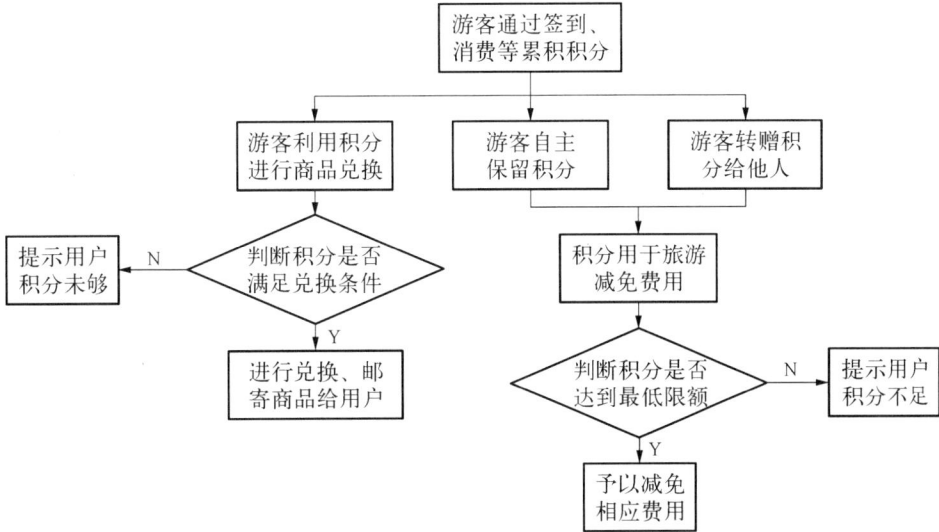

图 4 - 23   积分管理功能流程图

　　这种手机支付方式,可以提供方便快捷的服务,省去中间排队付账签单的步骤和时间,免去没有零钱付账或找零的麻烦,带给游客尊贵舒适的享受。手机支付最常用于商店消费,也可以用于停车场的临时收费。自驾车旅行的游客,将车停放在景区的停车场,离开停车场时,无需人工收取费用,只要车上人员对着出口处的手机刷卡终端刷卡即可,免去中间许多不必要的环节。手机小额支付流程图如图 4 - 24 所示。

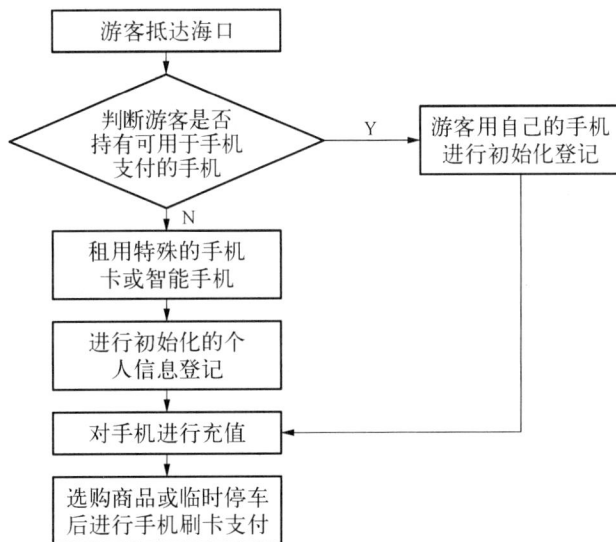

图 4 - 24   手机小额支付流程图

　　(7) 服务评价功能

　　游客在购买商品和享受服务时还可以给服务设施和服务人员评价打分,这样既能激发游客的积极性,也能改善行业服务水平和旅游相关企业员工的管理水平,也能提升海口市整体的旅游形象,吸引更多游客来参观游览。在游客离开海口时,游客的手机还会自动弹出海口市整体旅游评价短信,游客的服务评价对于海口市进一步促进旅游业的发展有重要的作用。

1.2.5　支撑服务

智慧旅游公共服务平台的框架中,旅游云平台和公共数据中心是智慧应用的核心支撑平台,主要为各应用系统提供安全、可监管的云服务,包括计算服务和资源服务,可满足海量数据实时采集与存储、智能化分析与计算、高并发访问的需求。支撑服务功能结构如图4-25所示。

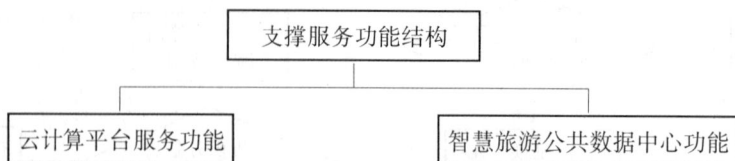

图4-25　支撑服务功能结构图

(1) 云计算平台服务功能

狭义的云计算指IT基础设施的交付和使用模式,即通过网络以按需、易扩展的方式获得所需资源;广义的云计算指服务的交付和使用模式,即通过网络以按需、易扩展的方式获得所需服务。这种服务可以与IT和软件、互联网相关,也可以是其他服务。云计算平台的核心思想是将大量用网络连接的计算资源统一管理和调度,构成一个计算资源池向用户提供按需服务。

在智慧旅游公共服务平台功能当中,主要是建立提供安全、可监管的云平台服务,即"旅游服务云"。"旅游服务云"运用"云计算"技术使得线上和线下的虚拟与现实相结合,形成对旅游全过程的资源整合和服务整合,基于云端感知服务信息和海量旅游资讯及最具活力的互动运营平台,通过移动终端的LBS应用,根据用户的位置、行为信息为游客提供按需推送、自助选择的"云端服务"。云计算平台主要是作为一种支撑服务平台("智慧旅游服务云")为决策支持、行业服务、公共服务提供技术支持。主要的功能体现在:云计算平台提供了最可靠、最安全的数据存储中心,用户不用担心数据丢失、病毒入侵等麻烦。在"云"的另一端,有全世界最专业的团队替用户管理信息,有全世界最先进的数据中心替用户保存数据。同时,严格的权限管理策略还可以帮助用户放心地与其指定的人共享数据;在智慧旅游云平台中,可以轻松实现不同设备间的数据与应用共享。不同设备间的数据同步方法种类繁多,操作复杂,要在这许多不同设备之间保存和维护最新的一份联系人信息,人们必须为此付出难以计数的时间和精力。在云计算平台的网络应用模式中,数据只要一份保存在"云"的另一端,用户的所有电子设备只需要连接互联网,就可以同时访问和使用同一份数据。云计算平台以先进的云计算技术为技术支撑为智慧旅游的发展提供一个强大的、专业的服务平台,它具有互联网目前所提供的所有功能,为政府、游客和行业提供专业的服务功能。云平台服务应用功能如图4-26所示。

图4-26　云平台服务应用功能图

(2) 智慧旅游公共数据中心功能

智慧旅游公共数据中心的服务主要是通过"旅游服务云"建立具有云计算、云存储能力的集中化的数据中心,为行业服务和公众服务提供可靠支撑,提升信息资源的开发利用水平,打造"云数据中心",为消除"信息孤岛"提供重要的基础支撑,提升海口旅游信息化水平。公共数据中心的建立,能有效地为各项功能服务提供良好的支撑。包括:为游客提供实时的旅游服务推送,方便游客随时查找旅游相关信息;为行业旅游信息的竞争提供公平、公正的公共信息平台;为政府实现旅游统计和旅游预测提供充分的数据资料,并运用云计算和公共数

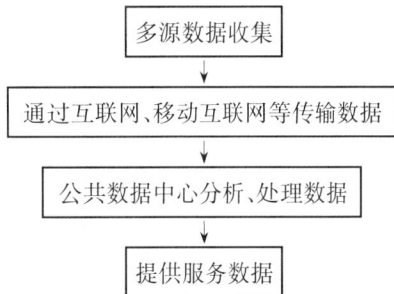

图 4 - 27　公共数据中心功能流程图

据中心的解决方案实现对旅游信息的处理。公共数据中心功能流程图如图 4 - 27 所示。

在感知服务功能当中,有许多前端感知终端(运用 RFID、DSRC、传感等技术)收集了大量旅游景区、宾馆酒店、餐馆消费、旅游咨询等方面的大量数据信息。通过互联网、移动互联网等将这些数据传输到智慧旅游的公共数据中心,这样,既可以对景区和宾馆酒店等进行很好的推广,又可以通过数据中心强大的数据处理能力和云计算平台的服务从中发现其存在的不足。在公共数据中心通过专业的数据分析和处理数据,将大量数据进行科学、合理的管理,为游客、政府和行业提供相关的服务。通过公共数据中心对大量数据的收集,并采用专业先进的数据挖掘等技术,能很好地实现公共数据中心的作用,对海口旅游业的发展起到促进作用。

2　智慧景区管理

2.1　智慧景区的概念与特征

2.1.1　智慧景区的概念

景区能够通过智能网络对景区地理事物、自然资源、旅游者行为、景区工作人员行迹、景区基础设施和服务设施进行全面、透彻、及时的感知;对游客、景区工作人员实现可视化管理;优化再造景区业务流程和智能化运营管理;同旅游产业上下游企业形成战略联盟,实现有效保护遗产资源的真实性和完整性,提高对旅游者的服务质量;实现景区环境、社会和经济的全面、协调和可持续发展。

2.1.2　智慧景区的内涵

广义的"智慧景区"是指科学管理理论同现代信息技术高度集成,实现人与自然和谐发展的低碳智能运营景区。这样的景区能够更有效地保护生态环境,为游客提供更优质的服务,为社会创造更大的价值。狭义的"智慧景区"是"智慧景区"的完善和升级,指能够实现可视化管理和智能化运营,能对环境、社会、经济三大方面进行更透彻的感知、更广泛的互联互通和更深入的智能化的景区。狭义的"智慧景区"强调技术因素,广义的"智慧景区"不仅强调技术因素,还强调管理因素。

广义的"智慧景区"内涵丰富,主要包括以下几个方面:① 通过物联网对景区全面、透彻、及时地感知;② 对景区实现可视化管理;③ 利用科学管理理论和现代信息技术完善景区的组织机构,优化景区业务流程;④ 发展低碳旅游,实现景区环境、社会、经济的全面、协调、可持续发展。

2.1.3　智慧景区的"智慧"

"智慧景区"的"智慧"体现在"旅游服务的智慧"、"旅游管理的智慧"和"旅游营销的智慧"这三大方面。

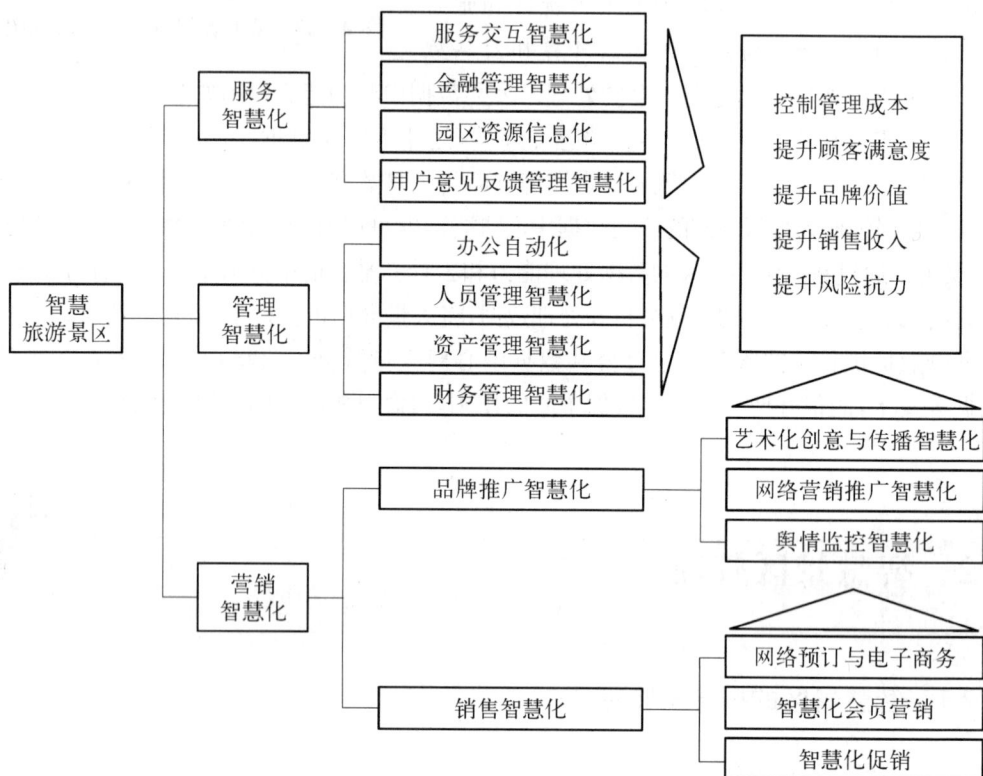

图 4 - 28　智慧旅游景区

(1) 旅游服务的智慧

智慧景区从游客出发,通过信息技术提升旅游体验和旅游品质。游客在旅游信息获取、旅游计划决策、旅游产品预订支付、享受旅游和回顾评价旅游的整个过程中都能感受到智慧景区带来的全新服务体验。

智慧景区通过科学的信息组织和呈现形式让游客方便快捷地获取旅游信息,帮助游客更好地安排旅游计划并形成旅游决策。

智慧景区通过基于物联网、无线技术、定位和监控技术,实现信息的传递和实时交换,让游客的旅游过程更顺畅,提升旅游的舒适度和满意度,为游客带来更好的旅游安全保障和旅游品质保障。

智慧景区还将推动传统的旅游消费方式向现代的旅游消费方式转变,并引导游客产生新的旅游习惯,创造新的旅游文化。

（2）旅游管理的智慧

智慧景区将实现传统旅游管理方式向现代旅游管理方式转变。通过信息技术，可以及时准确地掌握游客的旅游活动信息和旅游企业的经营信息，实现旅游行业监管从传统的被动处理、事后管理向过程管理、实时管理转变。

智慧景区将通过与公安、交通、工商、卫生、质监等部门形成信息共享和协作联动，结合旅游信息数据形成旅游预测预警机制，提高应急管理能力，保障旅游安全。实现对旅游投诉以及旅游质量问题的有效处理，维护旅游市场秩序。

智慧景区依托信息技术，主动获取游客信息，形成游客数据积累和分析体系，全面了解游客的需求变化、意见建议以及旅游企业的相关信息，实现科学决策和科学管理。

智慧景区还鼓励和支持旅游企业广泛运用信息技术，改善经营流程，提高管理水平，提升产品和服务竞争力，增强游客、旅游资源、旅游企业和旅游主管部门之间的互动，高效整合旅游资源，推动旅游产业整体发展。旅游管理的智慧特征如图 4-29 所示。

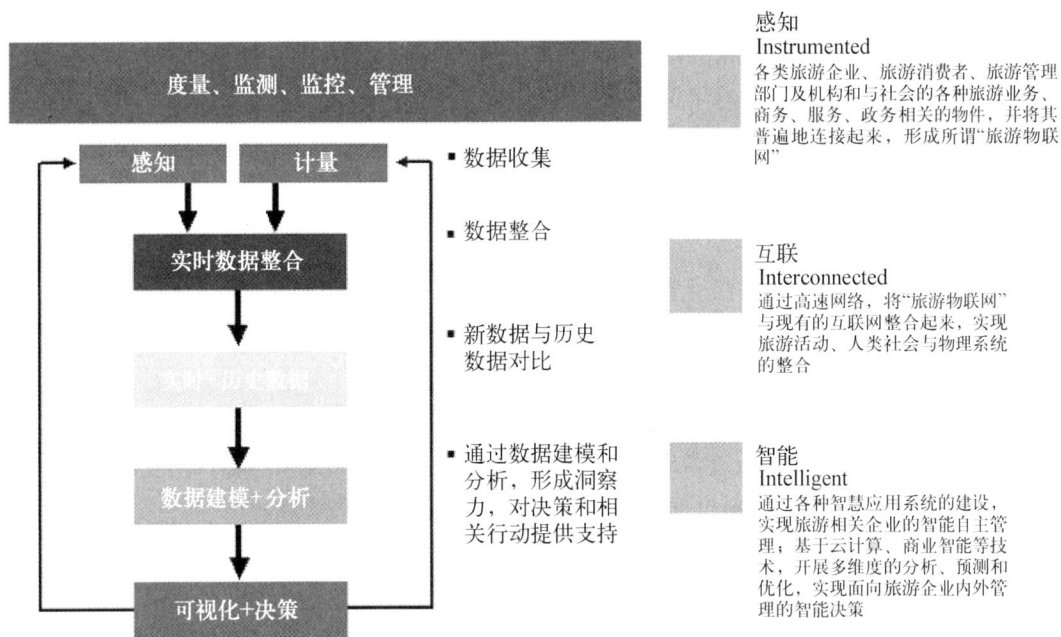

4-29　旅游管理的智慧特征

（3）旅游营销的智慧

智慧景区通过旅游舆情监控和数据分析，挖掘旅游热点和游客兴趣点，引导旅游企业策划对应的旅游产品，制定对应的营销主题，从而推动旅游行业的产品创新和营销创新。智慧景区通过量化分析和判断营销渠道，筛选效果明显、可以长期合作的营销渠道。智慧景区还充分利用新媒体传播特性，吸引游客主动参与旅游的传播和营销，并通过积累游客数据和旅游产品消费数据，逐步形成自媒体营销平台。

2.2　智慧景区系统的总体构成

智慧景区系统的建设首先要构建数据中心，沟通服务端和使用端，因此它包括三个大的部分：服务端、使用端、数据中心。三个部分通过互联网/物联网相互联结。

服务端是直接或间接为旅游者提供服务的企事业单位或个人，如政府管理部门、相关部门、咨询机构、旅游企业等；使用端为广大的旅游者，拥有能够上网的终端设备，尤其是超便携上网终端（如平板电脑和智能手机）；数据中心由大量存储有各类旅游信息的服务器组成，有专门的机构负责进行数据的维护和更新。

数据中心即是智慧景区的云端，可以称为旅游云，将服务端和使用端联系起来。海量的旅游信息处理、查询等计算问题由数据中心自动完成，这就是智慧景区中的云计算。服务端将自己的各类信息及时放在数据中心；使用端根据自己的要求，从数据中心提取信息，需要服务时可以与服务端进行交换，使用端可以直接向服务端付费（网上银行、现场付费），也可以通过数据中心付费（类似于淘宝的支付宝）。

通过使用端软件平台，智慧景区中的旅游信息以主动弹出的方式出现，配以网络地图，能够让旅游者知道这些旅游服务在什么地方可以得到，距离自己多远，甚至知道某个酒店还有多少房间，某个景点需要排队多长时间。这样不会遗失某些旅游信息和服务（如景点、旅游活动），也不会由于信息不全而采取了不恰当的行为（如走错路、排错队）。在多点触控的超便携终端（如平板电脑、智能手机）上，轻点手指即可展开详细信息。主动显示旅游信息，摆脱了输入关键词查询的不便之处，尤其是有许多旅游信息在你身边的时候，无法一一去查询这些信息。

2.3　建设目标

通过智慧景区建设，做好三个服务：服务游客、服务主管部门和景区、服务企业。从而提高旅游业务的综合管理和运营能力，创建优质的旅游生态环境，提升旅游的服务品质，进而推动地区旅游经济的快速、健康发展。

2.3.1　服务游客

通过智慧景区建设，将旅游带动地区经济发展所涵盖的六大元素（即：行、食、住、游、娱、购）进行有序的整合，为游客提供便捷的服务，使旅游经济效应最大化。

2.3.2　服务主管部门和景区

通过智慧景区建设，提高旅游生态环境监测和保护的能力，提高对游客及工作人员的安全监测和保护能力，提高对景区综合管理监控能力，提高旅游业务的营销和服务能力。

2.3.3　服务企业

通过智慧景区建设，使企业经营与地区旅游更有效地结合，拓展企业的营销宣传渠道，为企业发展创造更多机遇。

2.4　智慧景区的建设原则

智慧景区建设是一个复杂的系统工程，景区应结合自身特点，既要因地制宜，又要兼顾大局，统一标准，规范建设。为实现全行业管理和旅游资源的有效整合，形成管理合力和规模效应，在建设过程中，应共同遵循以下建设原则：

① 总体部署，分步实施：景区要按照总体部署，做好智慧景区建设总体方案编制工作，根据自身实际情况制定近期和远期建设目标，分阶段逐步实施，确保智慧景区建设取得成效。

②　统一标准,保障共享:智慧景区重点建设项目,要按照统一标准,实施规范建设,确保实现行业管理的信息共享。

③　整合资源,集约发展:智慧景区涉及全行业资源的整合,需要统一协调和组织建设,打造行业品牌,形成管理合力,实现规模效应。

④　突出重点,先急后缓:景区要根据自身实际情况,制定切实可行的智慧景区建设总体方案。按照突出重点、先急后缓的原则,优先建设景区资源保护和经营管理需求迫切、投资小见效快的重点建设项目。

⑤　实用可靠,适度先进:系统建设要注重实效,在技术选型方面要注意选择技术成熟度好、实用可靠并适度先进的技术。避免盲目引用不成熟的新技术,造成建设资金浪费。

⑥　创新机制,市场运作:智慧景区建设要注重产业化经营管理机制的创新,借鉴国际先进理念,引入市场运作机制,促进资源保护与旅游服务产业的良性互动和协调发展。

2.5　智慧景区系统总体设计方案

2.5.1　智慧景区系统的总体架构

智慧景区系统的总体架构如图 4-30 所示。

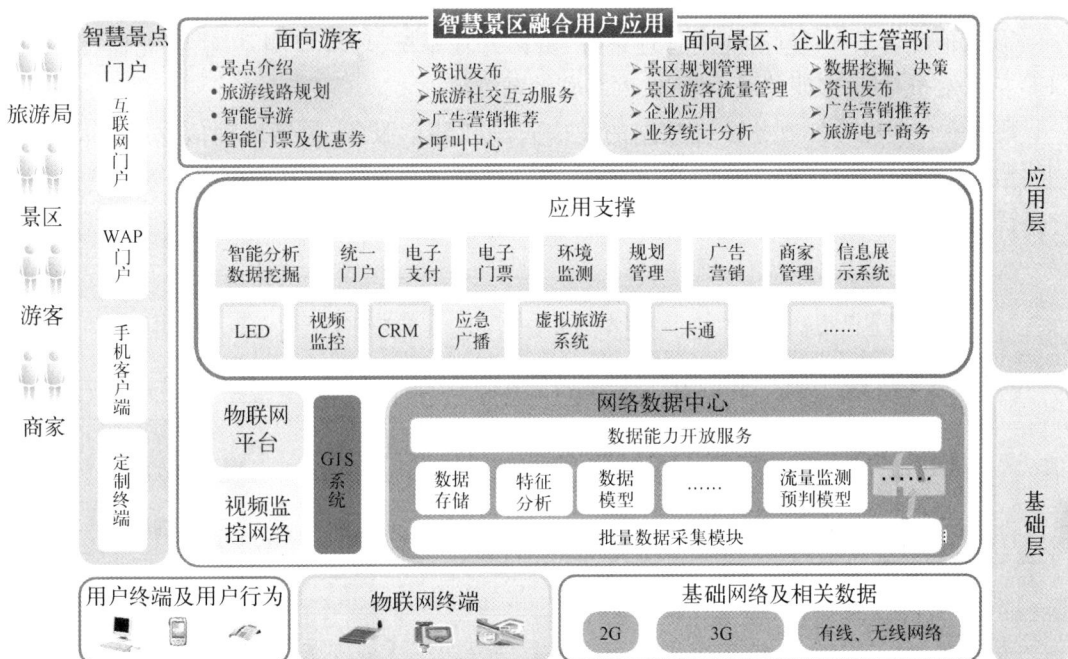

图 4-30　智慧景区系统的总体架构图

智慧景区建设内容概括起来可以分为两个层面和两个中心的建设:基础层、应用层和指挥调度中心、数据中心。

基础层包括通信网络设施、信息安全保障、物联网软硬件系统、视频系统、数据中心等。其中物联网硬件包括各种传感设备(射频传感器、位置传感器、能耗传感器、速度传感器、热敏传感器、湿敏传感器、气敏传感器、生物传感器等),这些设备嵌入到景区的物体和各种设施中,并与互联网连接。

应用层包括面向各职能部门的应用信息系统,以加强资源保护管理为目的建设的环境监测系统,生物、文物资源监测系统,规划监测系统等;面向日常经营管理的 OA 办公系统、规划管理信息系统、GPS 调度系统、视频监控系统、电子门票系统、LED 大屏幕信息发布系统等;面向产业发展的电子商务、旅行社和酒店管理、客户关系管理系统等,以及面向游客服务的信息呈现和互动系统。

指挥调度中心实现管理资源的整合及对各职能部门的统一组织协调,是最重要的核心平台。它整合系统各应用支撑系统的能力,实现资源监测、运营管理、游客服务、产业整合等功能,主要包括:

① 地理信息系统(GIS):同时将多媒体技术、数字图像处理、网络远程传输、定位导航技术和遥感技术有机地整合到一个平台上。

② 旅游电子商务平台和电子票务系统。

③ 高峰期游客分流系统:高峰期游客分流系统可以均衡游客分布,缓解交通拥堵,减少环境压力,确保游客的游览质量。景区可以通过预订分流、票务分流和交通工具实现三级分流,其中要采用 RFID、全球定位、北斗导航等技术时时感知游客的分布、交通工具的位置和各景点的游客容量,并借助分流调度模型对游客进行实时分流。

④ 其他配套系统:包括规划管理系统、资源管理系统、环境监测系统、智能监控系统、LED 信息发布系统、多媒体展示系统、网络营销系统等。

数据中心实现对各业务系统数据的集中管理和共享服务,包括地理信息(GIS)数据、GPS 数据、多媒体(MEDIA)数据、游客数据、产业链商家数据,以及其他综合业务信息数据。

智慧景区系统总体的功能结构如图 4－31 所示。

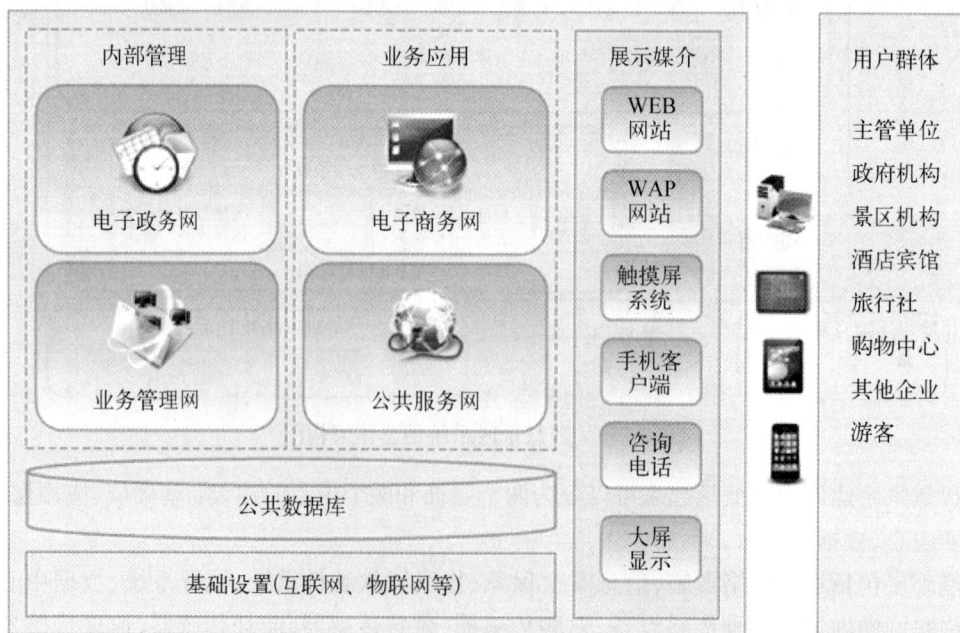

图 4－31　智慧景区系统总体的功能结构图

2.5.2　智慧景区的整体技术架构

智慧景区的整体系统分为：基础设施层(系统所需的基础设备、系统、中间件等)、资源层(实现具体功能的各种数据与信息库)、应用支撑层(对所有应用系统提供各种数据访问功能的中心服务系统)、应用系统层(实现具体功能的各种应用系统)。

资源层提供集中的数据访问,包括数据连接池控制、数据库安全控制和数据库系统。集中的数据访问能够在大量用户同时并发访问时共享有关连接等信息,从而提高效率,集中的数据库安全控制,使任何来自互联网的数据库访问都必须经过强制的安全管理,不允许直接访问数据库的行为,杜绝安全隐患。

应用系统层通过提供统一的数据服务接口,为各个应用系统提供服务,应用系统的表现可以是网站、客户端系统、Web 服务以及其他应用,并通过目录与负载均衡服务提供统一的负载均衡服务。任何一个应用服务器都可以同时启动多个服务,而通过目录与负载均衡服务来进行负载均衡,从而为大量用户并发访问时提供高性能服务。智慧景区系统应用服务器提供核心智慧景区系统服务,包括数据服务、管理服务、基本安全服务、其他业务服务等;数据同步服务器将数据有条不紊地同步到各个数据库;系统更新与版本升级服务器提供各个系统的版本升级管理,使任何一个系统都保持最新版本;Web 日志分析服务提供用户访问分析,提高网站后期修改、维护、更新的针对性。

智慧景区的整体技术架构图如图 4-32 所示。

图 4-32　智慧景区的整体技术架构图

2.5.3 智慧景区系统的应用门户设计

从智慧景区系统所面对的不同应用对象来看,主要有四类用户:旅游局、景区、游客、商家。智慧景区系统作用于不同应用对象产生的信息流图如图4-33所示。

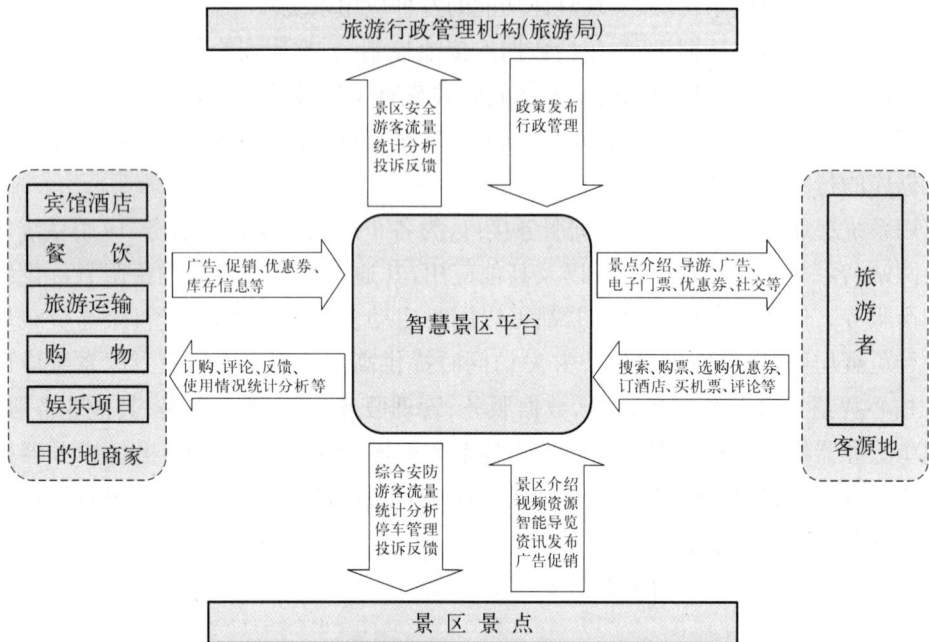

图4-33 智慧景区系统作用于不同应用对象产生的信息流图

不同用户场景下的应用门户功能图如图4-34所示。

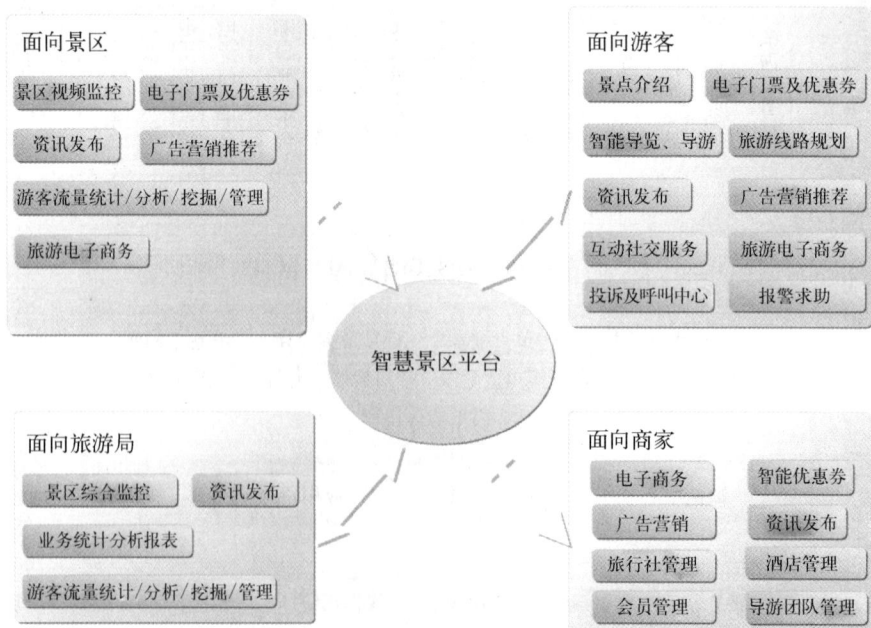

图4-34 不同用户场景下的应用门户功能图

应用之间的关系图如图 4 - 35 所示。

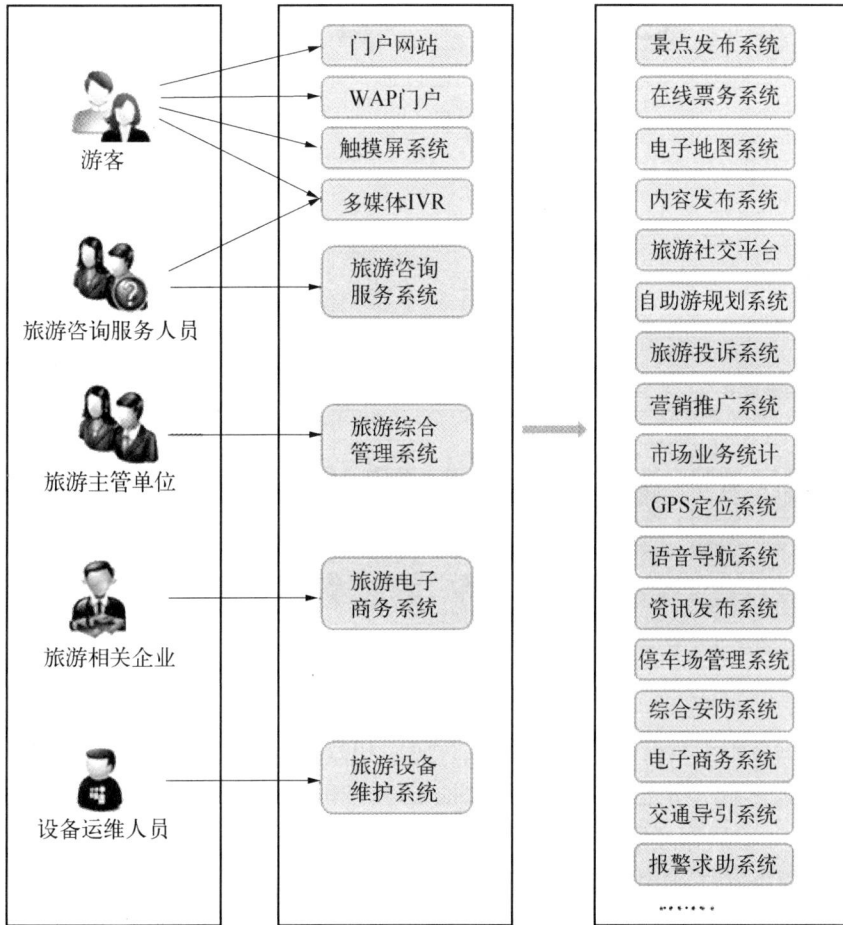

图 4 - 35 应用之间的关系图

2.5.4 网络拓扑结构

网络拓扑结构图如图 4 - 36 所示。

智慧景区系统网络设计采用应用数据、内部服务与外部服务分离的原则,系统的网站服务器、商务系统 WWW 服务器部署在防火墙的 DMZ 停火区,数据库服务器、政务网应用服务器、内部办公服务器等部署在防火墙的非军事区,严格设计访问规则,并配备入侵检测系统,以确保系统的安全。

智慧景区系统是集有关旅游信息的收集、加工、发布、交流和实现旅游的网上交易和服务全程网络化为一体的综合性、多功能网络系统。参与各方为:政府主管部门、旅游企业(宾馆、酒店、旅行社、餐馆酒楼、娱乐场所、景点公司、票务公司、租车公司等)、游客(网站会员、访客、旅游客户)、银行和其他机构与个人。

系统采用 Internet/Intranet 的 B/S 模式,服务器端采用开放系统平台,便于扩充。整个系统以数据中心为信息交换平台,以 Internet 为数据传输通道,政府各有关部门、旅游企业、游客、银行通过专线或拨号上网与系统中心互联,实现网上数据查询、预订、购物、交易、结

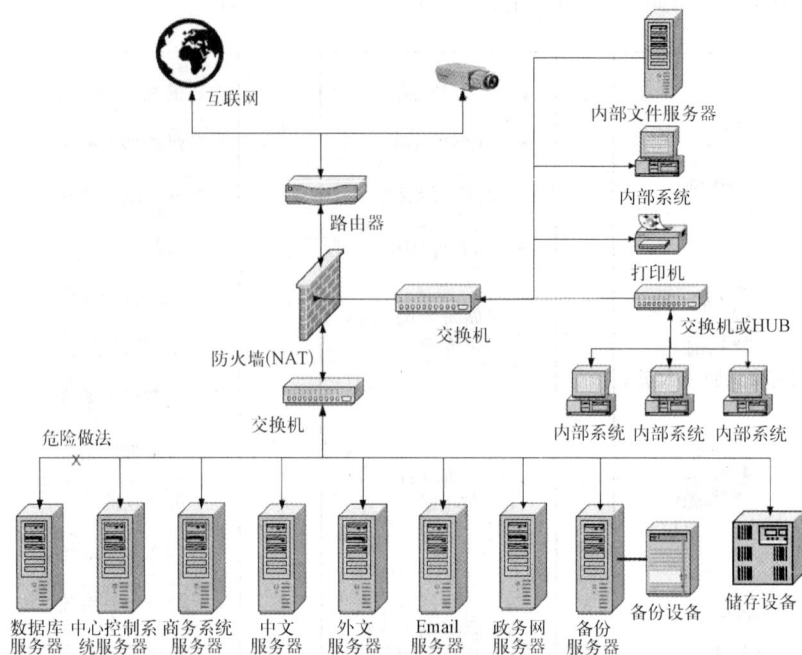

图4-36 网络拓扑结构图

算、消费等活动。

　　网络中心配备若干台高性能服务器,实行应用和数据分离的原则,加强系统运行的稳定性和安全性。服务器采用先进流行平台,保证先进性和可维护性,后台采用国际品牌数据库系统(如 Oracle),前后台开发工具采用 J2EE 等,服务器上运行电子商务套件以支持电子交易,安装 Web 服务软件,向用户提供信息浏览、查询等服务。

2.6 案例:"智慧九寨"建设实证

　　九寨沟景区在探索中起步,在变革中创新,始终坚持可持续发展战略,长期致力于发展低碳旅游,以标准化建设优化业务流程,以学习型组织创建提升团队素质,以战略联盟整合各方资源,以先进技术推动科学管理,从"数字九寨"到"智慧九寨",一直走在中国旅游景区发展的前沿。

2.6.1 全国首个"智慧景区"——九寨沟

　　2010 年 1 月九寨沟承担的国家 863 重大课题"基于时空分流导航管理模式的 RFID 技术在自然生态保护区和地震遗址的应用研究"正式开题。九寨沟开全国先河,提出了"智慧九寨"这一管理模式。同年 10 月 29 日,全国首个具有自主知识产权的景区可量测实景影像服务平台通过评审验收,宣告九寨沟成为首个"智慧景区"。

　　2011 年,九寨沟景区将根据 3 年来 863 个科研项目的实践结果,进行"智慧九寨"一期建设,着力于景区管理精细化、低碳化、移动化方向,通过该项目的实施将进一步提升九寨沟景区的旅游服务质量,整合景区旅游资源,加强旅游资源的共享,共同推动智慧景区的实施建设。

　　"智慧九寨"是九寨沟景区管理的智能化,它是建立在集成的、高速双向通信网络的基础上,通过先进的传感和测量技术、先进的控制方法以及先进的决策支持系统的应用,有效改善九寨风景区商业运作和公共服务关系,实现九寨沟旅游资源的优化使用、生态环境的有序开发和保护、游客满意度提升、产业效益最大化的目标。

2013 年,九寨沟再次承担国家科技支撑计划项目,"跨区域多形态的实景三维智慧文化遗产及旅游综合服务系统研发及应用示范"项目正式启动。通过对中西部少数民族文化以及世界文化遗产的渊源、传承、保护的研究,结合互联网、移动互联网等成熟的信息化技术,打造数字化中西部文化遗产区域地理信息地图,构建全国首个跨区域多形态实景三维智慧文化旅游综合服务平台,打造区域旅游资源整合营销模式,开展跨区域文化旅游综合服务示范,创新文化旅游休闲服务模式,繁荣文化旅游服务经济,培育服务品牌。

"实景化景区智能管理与服务系统应用"作为"跨区域多形态的实景三维智慧文化遗产及旅游综合服务平台"项目在九寨沟景区的应用示范课题,旨在为景区打造集管理运营、票务预订、游客服务、三维展示推广为一体的集成应用管理实景平台,融合移动互联网及 4G 移动终端技术,为游客提供基于实景位置服务的随时、随地、随身、随需的个性化旅游服务信息,实现多行业旅游资源的智慧共享,推进智慧景区建设及相关经验推广应用,提升大旅游区域信息化服务水平,促进信息化产业同旅游产业的高度融合,引领新的现代服务型文化旅游产业大发展。

"智慧九寨"利用了三大先进技术:先进的传感和测量技术、先进的控制方法、先进的决策支持系统,解决了景区商业运作和公共服务的矛盾、旅游资源的优化使用与保护生态环境的矛盾、游客数量不断增加与游客满意度的矛盾。

"智慧九寨"的建设重点是通过信息化手段,解决旅游旺季景区景点游客拥挤、乘车站点拥挤、车辆调度不畅等问题,实现优化的综合实时管理调度。智能化的管理系统在城市的交通、能源、城市管理等多个区域中已经得到了应用,同时该项技术也表现出了良好的发展前景。

"智慧九寨"实行网格化管理,以局属保护处、法规处、居管办、规划建设处作为试点职能部门先行实施,各景点一线的工作人员都配有"景管通"的 4G 手机,随时可向指挥中心报告。通过景区网格化管理与服务系统项目的试点实施,形成了监督发现机制,将管理工作变被动为主动。同时,管理局辖属职能部门转变管理模式,工作效率明显提高,景区应急处置能力也得到大幅度提高。

2.6.2　启示:初探"智慧景区"建设模式

现代科技的迅猛发展,特别是信息技术的发展,使旅游景区管理手段、思维方式都发生了革命性的变化。旅游景区如何在新机遇背景下向信息化、互通化、智能化的"智慧景区"发展,需要形成一种能使旅游景区的深度、广度和高度都有长足发展的建设模式,该模式主要表现为:

(1) 进行景区信息最透彻的感知

利用任何可以随时随地感知、测量、捕获和传递信息的设备、系统或流程,如物联网,它是新一代信息技术的重要组成部分,就是"物物相连的互联网"。通过使用这些新技术的应用,对景区地理事物、自然灾害、游客行为、社区居民、景区工作人员行迹和景区基础设施与服务设施进行全面、透彻、及时的感知,并进行分析,便于立即采取应对措施和进行长期的规划。旅游资源和景区生态环境的可持续发展,长期受保护与发展之间的矛盾制约,但如果能及时、全面、准确获取景区旅游资源、生态环境、游客等方面的信息,旅游景区管理者就能作出准确的决策和调控,从而缓解该矛盾,实现人地和谐。

(2) 实现景区成员更全面的互联互通

互联互通是指通过各种形式的高速、高带宽的通信网络工具,将景区、社会和政府信息系统中收集和储存的分散信息及数据连接起来,进行交互和多方共享,对游客、社区居民、景区工作人员实现可视化管理,从而更好地对环境和游客进行实时监控,从全局的角度分析形势并实施解决问题,有效保护遗产资源的真实性和完整性,提高游客服务质量,实现景区环境、社会和经济全面、协调、可持续发展,使工作和任务可以通过多方协作得以远程完成;同时还可以将科研院校、研究机构、酒店、旅行社、航空公司、IT 公司等建立战略联盟,运用众人的智慧并集结众人的力量管理景区,从而彻底改变整个景区的运作方式。

(3) 构建景区管理更深入的智能化

所谓的智能化是由现代通信与信息技术、计算机网络技术、行业技术、智能控制技术汇集而成的针对智慧景区应用的智能集合,通过深入分析收集到的数据,以获取更加新颖、系统且全面的洞察来解决特定问题;同时利用最新的信息技术和管理理论改变景区管理局或管理委员会的组织结构,优化和再造景区管理业务流程。随着信息技术的不断发展,其技术含量及复杂程度也越来越高,这就要求使用更为先进的技术来处理复杂的数据分析、汇总和计算,以整合和分析少量的跨地域、跨行业和职能部门的数据和信息,并将特定的知识应用于智慧景区中来,从而更好地支持决策和行动。

"智慧景区"将是整个旅游发展的大势所趋,主要体现在旅游服务智慧、旅游管理智慧和旅游营销智慧三方面。把信息化建设引入旅游景区是现代科技在旅游业中的应用,能为增强旅游景区现代化管理和自主创新奠定基础,变粗放管理为精细化管理,使景区由传统服务向信息智能化服务转变,有利于提升旅游的整体竞争力。

3 智慧酒店管理

根据 2012 年 5 月 10 日北京市旅游发展委员会发布的《北京智慧饭店建设规范(试行)》条例,智慧酒店是利用物联网、云计算、移动互联网、信息智能终端等新一代信息技术,通过酒店内各类旅游信息的自动感知、及时传送和数据挖掘分析,实现酒店"食、住、行、游、购、娱"旅游六大要素的电子化、信息化和智能化,最终为旅客提供舒适便捷的体验和服务。

近些年来我国经济国际化程度不断提高,使得酒店产业急速扩张,相比发达国家的酒店业,我国仍处于管理粗放的传统模式。尽管酒店业规模扩张仍然是许多国家和地区,尤其是新兴市场的主要特征,但从全球来看,酒店业的产业结构调整和升级已势在必行。目前,丽晶大酒店、颐中皇冠假日酒店、岸琴御会所、金沙大酒店、普雷斯精品酒店等知名酒店的智慧化建设主要集中在智慧营销方面,这说明目前酒店的智慧应用大多是处于智能化的初级阶段,应用的部门也比较少,多数只是应用在销售系统,而在酒店客房服务系统、前台服务系统、餐饮服务系统和内部管理系统应用较少。

智慧旅游建设是国家旅游局在十八大精神指导下,促进旅游业经济发展和服务质量提升的一项重要举措。作为智慧旅游的一部分,智慧酒店的建设是中国酒店业产业结构调整、升级的重大契机和必然选择。

3.1 智慧酒店的发展历程

智慧酒店的发展历程如图 4 - 37 所示。

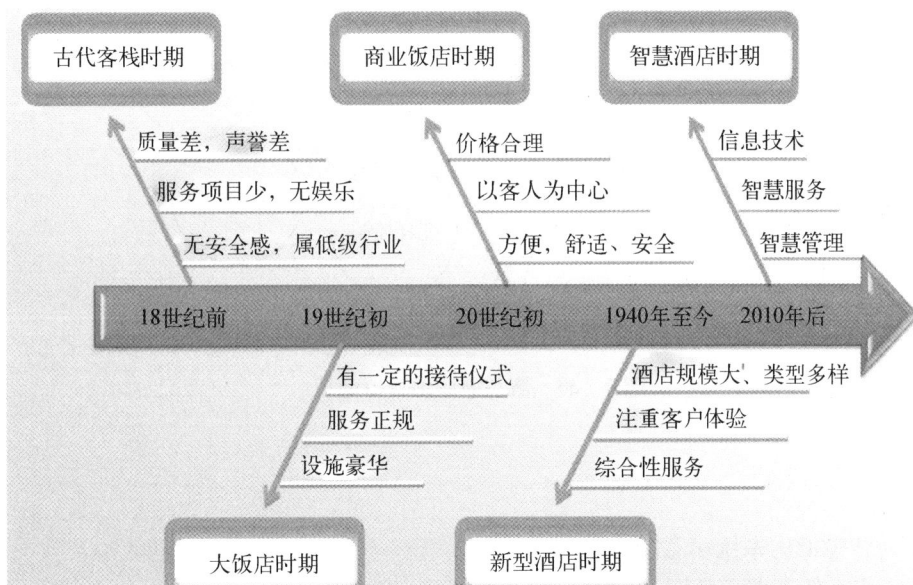

图 4 - 37 智慧酒店的发展历程

酒店发展基本经历了以下几个时期:18 世纪之前,算是古代客栈时期,酒店数目少;19世纪初到 20 世纪初,进入大饭店时期,出现了很多规模较大、服务规范的饭店;20 世纪初到20 世纪 40 年代,是商业饭店时期,开始出现了商业型的方便舒适、价格合理的商业酒店;20世纪 40 年代后是新型酒店时期,酒店业态丰富,发展迅速;2010 年随着信息技术的发展,进入智慧酒店时期,大量多类的信息技术开始运用在酒店中。

3.2 智慧酒店的定义

通过现代计算机技术,融合统一的通信技术、现代控制技术以及现代建筑艺术并有机地优化组合,向客户提供一个投资合理、安全节能、高效舒适、便利灵活并且人性化的新一代智慧酒店。大幅提高酒店客人的体验,极大地优化酒店管理流程,提高工作效率并降低管理与运营成本,从而显著提升酒店的综合竞争力,帮助酒店业客户达到经营、能效、用户体验的多重目标。顾客从登记—入住—外出活动—互动体验—休息—就餐—退房,整个过程都可以享受到科技带来的无穷便利和乐趣。

智慧酒店相比传统酒店有很多价值的创造,比如主题品牌的提升,在经营上既可以开源,亦可以节流,智慧主题以平台制胜,等等。

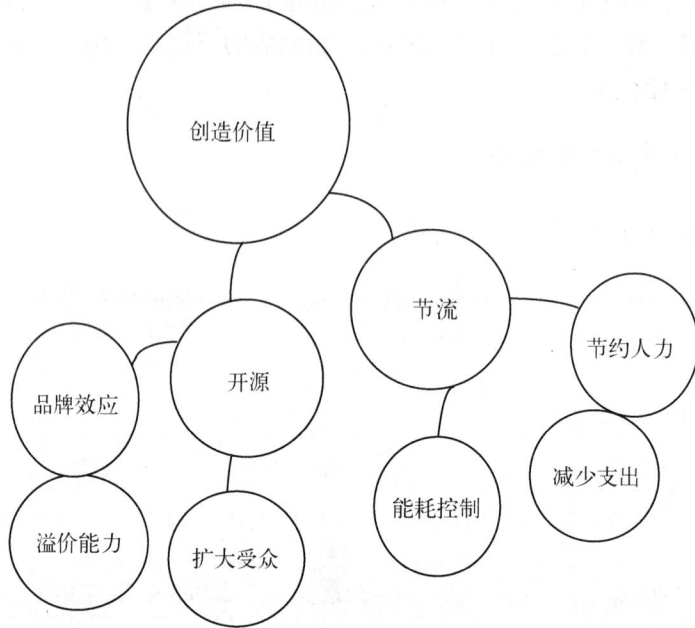

图 4-38 智慧酒店的价值创造

3.3 系统介绍

3.3.1 智慧酒店系统示意图

智慧酒店系统功能示意图和网络示意图如图 4-39、4-40 所示。

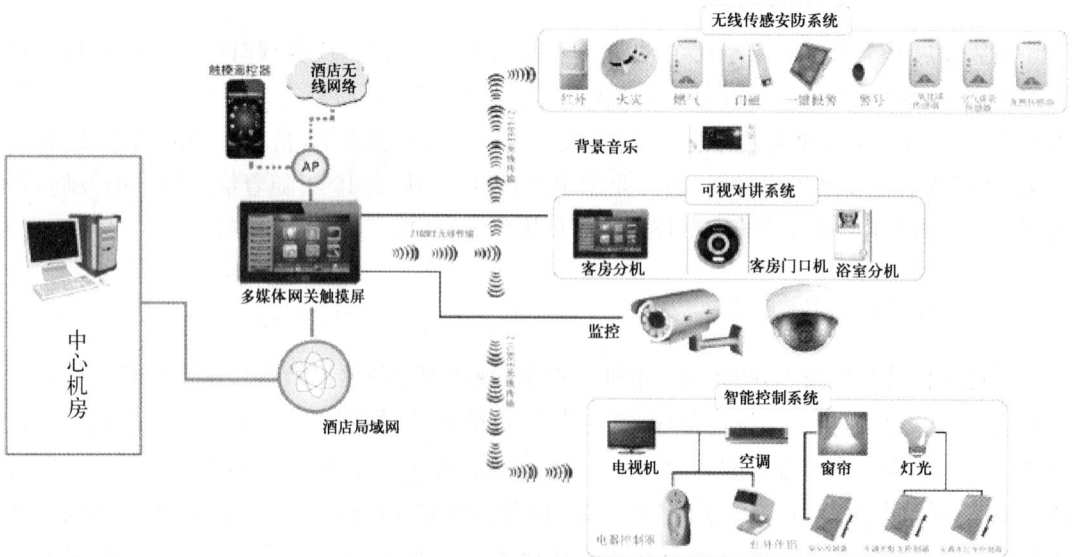

图 4-39 智慧酒店系统功能示意图

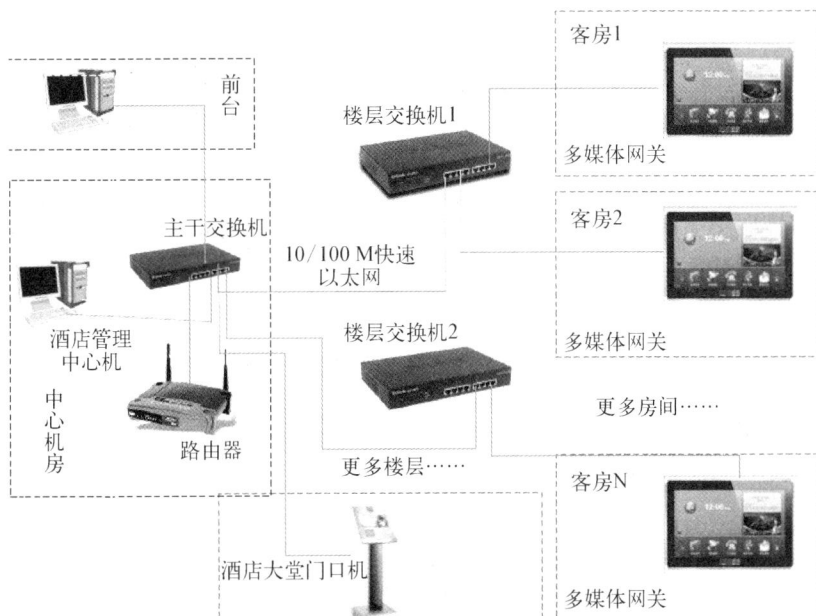

图 4 - 40　智慧酒店系统网络示意图

智慧酒店系统主要功能有：自助入住/退房系统、智慧客房系统。

3.3.2　自助入住/退房系统

客人到达酒店后,前台将提供一张带无线定位功能的房卡,每张卡含有唯一的 ID(见图 4 - 41 左图)。

将客户信息与服务承接在一起,能够在餐厅、健身房等公共区域为用户提供个性化服务。

入住登记(check-in)完成后,控制系统将自动提前打开客房中的空调、灯光,客房的触摸控制屏切换到欢迎界面。提前将客房的室内环境调节至舒适模式(见图 4 - 41 右图)。

图 4 - 41　自助入住系统

当客人在前台结算离开(check-out)后,客房设备的控制权限自动回归前台中央控制。前台会在客人离开后,自动发出复位命令,将该客人所住的房间设备恢复至原始状态(根据管理要求的状态),服务员不需要在房间内清扫完成后人工复位灯光空调状态,这样可以提高清扫效率和进行统一管理。

图 4-42　自助退房系统

3.3.3　智慧客房系统

智慧客房系统的构成如图 4-43 所示。

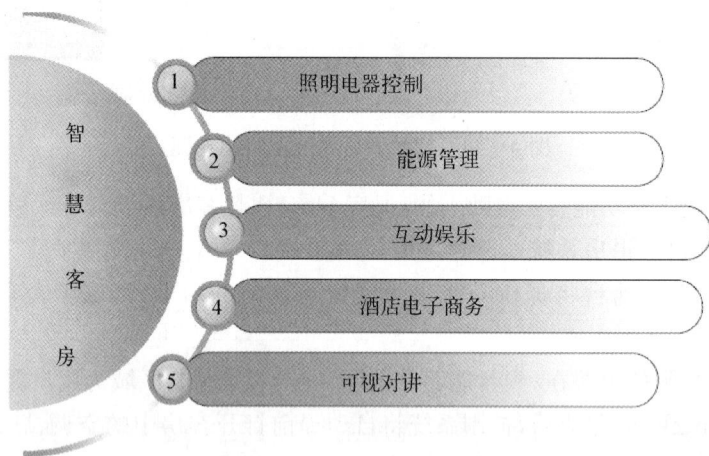

图 4-43　智慧客房系统

（1）照明电器控制

——灯光场景人性化
通过方便的灯光控制器，对灯光调节与开关控制，为客人提供舒适、温馨的场景与灯光气氛。

——电动窗帘控制
通过窗帘控制器，可对窗帘、窗纱分别进行控制，体现智能化生活带来的无限乐趣。

——感应控制
通过对感应器的逻辑应用，实现人来灯亮、人走灯关，方便节能。

图 4-44　照明电器控制 1

网关根据不同场景启动相应的动作，控制灯光、空调、电动窗帘等系统启用。控制方式也可以用手机、iPAD等控制。

灯光

电视

空气质量

网关

WLAN

温湿度

iPAD控制软件

电动窗帘

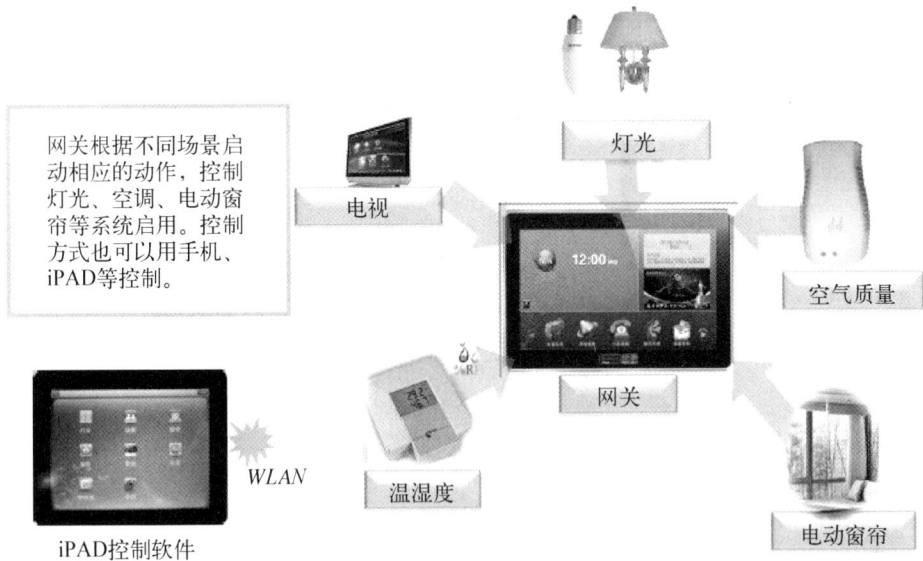

图 4 - 45　照明电器控制 2

（2）能源管理

感应控制：

　　洗手间的灯光、排风扇通过感应器来控制，有人进去时灯光立刻打开，排气扇延时10秒打开，离开洗手间时间超过设定时长，系统将自动关闭灯光、排风扇。

空调智能控制：

　　客人登记入住后，空调会自动打开到适合的温度，若客人登记后又长时间没有进入房间，空调将自动关闭。在入住期间，客人拔卡离开客房，超过系统设定的时长还未回来，空调将自动关闭。

延时切断电源：

　　当客人拔卡离开房间，灯光、排气扇、电视机、空调等设备的电源将延时关闭。

软件上的能源管理功能可以自动分析出每个房间每天的用电情况，进行能耗分析，从而分析出顾客的用电习惯。

图 4 - 46　能源管理——节能

（3）互动娱乐

① 影音播放

iPAD影音与投影仪、电视同步镜像。

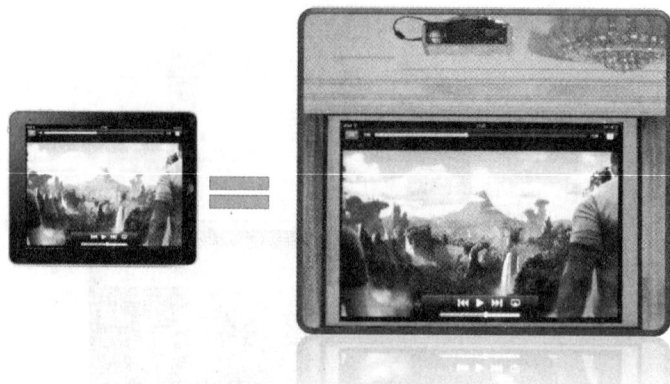

图4-47 互动娱乐——多媒体影院系统(4IN1TV)

② 教学功能

iPAD的各种文件可以与投影仪同步镜像。

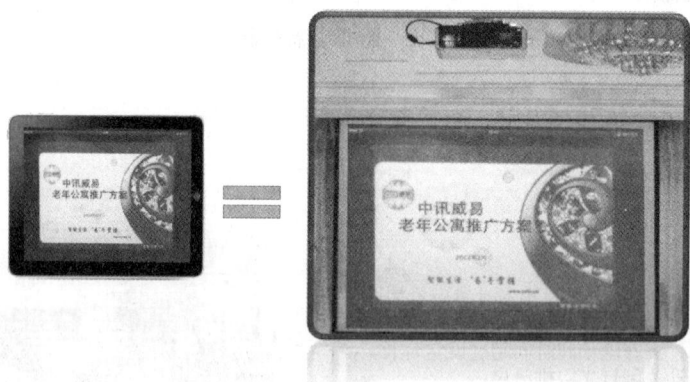

图4-48 教学功能

（4）酒店电子商务

机票预订

订餐服务

天气预报

图4-49 酒店电子商务

（5）可视对讲

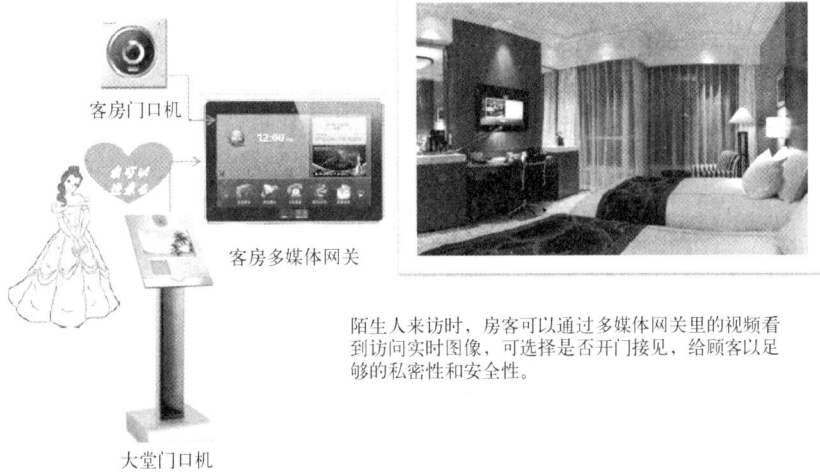

陌生人来访时，房客可以通过多媒体网关里的视频看
到访问实时图像，可选择是否开门接见，给顾客以足
够的私密性和安全性。

图 4-50　可视对讲

3.4　案例：纽约 Yotel 酒店的智慧化吸引全球顾客

Yotel 酒店是一家英国连锁品牌酒店，纽约 Yotel 酒店坐落在纽约第十大道，被称为美国十大高科技酒店之一，酒店设计风格新潮，进入酒店有一种置身于太空的感觉：酒店前台就是"太空任务控制中心"，酒店客房就像一个个太空舱，智能客房让住客感觉像是在太空旅行。

3.4.1　行李机器人 Yobot

纽约 Yotel 酒店采用世界上有史以来第一个机器人行李处理程序：一个长 15 英尺的机械臂——行李机器人 Yobot 矗立在酒店大厅的玻璃门后，负责为住客寄存行李、拿行李。

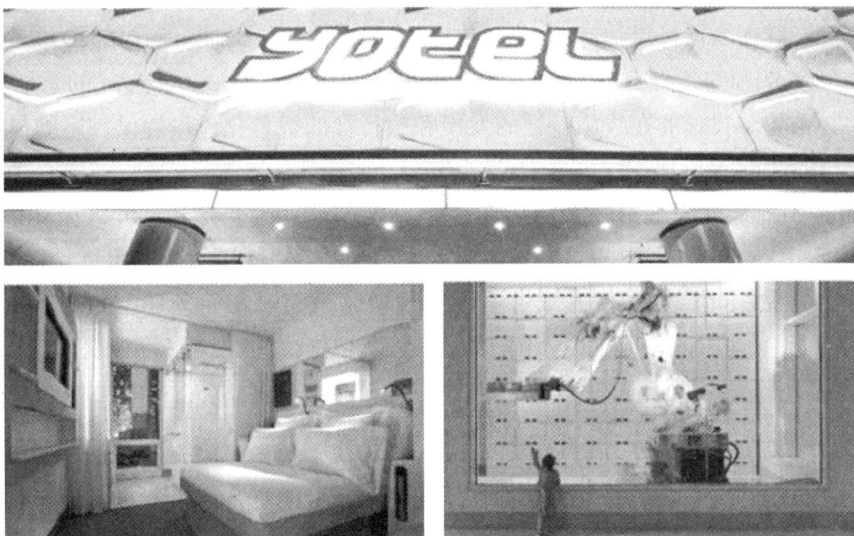

图 4-51　Yotel 酒店

3.4.2 自助结算系统

纽约 Yotel 酒店的 check-in 和 check-out 是用电脑控制的,住客可以通过触摸屏登记入住、结账。

3.4.3 人性化客房

集放松、提神、交流和休息于一体设计的客房,内设豪华寝具、提神的淋浴间、令人放松心情的紫色照明灯、内嵌平板电视、多个电源插座和 iPod 接口的科技墙。在 Yotel 旗下所有酒店,所有客房和公共空间都免费提供超强 Wi-Fi。酒店还给客人提供更加人性化的服务,客人通过按钮控制可以调节电动床的尺寸,床还可以自动调整成看电视与睡觉两种模式。

4 智慧旅行社管理

智慧旅行社(Intelligence Travel Agency,ITA),就是利用云端计算、物联网等新技术,通过互联网/移动互联网,借助便携的终端上网设备,将旅游资源的组织、游客的招揽和安排、旅游产品开发销售和旅游服务等旅行社各项业务及流程高度信息化和在线化、智能化,达到高效、快捷、便捷和低成本、规模化运行,创造出游客满意和旅行社企业盈利的共赢格局。相对而言,在线旅行社(Online Travel Agent,OTA)是智慧旅行社的基础。在线旅行社主要突出的是用在线的方式。智慧旅行社是在在线的基础上,强调技术升级,更加人性化与个性化,强调与环境的互动,它的服务是个性化和有记忆性的。

4.1 案例:缤客

将传统的旅行社销售模式放到网络平台上的在线旅行社模式正在成为旅行社智慧化的重要方式。有关机构对欧洲 200 多家酒店所做的调查显示,在线旅行社已经成为欧洲酒店的主要分销渠道,其在线预订量约有 50% 来自 Priceline 拥有的 Booking.com,30% 来自其他在线旅行社,其余 20% 的预订来自酒店自身的网站。案例针对 Booking.com 的智慧化设计进行分析总结,希望对我国的在线旅行社的发展和旅行社的智慧化建设提供一定的借鉴。

4.1.1 Booking.com 概况

Booking.com 是世界上第一个酒店在线预订网站,2005 年被 Priceline 公司收购,成为 Priceline 旅游市场细分战略中的重要一部分。Booking.com 最初的市场定位是针对欧洲,但发展模式的灵活性和强效性,使其发展速度和规模完全超过初始预期。如今 Booking.com 已经开始涉足新兴地区的旅游业,以中国为例,无论是传统的在线旅行社携程,还是新兴的旅游社交网站蚂蜂窝、穷游网,在搜索或推荐海外酒店时都会优先跳转到 Booking.com 的网站。

4.1.2 Booking.com 智慧化建设亮点

(1)滚动式发展构筑庞大用户群

Priceline 围绕酒店、机票、租车三大核心板块,构筑以用户为中心的进攻型战略体系,针对细分用户和区域市场平均每 2—3 年进行一次具有战略意义的收购,采取多模式滚动开发,积累了庞大的用户资源。现今,Booking.com 已经拥有 38 万家酒店的住宿资源,为顾客提供 170 多个国家的在线预订服务,在世界各地拥有 70 多家办事处,共有超过 4 000人参与其中。

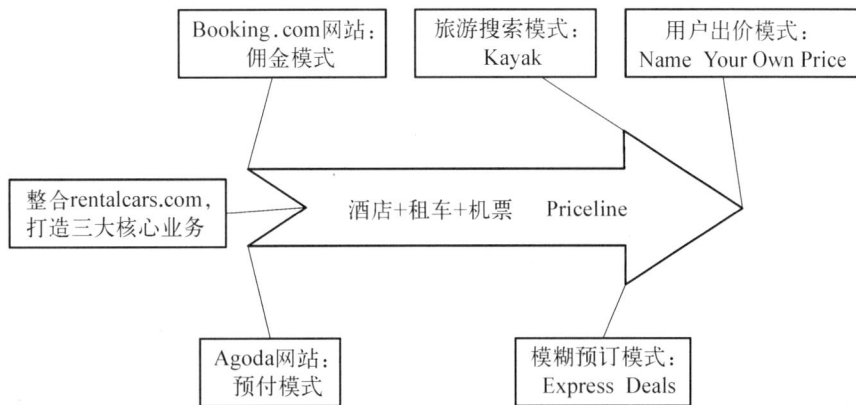

图 4 - 52　Priceline 的进攻型战略体系模式图

(2) 基于目的地搜索的"结构性优势"

Evercore 的一项证券调查报告称,Booking.com 的转化率是行业平均水平的两到三倍,而且它在竞争中凭借"结构性优势"胜过了其他在线旅行社对手,如 Expedia,Booking.com 的付费搜索是基于目的地的方式,而它的对手们的付费搜索却是基于始发地的方式。"始发地模式"在搜索中添加目的地后,随着目的地数量的增加,市场团队与销售成果的关联度会降低,而 Booking.com 的"目的地模式",则是基于目的地市场损益情况,能更好地优化市场投入,有利于在更广范围内实现转化率提升。

(3) 分销成本较低的佣金模式

Booking.com 吸引了数量庞大的全球用户,除了其住宿资源丰富外还有一个原因就是其采取的相对较低的分销成本。Booking.com 作为酒店的合作伙伴,相对于以预付模式为主,还需额外收取 2.3% 信用卡手续费的其他竞争者来说,分销成本更加低廉,再加上其灵活的订房取消政策,形成了显著的销售优势。

(4) 强大的技术支持团队

Booking.com 通过不断的新技术引进和技术人才培养,强化自己的技术团队,为其旅行社的智能化服务提供保障。以 2013 年为例,Booking.com 显示在网站整合 Rome2Rio 的点对点交通方式搜索技术,增加自己的旅游搜索竞争力;又在 12 月宣布,对通信服务供应商 eBuddy 进行"人才收购",虽然 eBuddy 的应用要如何被整合到酒店预订服务中尚未宣布,但是 Booking.com 此次举动很明显是在强化自己的线上支持团队。

(5) 良好的网络平台建设

为了创建良好的网络平台,Booking.com 网站提供了 41 种可用语言,近百种交易货币,以方便游客和商家信息共享,并通过调研和网站记忆功能,给出优先选择,减少游客在海量信息搜索中花费的时间。

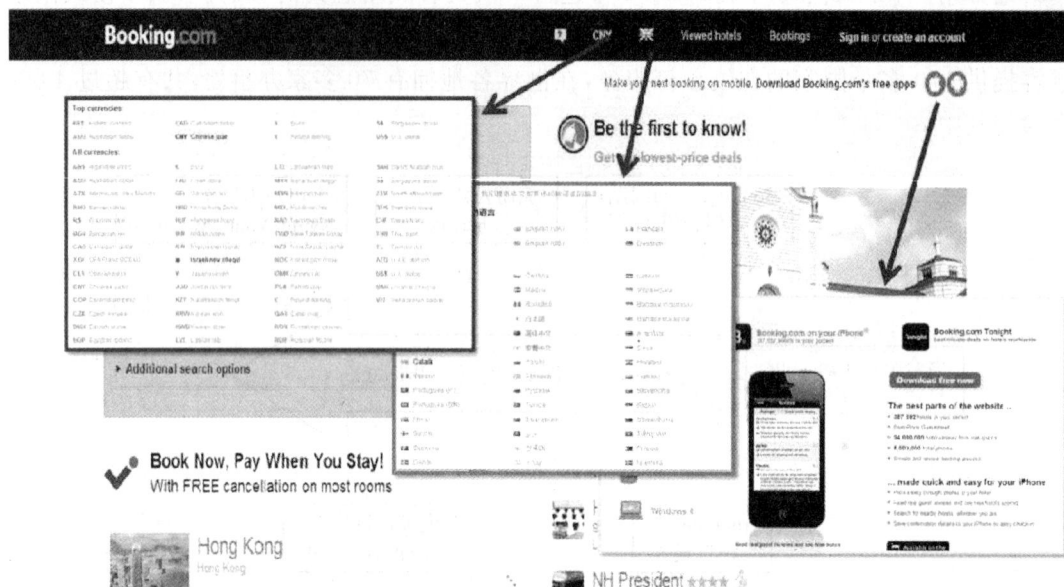

图 4‑53　网络平台建设

（6）开发多途径预订渠道

使用移动设备预订住宿的用户人数迅猛增长，移动设备在网络住宿市场占有举足轻重的地位，Booking.com 的移动设备预订的交易量也由 2011 年的 10 亿美元增长至 2012 年的 30 多亿美元，Booking.com 开发了适用于安卓、iOS 及 Windows 8 系统的应用程序，在过去 3 年间已拥有 2 000 万次下载量。同时，2012 年 4 月，Booking.com 还推出了全球首个为顾客提供当晚酒店客房低于 5 折的 Last-minute 预订应用程序 Booking.com Tonight，通过该应用程序，用户能以最低价预订全球多家酒店的客房。

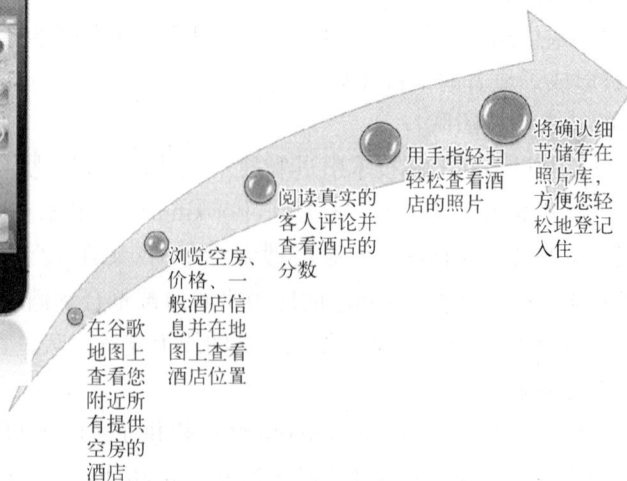

图 4‑54　多途径预订渠道

4.1.3　智慧旅行社建设的启示

（1）"以人为本"的设计理念

我国智慧旅游的建设，存在将数字化与智慧化混淆的问题，偏重于技术提升，而往往忽略掉智慧旅游建设的核心部分——实现人对旅游信息的智能感知和方便利用。旅行社作为第三方，如果不能帮助游客节省时间，提供清晰、明了的旅行指导和服务，也就失去了竞争优势，将顾客直接推给供应商。而 Booking.com 在网站建设中的做法很值得我们借鉴，不仅提供多语言、多币种的全方位服务，还给予优先选项，帮助消费者解决信息过载问题，整个设计完全是以顾客的便利为首要考虑因素。

（2）重视技术更新以及人才引进

在智慧旅行社建设中，如果说业务智慧化和管理智慧化是对智慧旅行社的基本要求，而新技术应用则是对智慧旅行社的成长性要求。交流顺畅、运作好的技术平台和提供技术保障的技术团队成为智慧旅行社正常运行的有力保障。在日新月异的当今世界，技术发展迅速，只有不断地更新技术，强化人才建设，才能不落后于时代。

（3）多模式适应市场需求

Priceline 公司不仅在欧洲成功地采用了佣金模式（Booking.com 网站），同时，根据不同市场和受众群体不同，还开发了适用于北美市场的创新模式（Priceline 网站）和适用于亚洲市场的预付模式（Agoda 网站）。根据不同的用户和不同的市场，采取不同的经营模式，这就是Priceline 的市场细分战略给国内旅行社发展带来的启示。

（4）开发多渠道交流功能

近年来，随着智能手机的普及和消费者使用手机习惯的改变，很大程度上扩展了在线旅游业市场空间，这也成为去哪儿、携程、爱 GO 网等在线旅游企业向移动互联网发力的主要原因。旅行社能否成功开拓在线市场，让用户可以随时随地轻松获取信息成为智慧化的重要指标。因此，国内旅行社在智慧化进程中，除了门户网站的经营外，对于各种系统应用程序和手机 App 的开发也不容忽视。

（5）在线平台同中存异发展

在交易模式不断重合下，国内旅行社必须走创新发展模式，突破自己的服务瓶颈，旅游服务类已经逐渐丰富，有景点门票、机票、火车票、酒店等预订，也有景点＋住宿、景点＋车票等套餐，当众多产品趋于异质化，有特色和个性的服务越来越多，从而形成各个旅游企业之间的核心竞争力。

（6）大数据加速旅游智能化

所谓大数据，就是为顾客以及会员都设立了一条主记录，用以收集他们的服务记录、预订信息以及其他选择，能为客户提供更合适的服务。旅行社的大数据储存和筛选功能提供，减轻了消费者的数据负担，也让客户意识到服务的价值，让公司在竞争中脱颖而出。

★★★★★　本章小结　★★★★★

本章阐述了旅游管理领域中智慧旅游的运用，包括在城市管理、景区管理、酒店管理、旅行社管理等旅游管理最基本的工作范围，学生需要全面掌握在各个具体的实践管理领域中，信息化技术如何正在改变和影响现有的管理方式以及未来有何变革。

★★★★★ 关键术语 ★★★★★

智慧旅游城市　智慧景区　智慧酒店　智慧旅行社

★★★★★ 讨论与探究 ★★★★★

1. 信息化技术如何影响旅游城市管理？未来有何变革？
2. 信息化技术如何影响景区管理？未来有何变革？
3. 信息化技术如何影响酒店管理？未来有何变革？
4. 信息化技术如何影响旅行社管理？未来有何变革？

第 5 章
面向旅游者的智慧服务

学习目标

■ 了解各类面向旅游者的智慧服务

■ 掌握比较有代表性的行前、行中和行后智慧服务

智慧服务贯穿于旅游者的整个行程中,从动身前的行程规划、攻略查询、产品预订,到行程中的位置服务、签到分享,再到旅游后的社交媒体分享、在线点评、图片分享和攻略写作,智慧服务使旅游更加简单。

随着数字技术和网络技术的发展,移动终端的普及率不断上升,智慧旅游服务的移动化趋势越来越明显。旅游行为本身为流动性行为,而这一属性与智能手机等移动设备的移动属性十分契合。人们可以通过随身携带的智能手机等移动设备进行行程的规划、产品的预订等一系列服务,而不再受时间、地点等因素的约束。现在自助旅游已经成为大众出游的新方式,智慧旅游的发展进一步促进了自助游的快速发展,扩大了自助旅游者获取旅游信息服务的渠道,方便了自助旅游者的旅程从而使他们获得了更好的旅游体验。

智慧旅游服务只有与旅游者的需求相契合,才能最大化地发挥作用。充分考虑旅游者在行前、行中、行后可能面临的问题,并不断进行完善优化,才能更好地为旅游者提供服务。

1　行前智慧化服务

旅游者出行前,首先会对自己的行程进行规划安排,例如往返交通工具、游览景点及停留时间等。过去,我们可能会拿出一张纸,在上面写出我们的行程安排;现在,我们只需要拥有一部手机,一个 App,就可搞定行程,查看方便并可随时进行修改。

在行程的规划中,旅游者可能需要看看过来人的经验,这时候旅游者就会在网上查询攻略以帮助其更好地安排行程。攻略大多都包含吃、住、行、游、购、娱六要素,凝结着过来人的真实感受,能够使旅游者更好地了解目的地的具体情况。

动身去往目的地前,住和行无疑是两大重点问题,交通工具、住宿酒店、游览景点等都是出发前需要考虑和选择的对象。这就牵扯到往返车票的购买、酒店房间的预订、景点门票的预订和购买等问题。旅游者可以根据自身的需求在网上或移动端提前预订或购买,实现随身随时随地的预订。

1.1　行程助手类

行程规划在整个旅游产业链的地位非常重要。首先,它是后续服务的入口,游客只有做好了行程规划才会选择下一步的各类服务;其次,它也是后续服务的基础,游客的行程规划一定程度上决定了后续服务的需求与选择。从当下的客观实际来看,一方面这一入口需要扩大,一方面这一基础也需要起到更有效的作用。所以,很多公司选择以智能规划作为切入点,为用户定制旅游行程。其中有代表性的是百度旅游、穷游行程助手、妙计旅行和玩美自由行。

1.1.1　百度旅游

百度旅游是百度旗下的一个旅游信息社区服务平台,旨在帮助准备出游的人更好更快地作出行前决策,满足用户在旅行前、中、后各种与旅游相关的需求。百度旅游于 2011 年 4

月 28 日正式上线。

百度旅游的主要优势为百度强大的搜索权重和庞大的用户基数。百度旅游以游记分享、旅游画册和行程计划为主要功能。其中行程计划分为自己动手创建行程和求助咨询师安排行程两种,若求助咨询师打造专属行程需要耗费一定的财富值(百度旅游里的积分),除此之外还可以报名通过资格认证后成为咨询师为别人规划行程。

由于行程规划可能会随时调整,百度旅游更加注重移动端 App 功能的设计。以百度旅游 App 6.1 版为例,在 6.1 版中重点推出了"智能行程"的功能,以智能化的方式切实解决旅行的一系列难题,包括旅行前制订出一份完善的出行计划、旅行中随时调整出行选择等,能够最大限度地根据用户的需求一键智能定制旅游行程。百度旅游依靠百度大数据的技术支持,并且推荐来自携程的机票酒店产品让旅行者选择和购买。打开"排行程",用户只需花费几秒钟时间选择"出发地"、"目的地"、"出行天数"、"出行时间",一键提交,百度旅游即可快速给用户呈现一份完整的行程。

区别于从前一站式打包推荐行程的出行特点,如今,百度旅游智能行程增添了更多人性化的功能设置。即使一键已经生成的智能行程,用户依然可以根据自己的意愿随时调整计划。在生成行程之后,可以通过点击"地图"直观查看到每天游玩地点之间的距离,"调整行程"中用户可以随意拖拽地点进行删减或新增,随即形成新的行程。

在一键生成行程后,优质景点、餐馆、酒店推荐及交通等相关信息全部可以在行程中查看,并直接选购。除此之外,在用户出行中,百度旅游智能检测用户已离开常住地,就会出现"看当地"的标识,点击进入后,有更加细化的附近美食推荐及旅行贴士等内容,为用户提供更多的信息选择和玩法。

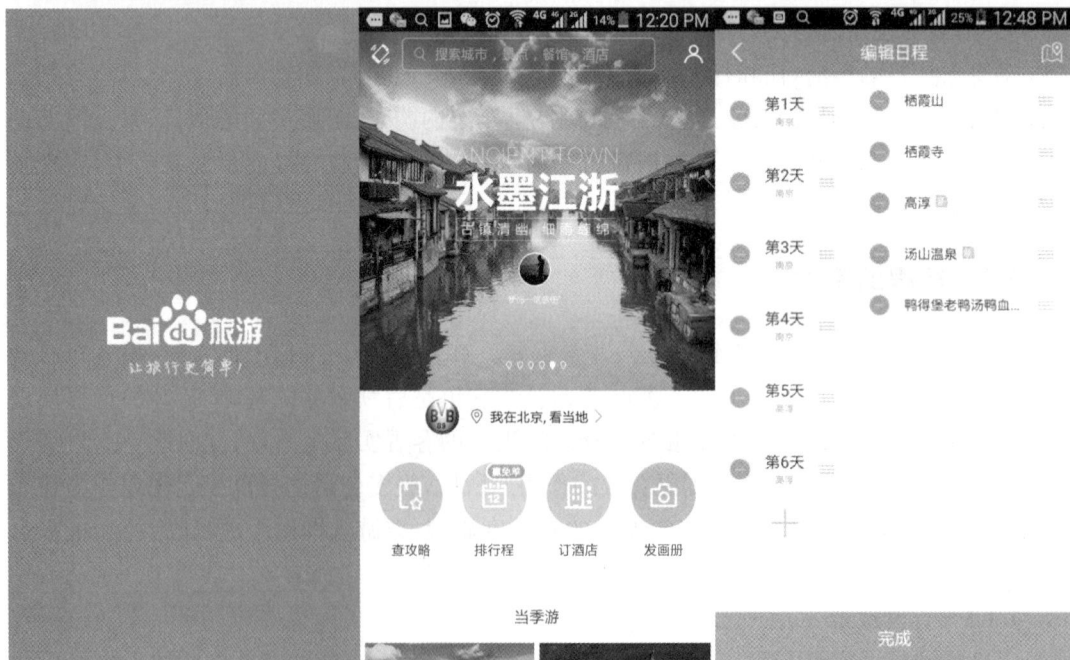

图 5-1 百度旅游 App 6.1 版界面

百度旅游 App 6.1 版是从行前决策切入,以全网最全的目的地覆盖为基础,通过大数据挖掘、自然语言分析、搜索技术、推荐算法等多种技术手段,依托真实用户的海量数据集合而成,多维度综合考量行程的精准内容推荐,将交通方式、景点安排、住宿方案、餐馆推荐在内的整套出行方案打包提供给用户。区别于以往线上简单推荐攻略的行程规划,紧扣旅游人群所需,以技术优势快速解决了用户"该去哪儿玩"、"玩什么"以及"怎么玩"等一系列问题,让出行智能化、让用户轻松出游。

1.1.2　穷游行程助手

穷游于 2004 年成立于欧洲的留学生宿舍,是国内最大的出境游一站式平台,为用户提供原创实用的出境游旅行指南和旅游攻略、旅行社区和问答交流平台,核心产品行程助手和穷游折扣帮助用户在旅行的行前制定行程,完成机票预订、酒店预订、租车等服务。2014 年,穷游着力移动端穷游 App,以优质内容和服务贯穿于用户的旅行全过程。穷游的服务宗旨是"让中国人的出境旅行更加容易,帮助大家获得更好的旅行以及生命体验"。

穷游行程助手是一款方便快捷的行程规划工具,输入用户想去的目的地,基于长期以来穷游对游客在该网站上分享的旅行攻略进行语义分析和数据抓取,通过 1 000 万穷游用户的经验,行程助手就可以根据目的地为用户规划最合理的行程,智能规划包括路线、景点、酒店等在内的每日行程,帮助用户更方便快捷地制作专属行程。除了在电脑上规划行程以外,用户还可以下载行程助手 App(支持 iOS 和 Android 系统),电脑与手机同步更新,随时随地规划自己的行程。行程助手还支持一键导出英文送签行程单,一键导出 PDF 格式的行程单等功能。在用户出行前,穷游行程助手能够提供以下服务:

(1) 清晰规划每日行程

使用行程助手,用户可以清晰规划每日行程:包括(但不限于)游玩城市、游玩安排、住宿和交通,行程安排一目了然。

(2) 一键添加推荐线路、景点和酒店

基于千万穷游用户的旅行经验,行程助手会智能推荐全球多个目的地。用户可以一键轻松添加,方便快速地制作行程。

(3) 强大的地图功能

基于穷游强大的地图功能,用户可以轻松优化每天的行程安排。同时,也可以基于地图查找好玩的景点、美食,也可以找到最符合行程、交通便利的酒店。

(4) 一键导出送签行程单

用行程助手,用户可以一键导出 Excel 格式的英文行程单,再也不用手动在 Excel 表格里一点点写行程。

(5) 轻松同步到移动设备

用户可以将制定好的行程同步到手机,手机行程还支持离线查看。

(6) 一键导出详细的行程单

用户可以轻松导出详细的 PDF 格式的行程单,里面不仅有简版行程,还有超级详尽的行程详情以及每日地图等信息,还包括出行装备清单。

(7) 复制行程单

用户可以从几十万篇行程中,挑选出自己喜欢的行程单进行一键复制。在此基础上,再

图 5-2　穷游行程助手网页版页面

做一些简单的加工,就可以轻松完成一份靠谱的旅行计划了。

　　除自己安排行程外,穷游行程助手推出了定制服务,该项服务包括按客户的个性化需求进行整体的行程线路规划。行程中的城际交通、酒店、餐厅、景点门票、当地旅行服务(如租车、包车等)的预订等。定制服务需缴纳一定的服务费,穷游的旅行规划师会在收到定金后的 72 小时内将初步规划好的行程发送给客户,并进行下一轮的沟通,直至为客户规划出满意的行程。

1.1.3　妙计旅行

图 5-3　妙计旅行 App 特点

　　妙计旅行成立于 2014 年 1 月,是一家技术驱动和用户体验驱动的多元化互联网公司。妙计旅行是国内首家基于人工智能技术的旅游路线个性化定制引擎,利用大数据和智能化技术为用户提供一键生成的出境游路线计划的平台。妙计收集全球数十种语言的数亿旅游行业网页,通过语义理解技术挖掘出上亿信息节点的旅行结构化知识库,无论是飞机、火车、自驾,还是酒店、景点、餐厅都会完美涵盖。妙计还会根据用户需求,帮用户定制最合理的线路安排,瞬间就帮用户完成个性化的旅行线路规划。妙计自助购提供永久免费的旅行方案设计服务,本身并不售卖任何旅行产品,也不收取任何中间费用,最终的产品购买均是通过第三方的网站(携程、艺龙、Priceline 等知名在线旅行社,航空公司官网,酒店官网等)来完成。

　　妙计产品的特性可以归纳为以下四点:

　　(1) 个性化的私人定制

　　妙计认为每个人的旅行都应该是独一无二的,即使是去同样的景点,也会有不同的玩法。借助大数据的技术,无论是飞机、火车、大巴、自驾、渡轮,还是酒店、景点、餐厅、商场等,妙计都会完美涵盖,每一个细节都可以随心所欲地调整。

(2) 智能技术锁定最优方案

妙计不但可以根据用户的需求定制旅行计划,还可以使用智能大数据技术优化线路,让用户在旅行体验不变的基础上减少路途时间和降低花费,货比多家,更可以选择"妙计购"功能,为用户一站式代购全部产品,锁定价格,确保有票,退改签无忧。

(3) 海量数据的辅助选择

海外出行,酒店、餐馆和景点的选择对于旅行体验至关重要。妙计借助数据挖掘技术帮用户重组信息,将数千万隐含在游记及用户评论中的信息转化为清晰易懂的中文知识库,让一切兴趣点信息都更清晰透明,每个决策都有据可循。

(4) 永久免费并且客观透明

妙计自助购提供永久免费的旅行方案设计服务,本身不售卖任何旅行产品,也不会收取用户的任何费用,所有方案都是基于互联网上最优质的旅行产品售卖网站(在线旅行社),整个方案均透明可控。

1.1.4　玩美自由行

北京景行技术有限公司是一支移动互联网+旅游的多元化团队,专注用户体验及技术创新,拥抱人工智能时代,致力于用数据帮助游客决策。

玩美自由行作为景行公司的智能行程产品,利用多项自有专利算法和旅游大数据,为出境游客提供满足需求的智能行程规划方案和商品推荐。游客可以使用玩美自由行轻松定制自己的旅游行程,并在途中获得帮助,获得真正的移动互联网旅游新体验。

图 5-4　玩美自由行 App 特点

玩美自由行的早期版本聚焦于行程的智能规划问题,做到了仅需最简单的操作即可自动得出可行、可靠、可任意调整的行程方案,各种贴心的功能更是覆盖了行前、行中、行后的各项典型需求,真正做到了"省心定制,尽兴玩耍",同时高颜值的界面也进一步凸显了其主旨"让旅行重归美好"。在充分地解决了智能规划行程的基础上,玩美自由行还将考虑从广度和深度两个方面来拓展其业务。从广度来看,针对不同目的地国家可以考虑对接线下资源,从而满足更为个性化的需求,同时也进一步提升了现有的服务质量。从深度来看,针对产业链各供应商的整合及相应的平台建设会是玩美自由行的长期战略规划。

首先，从灵感激发方面说起，用户可以在"推荐版块"看到专业生产内容（Professional Generated Content，PGC）生成的自由行攻略。去哪儿玩、怎么走、预算多少，图文并茂、一目了然，并且最后关联签证、机票、酒店、门票、租车、保险、电话卡、Wi-Fi 等八大类产品。

选定好目的地后，用户就可以自由定制行程了。第一步，选择想要去的城市，"玩美自由行"会根据各大网站数据统计过去的人所占百分比，也会介绍这个城市的特色；然后，选择自己的旅行天数、出发日期、出发城市、旅行偏好后，就可以快速产生行程安排。第二步，制作心愿清单，"玩美自由行"为用户列了每个国家的特色项目，用户可以根据自己需求选择心仪项目，比如日本行就包括赏樱花、茶道、动漫、艺伎等等。其实，前面两个步骤或多或少也起到一定灵感激发作用，因为用户在去这个国家前不可能对它的文化了解很详尽，而玩美用多项选择方式，删除冗余信息，挖掘用户隐形需求。

与推荐板块不同的是，定制板块增加了"修改"选项，可以随意更换机票酒店，行程交通会自动调整。用户还可以将行程计划分享给同行的朋友，大家可以综合各自的意见、想法，协同调整。在旅途中，用户也可以通过修改板块随时添加、删除行程，平台会自动重新安排酒店、交通等信息。除此之外，游客可以通过平台查询天气，查找路线，发现身边的景点、美食。另外，玩美自由行的一大特色就是增强现实（AR）的街景模式，聚合地铁、导航、地图、翻译多种服务，使找路更直观，轻松获得动态帮助。

1.2 攻略类

旅游攻略能够为用户提供真实有效的目的地相关信息，不但能够帮助用户制定正确的旅行决策，而且可以帮助用户预先解决旅行中可能遇到的问题。旅游者在出游前，特别是对于自助旅游者而言，提前做好一份行程攻略是十分有必要的，而在自行制作行程攻略时参考其他游客写出的详细完整的旅游攻略无疑是非常好的选择，不仅可以节省时间，还会对自己的路线安排有一定的帮助。

1.2.1 蚂蜂窝旅行网

蚂蜂窝旅行网由陈罡和吕刚创立于 2006 年，从 2010 年正式开始公司化运营。蚂蜂窝的用户主要通过口碑获得，截至 2015 年 9 月 30 日，蚂蜂窝已积累 1 亿用户，其中 80% 的用户来自移动端（蚂蜂窝自由行 App）；月活跃用户数 8 000 万，点评数量达 2 100 万条。

蚂蜂窝专注于旅游攻略，定位于靠谱旅游社交媒体网站。通过前端社区里海量的用户原创内容（User Generated Content，UGC），形成旅游攻略，再通过结构化的数据，帮助用户实现旅行途中的消费决策。

2014 年之前，蚂蜂窝是通过积累资深旅行爱好者分享的旅游经历向用户提供旅游攻略的。2014 年初，蚂蜂窝由过去的社交媒体转型为一个大数据公司。如今，蚂蜂窝旅行网已成长为中国领先的自由行服务平台。以"自由行"为核心，蚂蜂窝提供全球 60 000 个旅游目的地的旅游攻略、旅游问答、旅游点评等资讯，以及酒店、交通、当地游等自由行产品及服务。蚂蜂窝的景点、餐饮、酒店等点评信息均来自数千万用户的真实分享，每年帮助过亿的旅行者制定自由行方案。

图 5-5　蚂蜂窝旅游攻略网页截图

　　蚂蜂窝一路走来,经历了三个阶段:第一阶段是社区与 UGC;第二阶段是通过技术和产品的方法,把内容变成大数据;第三阶段是通过大数据、旅游行业其他资源进行反向定制,与预售模式完成商业对接,形成了蚂蜂窝的整个商业闭环。UGC、旅游大数据、自由行交易平台是蚂蜂窝的三大核心竞争力,社交基因是蚂蜂窝区别于其他在线旅游网站的本质特征。

　　蚂蜂窝的攻略秘籍在于,不断激发和保持用户的分享精神,在其着力打造的用户社区里,包含了大量来自旅游爱好者的真实感受和推荐。由此,大量特色去处被挖掘出来,同时,这些信息还保持不断更新和修正的状态。

　　在鼓励更多人发表原创内容的同时,蚂蜂窝利用其独特的"算法",对海量信息进行萃取和挖掘,汇集成一篇篇真实、实用的旅游攻略。具体而言,蚂蜂窝内部有一套攻略引擎算法,通过语义分析和数据挖掘,识别出真实可靠、有价值的信息。然后工作人员再将这些照片、贴士和点评进行整理归类,得到一篇包含食、住、行、游、购、娱的一站式旅游攻略。当平台上的信息发生变化,到达一个临界点的时候,就会触发攻略信息的改变,使得旅游攻略能够得到及时的更新。一些热门旅游地也会保持更加频繁的更新。旅游攻略不断更新、完善,然后刺激更多的用户发布攻略和游记,蚂蜂窝由此形成了一个高质量内容产生的正向循环机制。

1.2.2　穷游网

　　穷游网定位为中文出境旅游网站和社区。网站拥有高质量的用户和用户贡献的原创内容(UGC),以游记、攻略、穷游锦囊见长。穷游网聚焦中文海外自助游,依靠用户贡献的内容,已积累大量 UGC 内容和众多经验丰富的旅行者,其中网站 5% 的 UGC 内容更是直接来自长期居住在海外的旅行爱好者,以中国旅行者的视角思考注意事项,并提供更加实用的内容。

　　"做中文海外自助,依靠用户贡献内容",是穷游自 2004 年创办起的定位,而实际上一直到 2011 年,它的形态始终是论坛 BBS。BBS 电子布告栏系统能提供给用户发布信息、聊天、讨论等功能。穷游最初面向的用户群体是海外华人,发帖的内容、讨论的主题也都和出境游相关。

2011 年之前,这种形式更多是因用户的个人爱好趋同而产生的,没有生成实际的商业模式。那时的出境游市场规模不大,更没有相关的社交网络产生,因此穷游这个非常小众化的网站靠的是口耳相传。2011 年之后,穷游的产品形态开始改变。把论坛上原有的信息通过更加结构化的方式进行展示,最初定位于中文出境游免费旅行指南的《穷游锦囊》也于同期推出,但这时锦囊的内容全部由网站编辑进行搜罗和制定,与用户关系不大。

图 5-6　穷游锦囊网页截图

如今穷游锦囊已有 200 个,但锦囊并不是以国家来区分,而基本是按照城市或者线路划分。而且并不是一个作者完成一个锦囊,而是每个锦囊的作者可能负责某一个特定城市的某些内容,而在具体的细节上,更多是去过当地的网友进行补充后由编辑去找作者核实,随后加进去的。这就使得锦囊内容的可信度非常高。用户随时可以对穷游锦囊的内容进行评论、纠错,这保证了及时更新,同时与用户有了互动。

1.2.3　TripAdvisor

TripAdvisor 于 2000 年 2 月由 Stephen Kafuer 创建,总部位于美国马萨诸塞州牛顿市。之前属于 Expedia 旗下的子公司,2011 年 12 月 20 日拆分后以代码 TRIP 在纳斯达克独立上市。

TripAdvisor 是全球最大最受欢迎的旅游社区,以为旅行者提供酒店评论、酒店受欢迎程度索引、高级酒店选择工具、酒店房价比价搜索以及社会化的旅途图片分享和在线驴友交流等服务为核心内容。TripAdvisor 免费向用户提供大部分旅游内容,围绕内容、用户建立社区,鼓励用户分享、创造内容,逐步形成以内容和用户为核心的旅游社区,主要收入靠商业广告。

作为全球领先的旅游网站,TripAdvisor 的中国官方站点为 tripadvisor.cn,官方中文名为"猫途鹰"。目前,TripAdvisor 在全球 48 个国家和地区设有分站,每月有来自世界各地的直接访问者近 3.5 亿人,同时收录逾 3.2 亿条旅游点评及建议,覆盖超过 128 000 个旅游目的地、1 767 000 家酒店住宿和度假租屋、626 000 处景点,以及 3 800 000 间餐厅。

图 5 - 7   TripAdvisor 游记网页截图

大多攻略只提供了推荐的酒店、景点等基础信息,而没有关于 POI(Point of Interest)的更深层次的详细信息(例如更多其他人关于酒店的点评、酒店的详细地址、酒店在地图的位置和多方比价功能等)。因此 TripAdvisor 推出了一个新的产品——结构化攻略,当用户阅读攻略的时候,所有重要信息都被重点划出,只需点击链接就能看到地址、电话号码、价格、预订方式、照片和点评等一系列关于酒店或景点的信息。

1.3   预订类

旅游者在出游前规划好行程后,紧接着就是预订服务。往返车票的购买、所选酒店的预订、景点门票的预订购买以及其他相关旅行服务的预订,对旅游者来说都是极其重要的,关系到整个旅程的质量。旅游者到达目的地后,希望像当地人一样生活,本地生活服务类网站让旅游者在出游前就可以选择在当地吃饭、娱乐的地点,从而使旅程更加丰富。现有的提供预订类服务的可分为以下三类:OTA 类,如携程、去哪儿、途牛旅游网等;团购类,如百度糯米、美团等;票务类,如驴妈妈、铁路 12306 等。

1.3.1   携程旅行网

携程旅行网是一家国内领先的在线及无线旅行服务公司,创立于 1999 年,总部设在中国上海。携程旅行网拥有国内外六十余万家会员酒店可供预订,是中国领先的酒店预订服务中心。携程旅行网已在北京、广州、深圳、成都、杭州、厦门、青岛、沈阳、南京、武汉、南通、三亚等 17 个城市设立分公司,员工超过 25 000 人。2003 年 12 月 9 日,携程旅行网在美国纳斯达克成功上市。2015 年 10 月 26 日,携程网和去哪儿合并。

携程旅行网成功整合了高科技产业与传统旅游行业,向超过 2.5 亿会员提供集无线应用、酒店预订、机票预订、旅游度假、商旅管理及旅游咨询在内的全方位旅行服务。经过几年的发展,携程在无线端成绩斐然,为用户提供预订、查询、分享等一站式旅行服务;目前无线端交易占交易总量的约 70%,手机日交易额峰值突破 5 亿人民币,是领跑国内无线领域的“一站式旅行”服务商。

携程旅行网提供的预订产品服务是包括酒店预订服务、机票预订服务等一系列产品在内的全方位预订服务。携程旅行网提供国内酒店和国外酒店预订服务,其拥有中国领先的

图 5-8 携程 6.15.2 版 App 特点

酒店预订服务中心,为会员提供即时预订服务,合作酒店超过 32 000 家,遍布全球 138 个国家和地区的 5 900 余个城市,有 2 000 余家酒店保留房。携程的机票预订产品覆盖全球六大洲 5 000 多个大中城市,实现国内超过 60 个城市市内免费送票,实现异地机票本地预订、异地取送。机票直客预订量和电子机票预订量均在同行中名列前茅,成为中国领先的机票预订服务中心。携程已经提供国内所有动车高铁以及普通列车的预订服务,同时还提供欧洲所有国家的欧铁预订服务。目前携程提供数千条旅游度假线路,覆盖海内外众多目的地,2015 年大陆地区度假产品的服务人次已超过 2 000 万。携程开发了商旅业务管理平台——商旅通,并设计了专门的平台软件——中小企业商旅通,以便中小企业更好地进行商旅管理。此外,携程面向企业提供定制化的商旅预订服务,能够根据每个企业的人员结构特点和企业的需求,有针对性地提供不同的产品服务。

2013 年初,携程开启由"在线旅行社"(OTA)向"移动旅行社"(MTA)转变之路,将机票、酒店、旅游度假、门票、租车、购物、社区攻略等各项服务进行整合,推出了"指尖上的旅行社"模式,把一站式休闲旅游服务推向极致。据携程公布的 2015 年第一季度财报显示,携程旅行 App 已经拥有 8 亿的累计下载量,而在上年同期,这个数字仅为 1.2 亿,同比增幅超过 550%。此外,截至 2015 年第一季度,携程移动平台交易量占总在线交易量的 70%,其中,无线端交易占酒店在线交易的约 75%,占机票在线交易的 60%,各项业务均保持着非常高的增长速度。

1.3.2 去哪儿网

去哪儿网(Qunar.com)是中国领先的无线和在线旅游平台,在中国最先开启了旅游产品垂直搜索模式。公司创立于 2005 年 2 月,网站于 2005 年 5 月上线,总部位于北京。去哪儿网致力于建立一个为整个旅游业价值链服务的生态系统,并通过科技来改变人们的旅行方式。

早在 2010 年之前,去哪儿网仅拥有机票和酒店业务,经过六年的沉淀与发展,涉及度假、门票、团购、攻略、当地人、车车等模块兴起,2010 年六大手机客户端 App 的上线,更是加速了

图 5－9　去哪儿 8.3.3 版 App 特点

去哪儿网的发展。从一家以"机票便宜"为口碑传播的机票终端发展成领先的中文旅行网站。

去哪儿网的机票预订服务在同行业中遥遥领先,去哪儿网平台整合了 3 000 多条国内航线和 40 000 多条国际、港澳台的航线。通过强大的垂直搜索引擎系统,去哪儿网汇集了丰富的网络信息,让消费者通过比较找到性价比最高的机票信息。目前,去哪儿网的主要合作伙伴为上游的供应商,即各大航空公司;一些大中型的在线旅游服务代理商,如 Booking、到到网;还有上百家小型机票供应商,如逍遥行、票谋天下等。为了更好地向用户提供服务,去哪儿网推出了 TTS(total solution)交易系统,在去哪儿网上即可完成整个交易环节,将客户信息保留在去哪儿网系统内,保障了消费者个人信息安全。形成闭环生态为交易流程提供安全保证的同时,也为去哪儿网移动客户端的发展奠定了基础。

去哪儿网酒店搜索目前包括民宿客栈、国际酒店、酒店团购、公寓短租、高端酒店、会场预订六大模块。目前,去哪儿网将搜索与直签相结合,整合了最多的可在线预订的酒店资源,在全行业酒店覆盖率排名第一。根据去哪儿网的实时监测数据,目前去哪儿网能够搜索到的酒店已经覆盖全球 184 个国家,71 360 个城市或地区的 468 000 家酒店,从民宿客栈到大量中高端国内外酒店,满足了各类消费者的多元化住宿需求。

去哪儿网团购频道主要包括的团品有酒店团购、周边休闲、门票团购、长线游。其中,酒店团购是去哪儿网团购的主打产品。酒店团购主要包括优质酒店、度假村、酒店式公寓、青年旅社、特色客栈等产品。去哪儿网的团品覆盖面广,团购方式以打折及红包抵扣为主。

在火车票业务方面,去哪儿网首推机票与火车票比较搜索模式。网站在火车票搜索位置前,添加了"搜索匹配"的功能,机票与火车票的价格差异在同一平台中一览无余,此项功能的完善,大大满足了出行者的需求。

1.3.3　途牛旅游网

途牛旅游网于 2006 年 10 月创立于南京,以"让旅游更简单"为使命,一直围绕休闲旅游这个核心,把跟团游做到极致,实现了差异化的经营。2014 年 5 月 9 日,途牛旅游网在美国纳斯达克成功上市,开盘价 9 美元,市值 6 亿美元,成为继携程、去哪儿、艺龙之后第四家上市的在线旅游公司。

目前,途牛旅游网提供 100 余万种旅游产品供消费者选择,涵盖跟团、自助、自驾、邮轮、酒店、签证、景区门票以及公司旅游等,为消费者提供由北京、上海、广州、深圳、南京等 64 个城市出发的旅游产品预订服务,产品全面,价格透明,并提供丰富的后续服务和保障,已成功服务累计超过1 500万人次出游。

图5-10 途牛旅游网网站首页截图

途牛旅游网凭借在线订购旅游线路模式及兼有传统旅行社的线路优势,走出了自己的一片新天地。途牛网只做旅游线路并对这一细分市场进行深耕细作,应用互联网优势整合旅游产业链,通过呼叫中心与业务运营体系服务客户。

国内有众多的旅行社,途牛旅游网将这些旅行社的旅游线路集中在一起并且分类管理,游客通过访问途牛旅游网了解感兴趣的旅游线路,也可以向途牛旅游网的客服咨询,最后在途牛旅游网完成预订。当游客与旅行社签署合同时,途牛旅游网可以获得旅行社反馈的3%—7%的佣金。

面对如此复杂的旅游产品,将其变成标准化的产品是极其必要的。经过反复尝试和改进后,途牛旅游网的系统能将产品划分成三个维度:出发地、目的地、品类(比如,邮轮是一个品类)。三个维度相互交叉组合,能构成不同的产品线,形成不同的价格,而且价格能动态变化。产品线不同,订单处理的流程也不一样。将产品标准化,从而提高了管理效率。

1.3.4 百度糯米

百度糯米是百度公司旗下连接本地生活服务的平台,是百度三大O2O产品之一。其前身是人人旗下的糯米网。原糯米网在2010年6月23日上线,2014年3月6日正式更名为百度糯米。百度糯米汇集美食、电影、酒店、休闲娱乐、旅游、到家服务等众多生活服务的相关产品,并先后接入百度外卖、去哪儿网资源,一站式解决吃喝玩乐相关的所有问题,逐渐完善了百度糯米O2O的生态布局。

1.3.5 美团网

美团网是2010年3月4日成立的团购网站。美团网有着"美团一次,美一次"的宣传口号。2015年10月8日,大众点评与美团网宣布合并,美团CEO王兴和大众点评CEO张涛同时担任联席CEO和联席董事长。

美团网凭借自身优势,在酒店及旅游领域取得了不俗的成绩。2015年美团点评酒店消

图 5 - 11　百度糯米 6.5.0 版 App 特点

费间夜量突破 8 500 万,成为国内第二大酒店在线预订平台。在旅游领域,美团点评卖出 5 000 万张门票。美团点评与横店、华山等景区达成战略合作,上线推出景区目的地馆。双方基于"互联网＋"的合作,将景区周边的景点、酒店、餐饮、交通、购物等一系列旅游资源进行线上整合,为不同景区量身打造专属的旅游目的地馆,为用户提供全新的旅游体验。

1.3.6　驴妈妈旅游网

驴妈妈旅游网创立于 2008 年,是中国知名综合性旅游网站和自助游领军品牌,是中国景区门票在线预订模式的开创者,提供景区门票、度假酒店、周边游、国内游、出境游、大交通、商旅定制游等预订服务。在景区门票、周边游、邮轮等品类处于行业领先地位。驴妈妈致力于打造景区门票第一品牌。驴妈妈旅游网总部设在上海,已在北京、广州、重庆、天津、南京、无锡、苏州、杭州、宁波等 64 个城市设立分/子公司,覆盖国内重要旅游目的地和客源地,形成全国深度布局、线上线下 O2O 一站式服务。

开创一种模式既能降低中高端自助游客的门票支出,同时又能提高景区综合收入,正是"驴妈妈"网站开创的最初想法:建立以景区门票分销为切入点,以人为本的景区营销和分销新模式。通过解决景区门票这一游客出行行为中极为敏感的环节的电子分销问题,来实现中国旅游电子商务完整服务链产品供给模式。

"驴妈妈"通过将现行价格政策中游客无法享受到的景区门票优惠让利给自助游客,从而引导他们实现景区内更多价值消费,实现景区内各类娱乐项目、住宿、餐饮等一揽子消费,打造出多元化的盈利点组合,实现景区盈利能力的全面提升,这才是这一模式的根本目的所在。

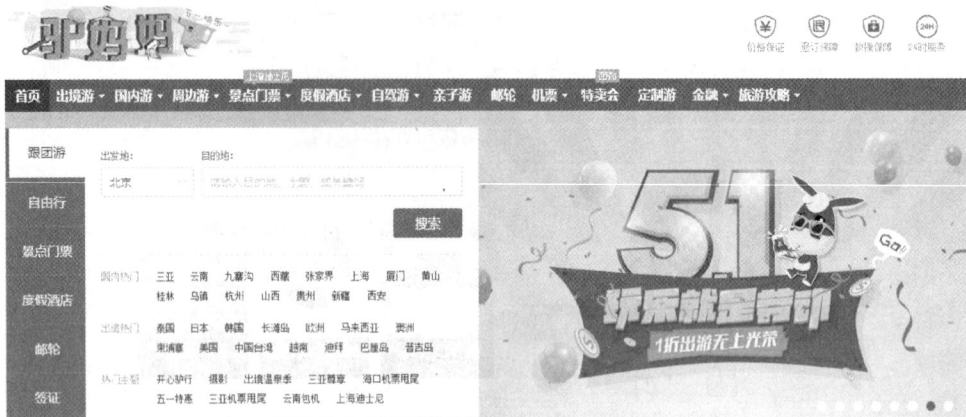

图 5 - 12　驴妈妈旅游网网站首页截图

1.3.7　铁路 12306

铁路 12306 是中国铁路客户服务中心服务网,是铁路官方唯一在线购买火车票的站点,提供火车票查询、网上订票、铁路知识和新闻公告、货运信息查询等。该网站于 2010 年 1 月 30 日(2010 年春运首日)开通进行试运行。用户在该网站可查询列车时刻、票价、余票、代售点、正晚点等信息。2013 年 12 月 6 日,改版后的 12306 网站上线。新版网站增加了自动查询、自动提交订单、有票提醒等功能。2013 年 12 月 8 日,12306 手机客户端正式开放下载。2016 年 2 月,12306 手机 App 新增列车正晚点查询服务。目前 12306 购票系统分为网页端和手机端两种购票方式,支持银行卡网上支付、银联在线支付和支付宝三种付款方式。

2　行中智慧化服务

在旅游过程中,旅游者会使用地图类应用进行公交线路查询或自驾导航等,使用基于位置的服务来寻找周边美食和娱乐活动等,并即时与外界分享自己的旅游感受。在景区游览过程中,旅游者可通过手机、电脑和触摸屏等终端实时了解景区景点的情况,可以点击某一景点了解相关信息并实现随身导览。因而行中智慧化服务可以分为位置服务类、随时分享类和景区服务类。

2.1　位置服务类

行中位置服务类应用可分为地图类,如百度地图、高德地图;基于移动位置服务(LBS),如大众点评;签到应用,如微博签到、街旁等。现在地图类工具借助自身优势不断向 LBS 渗透已成为趋势。

2.1.1　百度地图

百度地图是百度提供的一项网络地图搜索服务,覆盖了国内近 400 个城市、数千个区县。

在百度地图里,用户可以查询街道、商场、楼盘的地理位置,也可以找到离用户最近的所有餐馆、学校、银行、公园等。2010 年 8 月 26 日,在使用百度地图服务时,除普通的电子地图功能之外,新增加了三维地图按钮。

百度地图提供了丰富的公交换乘、驾车导航的查询功能,为用户提供最适合的路线规划。不仅知道要找的地点在哪,还可以知道如何前往。同时,百度地图还为用户提供了完备的地图功能(如搜索提示、视野内检索、全屏、测距等),便于更好地使用地图,便捷地找到所求。百度地图拥有导航功能、实时公交到站信息功能、优化路线算法功能、实时路况功能;与此同时,百度地图还为用户提供丰富的周边生活信息,为用户自动定位团购、优惠信息,以及查外卖,呈现丰富的商家信息。

百度地图提供了普通搜索、周边搜索和视野内搜索三种方法,帮助用户迅速准确地找到需要的地点。提供了公交方案查询、公交线路查询和地铁专题图三种途径,满足生活中的公交出行需求。提供驾车方案查询(包含跨城市驾车),并还能添加途经点,是自驾出行的指南针。此外,对步行导航进行了升级,对于步行出行很重要的天桥、地下通道、人行道、广场、公园、阶梯等设施,能更智能、更准确地给出导航路线。

2016 年 4 月 19 日,百度地图在北京发布国际化战略,提出 2016 年底地图服务将覆盖全球 150 多个国家和地区,到 2020 年,百度地图 50% 的用户将来自海外。百度地图国际化战略的第一个阶段,就是满足我国出境游用户的地图服务需求。此外,百度还将选择合适的目标市场提供本地语言版本的地图服务,让外国人也能用得上百度地图。

百度地图国际化探索始于 2014 年。当年 11 月,百度地图率先上线中国港澳台地区服务,并加快了国际化步伐。2016 年春节前夕,上线了日本、韩国、泰国、新加坡四国版本。清明节前夕,百度地图推出了马来西亚、马尔代夫、菲律宾等亚太 11 个国家的地图服务。截至目前,百度地图国际化服务已上线 18 个国家和地区。除了使用自身先进的采集技术,百度地图还将通过采用用户 UGC 众包方式,不断进化定位基础数据,实现精准定位。同时,百度地图将逐步支持多语言检索,并推出全球公交、驾车路线规划等服务。

2.1.2　高德地图

高德是中国领先的数字地图内容、导航和位置服务解决方案提供商。公司 2010 年登陆美国纳斯达克全球精选市场。高德拥有导航电子地图甲级测绘资质、测绘航空摄影甲级资质和互联网地图服务甲级测绘资质"三甲"资质,其优质的电子地图数据库成为公司的核心竞争力。

2014 年 12 月 18 日下午,高德发布高德地图公交导航版,成为国内首个针对公交出行用户推出专业导航的互联网地图厂商。2015 年 1 月 18 日,高德发布了高德地图室内地图版,为用户提供建筑物内地图、室内定位、室内路线规划等服务。此次发布的室内地图除了展现室内建筑全貌,还能显现商铺、洗手间、自动取款机等室内细节。

高德地图拥有最新的地图浏览器,提供专业地图服务,通过实地采集、网络采集达到行业领先;拥有领先的地图渲染技术,性能提升 10 倍,所占空间降低 80%,比传统地图软件节省流量超过 90%;拥有专业在线导航功能,覆盖全国 364 个城市、全国道路里程 352 万公里,搭载最新高德在线导航引擎,全程语音指引提示,完善偏航判定和偏航重导功能;拥有 AR 虚拟实景功能,AR 功能结合手机摄像头和用户位置、方向等信息,将信息点以更直观的方式展现给用户,发现和指引目标地点;拥有丰富的出行查询功能,满足地名信息查询、分类信息查询、公交换乘、驾车路线规划、公交线路查询、位置收藏夹等丰富的基础地理信息查询;拥有锁屏语音提示,即使手机在锁屏状态也能听到高德导航的语音提示,不用担心一直开着手机屏幕耗电大;拥有夜间导航 HUD 抬头提示功能,打开高德导航并开启 HUD,把手机放到汽车挡风玻璃下,高德导航会把路线提示倒映到汽车挡风玻璃上,看起来特别方便。

高德地图的地理位置信息以频道主题的形式展现,所以用户能在"主题"界面看到酒店、优惠、演出、商场四个频道,新版高德地图还新增了美食和汽车两个新频道。其中,酒店频道是和携程网合作,整合了全国两万家酒店的信息,用户不仅能在高德地图上了解酒店的介绍、星级评分、详细的房价与酒店照片,还能直接拨打电话预订或通过页面预订。美食频道提供了附近餐厅、咖啡厅等场所的信息,比如推荐菜谱、人均消费、营业时间以及氛围、图片等。而汽车频道,则包含了来自易车网的汽车销售和 4S 店,对于有车的朋友来讲,会是一个很好的随行工具。

2.1.3　大众点评网

大众点评网于 2003 年 4 月成立于上海。大众点评是中国领先的本地生活信息及交易平台,也是全球最早建立的独立第三方消费点评网站。大众点评不仅为用户提供商户信息、消费点评及消费优惠等信息服务,同时亦提供团购、餐厅预订、外卖及电子会员卡等 O2O 交易服务,覆盖了餐饮、电影、酒店、休闲娱乐、丽人、结婚、亲子、家装等几乎所有本地生活服务行业。大众点评是国内最早开发本地生活移动应用的企业,目前已成长为一家移动互联网公司,大众点评手机客户端是中国最受欢迎的本地生活 App 之一,大众点评移动客户端已成为本地生活必备工具。

图 5－13　大众点评 8.0.5 版 App 特点

截止到 2015 年第三季度,大众点评月综合浏览量(网站及移动设备)超过 200 亿,其中移动客户端的浏览量超过 85%,移动客户端累计独立用户数超过 2.5 亿;月活跃用户数超过 2 亿,点评数量超过 1 亿条,收录商户数量超过 2 000 万家,覆盖全国 2 500 多个城市及美国、日本、法国、澳大利亚、韩国、新加坡、泰国、越南、马来西亚、印度尼西亚、柬埔寨、马尔代夫、毛里求斯等全球 200 多个国家和地区的 860 座城市。

2.1.4　微博签到

微博(Weibo),即微型博客(MicroBlog)的简称,也即是博客的一种,是一种通过关注机制分享简短实时信息的广播式的社交网络平台。微博是一个基于用户关系信息分享、传播以及获取的平台。用户可以通过 WEB、WAP 等各种客户端组建个人社区,以 140 字(包括标点符号)的文字更新信息,并实现即时分享。微博的关注机制分为可单向、可双向两种。

2014 年 3 月 27 日,在中国微博领域一枝独秀的新浪微博宣布改名为"微博",并推出了新的 LOGO 标识,新浪色彩逐步淡化。微博包括新浪微博、腾讯微博、网易微博、搜狐微博等,但若没有特别说明,微博就是指新浪微博。

新浪微博是一款为大众提供娱乐休闲生活服务的信息分享和交流平台。新浪微博于 2009 年 8 月 14 日开始内测,同年 9 月 25 日,新浪微博正式添加了"@"功能以及"私信"功能,此外还提供"评论"和"转发"功能,供用户交流。新浪微博采用了与新浪博客一样的推广策略,即邀请明星和名人加入开设微型博客,并对他们进行实名认证,认证后的用户在用户名后会加上一个字母"V",以示与普通用户的区别,同时也可避免冒充名人微博的行为,但其微博功能和普通用户是相同的。

截至 2015 年第四季度末,微博月活跃用户达到 2.36 亿,同比增长 34%,日活跃用户达到 1.06 亿,同比增长 32%。2015 年微博总营收 4.779 亿美元,同比增长 43%,总利润也达到 6 880 万美元。移动化方面微博也进展显著,截至 2015 年第四季度末,微博移动端月活跃用户规模接近 2 亿,移动端日活跃用户也达到 9 400 万,同比增长 46%,增速在社交产品中遥遥领先。

通过微博的位置签到功能,用户可以随时随地分享自己的地理位置,告诉微博好友你在哪里,也可以查看用户个人足迹,完成微博位置旅程,用户也可以通过别人的位置签到功能,查看别人的"足迹"。

根据新浪微博数据中心发布的《2015 年微博旅游发展报告》,2015 年度旅游景点热议度为 5.47 亿,景点签到数为 1 390 万次,景点搜索数为 1.33 亿次。按以上维度,参与微博旅游的总用户数共计 4 574 万人,其中提及旅游景点的用户数共计 4 494 万人,签到用户数共计 440 万人,搜索用户数共计 258 万人。通过研究 4 574 万旅游相关用户的用户重合情况,发现其中有 178 万用户在本年既有搜索景点的行为也有发博提及景点的行为,其中 23 万用户还有景点签到行为。

对微博用户的签到搜索行为进行研究发现,并不是所有用户都会在搜索相关景点的微博后再到该景点进行签到行为。全年提及签到并搜索提及景点的微博用户中,有 53% 的用户会在签到发博后再搜索其他人发表的相同景点的微博,观察其他人的看法。从微博全年签到图可以看出(如图 5-14 所示),全年签到城市都集中在东、南沿海地区,从签到城市排名来看,广州、南京、杭州等沿海省份的省会排名前三;紧随其后的城市为成都、西安、武汉、郑州等华中、西南省份的省会。

2.1.5　街旁

街旁是一个基于地理位置的社交应用。使用街旁,你可以通过在手机上"签到"这样一个简单行为,记录与分享真实生活,和朋友互动,更可享受商户提供的实惠折扣。作为国内

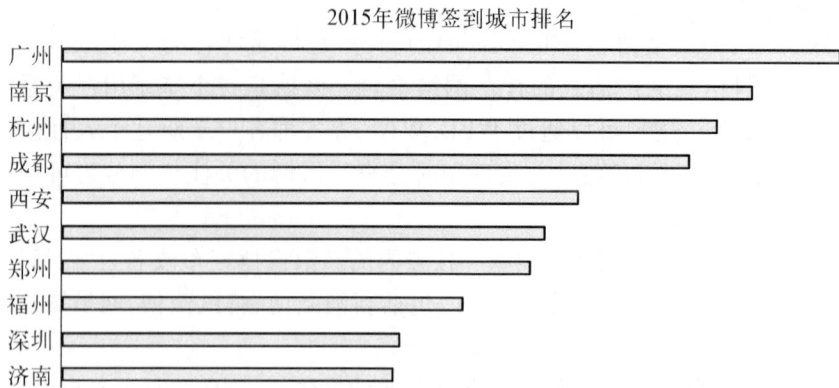

图 5-14　新浪微博 2015 国内城市景区签到情况

最早的签到应用,也是影响最大的应用,街旁现在已经关闭了其网站。现在登录街旁网,会提示"街旁服务器暂时关闭"。街旁的副总裁也已在微博证实,"2014 年初街旁其实就已经停止运营了"。

图 5-15　街旁网站历史截图

　　由此可见,签到功能不能独立存在,没有长期有效的欲望驱动,仅仅上传自己的位置分享给别人,没有内在的驱动力,不可能长久持续下去。此外,街旁并未及时衍生出相关的比较深入的模式,例如社交、服务等,导致用户的逃离。街旁主要靠品牌广告,而没能找到独树一帜的盈利模式,从而无法实现营收平衡,则是街旁关闭的根本原因。

2.2　随时分享类

旅途中旅游者的随时分享大多通过社交工具实现,如微信、微博、腾讯 QQ 等。

2.2.1　微信

微信(WeChat)是腾讯公司于 2011 年 1 月 21 日推出的一个为智能终端提供即时通信服务的免费应用程序,微信支持跨通信运营商、跨操作系统平台通过网络快速发送免费(需消耗少量网络流量)语音短信、视频、图片和文字,支持多人群聊(群成员最多 500 人)。同时,也可以使用通过共享媒体内容的资料和基于位置的社交插件"摇一摇"、"漂流瓶"、"朋友圈"、"公众平台"、"语音记事本"等服务插件。

截至 2015 年第一季度,微信已经覆盖中国 90% 以上的智能手机,用户覆盖 200 多个国家、超过 20 种语言。此外,各品牌的微信公众账号总数已经超过 800 万个,移动应用对接数量超过 85 000 个,微信支付用户则达到了 4 亿左右。截至 2015 年底,微信月活跃账户数已经达到 6.97 亿,比去年同期增长 39%。微信已成为人们生活的重要部分。25% 的微信用户每天打开微信超过 30 次,55.2% 的微信用户每天打开微信超过 10 次。

2.2.2　微博

微博用户可以像利用博客、其他聊天工具一样发布微博内容,内容可以包括文字、图片、音频、视频等多种形式。同时用户也可以对自己微博列表中的内容进行删除。用户可以对任何一条微博进行评论,发表自己的意见和看法,用户也可以对自己感兴趣的内容进行转发和收藏,转发时也可以添加自己的评论,这几个功能有利于微博用户间的信息交流和信息共享。

用户可以给其他用户发私信,但是接收方应该设置开通接收陌生人私信功能,私信的内容不公开,仅双方可见,较好地实现了用户间的私密交流,有效地保证了用户的个人隐私。@功能类似于单词"to"的意思,后面跟用户名,也就是对某用户说的意思,@接收对象能看到发送方@的内容,并能够回复,实现用户间一对一的沟通。此外,所有@某个用户的信息会有一个汇总,可以在"我的首页"右侧中"提到我的微博"中查看。微博中的写心情功能类似于腾讯 QQ 上的心情日志,用户只需选择与心情相符的表情,并配以文字,提交即可。

2.2.3　腾讯 QQ

腾讯 QQ(简称 QQ)是腾讯公司开发的一款基于互联网的即时通信软件。1999 年 2 月,腾讯正式推出第一个即时通信软件——"OICQ",后改名为腾讯 QQ,其标志是一只戴着红色围巾的小企鹅。腾讯 QQ 支持在线聊天、视频聊天以及语音聊天、点对点断点续传文件、共享文件、网络硬盘、自定义面板、远程控制、QQ 邮箱、传送离线文件等多种功能,并可与多种通信方式相连。同时,QQ 还可以与移动通信终端、IP 电话网、无线寻呼等多种通信方式相连,使 QQ 不仅仅是单纯意义的网络虚拟呼机,而是一种方便、实用、超高效的即时通信工具。QQ 状态分为离线、忙碌、请勿打扰、离开、隐身、我在线上、Q 我吧,还可以自己编辑QQ 状态。

QQ 空间(Qzone)是腾讯公司于 2005 年开发出来的一个个性空间,具有博客的功能。QQ 空间板块分为主页、说说、日志、音乐盒、相册、个人档案、个人中心、分享、好友秀、好友来访、投票、城市达人、秀世界、视频、游戏等。在 QQ 空间上可以书写日志、写说说、上传用户个人的图片、听音乐、写心情,通过多种方式展现自己。除此之外,用户还可以根据个人的喜爱设定空间的背景、小挂件等,从而使每个空间都有自己的特色。当然,QQ 空间还为精通网页的用户提供了高级的功能:可以通过编写各种各样的代码来打造个人主页。

截至 2015 年底,QQ 月活用户达 8.53 亿,同比增长 5%;QQ 智能终端月活用户达 6.42亿,同比增长 11%;QQ 最高同时在线用户达 2.41 亿,同比增长 11%;QQ 空间月活用户 6.40

亿,同比下降 2%。

2.3 景区服务类

来到景区,游客无需排队,可以通过刷电子门票或者二维码直接进入景区游览。在景区里,游客可以使用免费 Wi-Fi,通过导航地图、语音导览进行自助旅游,通过触摸屏查看景区旅游信息,通过 360 度全景查看景区及周边情况,通过微信"摇一摇"摇出各类信息,享受智慧景区带来的便利。

2.3.1 免费 Wi-Fi

在移动互联网时代,要建设智慧景区,免费 Wi-Fi(无线局域网)是"标配"。毕竟这是游客在智慧景区使用智能导游、信息推送等功能的基础设施。《关于进一步促进旅游投资和消费的若干意见》也明确提出,到 2020 年,全国 4A 级以上景区和智慧乡村旅游试点单位实现免费 Wi-Fi 等功能全覆盖。各个景区加快无线 Wi-Fi 建设,让个人电脑、手持设备(如 iPAD、手机)等终端可以使用免费的无线方式连接入网。

2.3.2 二维码应用

旅游景区积极迎合游客的需求,尝试刷二维码入园游览、用二维码导览,甚至借此精准营销。景区使用二维码电子门票:游客通过网络订票后,电商通过手机发送二维码,游客刷二维码就可以入园游览,不用排队购票,并减少了入园时间。景区做二维码导览:在一些景点前面设置彩色的二维码,游客扫描之后,就可以直达相关网络页面,获取文字、图片和音频,了解景点介绍和人文故事以及标准的导游词。为了方便各国游客使用,景区准备了中文、英文、韩语、日语版等多种语言的文字和视频资料。

2.3.3 微信公众号

微信是当前使用用户最多的手机即时通信 App,微信公众号则是腾讯公司提供给第三方的开发者接口,能实现文字、图片和语音等多媒体信息的交互,并可自定义功能按钮以及网页跳转。基于微信的应用既省去了用户安装 App 的麻烦,又节约了企业开发成本。用户通过微信关注公众号,即可轻松获取感兴趣的信息。通过景区微信公众号,游客可以获得以下功能:① 门票、酒店、交通等的预订及旅游纪念品的购买;② 景区导航、语音导览、微信地图导览;③ 景区基本信息介绍、公共设施指引、历史文化展示;④ 评论景点:游客对附近景点发表评论;⑤ "摇一摇"查看附近商家、活动、游客评论;⑥ 导游信息智能推荐及预约系统:根据游客当前定位,准确推荐当前景点导游信息并提供预约服务;⑦ 景区人流量查询:查询当前景区各景点游客实时密度,避开过度拥挤景点;⑧ 720 度街景展示,随时查看相关景点及周边情况。

景区积极打造移动电商体系,用户可以直接在微信上购买门票、特产,预订客栈、餐饮等,通过微信支付提前付费,同时生成电子验证码、电子入场券等。除了在微信公众账号内预订,游客还可以通过扫码、社交分享等多种方式进行预订和购买。

2.3.4 全景展示

通过水平 360 度、垂直 360 度、高清晰度全景三维展示景区的优美环境,能给观众一个身临其境的体验。结合景区游览图导览,可以让观众自由穿梭于各景点之间,是旅游景区、旅游产品宣传推广的创新手法。

故宫等景区采用 360 度全景技术进行网络展示,应用 360 度全景技术的"全景故宫"将故宫搬到了移动互联网上,游客可以通过手机从各个角度移动观看包括太和殿、午门、乾清宫、御花园等在内的 41 座宫殿和园林的内外全景,甚至可以用手操纵图像,放大缩小,将近千个场景点的每一寸美景收入眼底。

360 度全景是全景类应用的核心技术,其本质是通过专业相机将真实场景进行 360 度的记录,捕捉整个场景的图像信息,再将照片按点位和顺序进行分组,使用软件进行图片合成,把二维的平面图模拟成真实的三维空间,呈现给观赏者。

与"虚拟现实"有所不同,360 度全景更应被称为"现实虚拟"技术——把现实通过全景、街景的方式等记录下来并数字化,在此基础上再通过移动互联网技术去开发部分体验,将其虚拟到人的智能终端上。通过 360 度全景技术呈现出的场景具有真实感强、表达信息多、交互性能好、沉浸感强等优点,同时生成的文件小、传输方便、发布格式多样,适合各种形式的网络应用。

2.3.5   微信打印机

微信打印机是一款集合娱乐、媒体、移动应用和移动营销创新模式的智能打印终端,通过手机微信自助扫描打印明信片,吸引公众号粉丝。在与客户实时互动娱乐的同时留住公众号粉丝,实现微信与店铺的互动营销。

图 5 - 16   微信打印机

一些景区设置了游览的客户端,结合导航、语音解说、行程规划等功能供游客选择。另一方面,部分景区也设置了 LED 显示屏、触摸屏等多媒体服务终端,为游客接入智慧旅游系统提供了接口,也能够展示景区的各种信息。一些景区还设置了智慧景区多媒体展示中心,借助 360 度动感环幕立体影院、虚拟仿真技术设备、电子沙盘、多点触摸互动屏等环境设备,利用声、光、电等多媒体科技手法来展示景区景观、自然文化遗产、生物多样性、古文物再现和虚拟旅游,使游客享受亦真亦幻、身临其境的新旅游体验服务。

3 行后智慧化服务

在旅行结束后,旅游者或是选择微信朋友圈、微博等社交媒体进行总结分享,或是在TripAdvisor、携程、去哪儿等在线旅游网站进行点评分享,或是通过 Flickr、Instagram 等图片共享网站进行旅行美图分享,抑或将整个旅程写成攻略发布在蚂蜂窝、穷游等网站供他人参考。旅游者不再局限于某一种途径的分享,他们会选择几种方式组合在不同类型网站同时进行分享。

3.1 社交媒体

游后旅游者的社交媒体分享与旅途中旅游者的随时分享相似,都可以通过微信、微博、QQ 等工具进行分享。该部分主要分析微信朋友圈的功能,对于微博和 QQ 的相关情况,前文已进行了详尽地分析,在此不再赘述。

3.1.1 微信朋友圈

微信朋友圈功能是微信的附属功能,用户可以自由选择安装和卸载,作为微信的附加功能具有灵活性。用户可以通过朋友圈发表文字和图片,同时可通过其他软件将文章或者音乐分享到朋友圈。用户可以对好友新发的照片进行"评论"或"赞",用户只能看共同好友的评论或赞。

微信朋友圈功能在 2011 年初最早的微信版本中并不存在,直至微信 4.0 版的问世才推出这项功能,是用户展示自己生活的窗口。用户可以将自己相册里的照片分享到朋友圈,其他的好友也可以看到。其突出特征在于照片评论以及回复只有相互认识的人之间才能看到,这一点区别于人人网、QQ 空间等软件,体现的正是一个"圈子"的概念,只有同一个圈子相互认识的人才能看到彼此交流回复,使得微信朋友圈具有广泛社交和私密社交的双重性质。从在朋友圈发布照片到照片的评论、回复、点赞,实现了由一对多发布信息到一对一交流信息的转换,使得交流更具私密性、具体性、真实性。

在微信所有的功能中,朋友圈功能使用率排名第一,朋友圈已成为用户手机社交的主阵地,用户表现出登录高频、点赞活跃、喜爱围观好友生活状态的行为特点。

3.2 OTA 点评

在消费了无形的旅游产品后,旅游者乐于在网站上分享他们的真实感受和评价,特别是通过 OTA 预订的旅游产品,从而为他人的出行决策提供参考。

3.2.1 TripAdvisor

TripAdvisor 是全球第一的旅游评论网站,旅行者的真实评论是 TripAdvisor 最大的特点。TripAdvisor 自成立之初,就专注于为旅行者提供真实可靠的旅游点评内容。用户可以在其网站上获取全球海量游客对于各个旅游目的地景点、酒店、餐厅的第一手反馈,这一方面可以帮助用户快速了解当地的风土民情,从而深度探索旅游目的地;另一方面也让用户通过点评的好坏规避旅游陷阱,一定程度上保证了旅游的良好体验。目前 TripAdvisor 已成为一个大型的在线"数据库",它拥有大量关于旅游目的地的信息,包括酒店、景点、餐厅等。在消费者旅游规划阶段,TripAdvisor 通过真实的点评信息为游客的旅行规划提供决策参考,以帮助他们规划旅行线路。

图 5 - 17　TripAdvisor 首页截图

2015 年 3 月,TripAdvisor 在调查了超过 10 万名游客和酒店业主后,推出了新的点评指南。调查发现,超过一半的人不会在未看过他人点评的情况下作出预订决策,酒店业主也在倾听这些点评者的声音;70%的受访企业,也借助于游客的点评,逐渐提升服务质量。美国游客认为他们写点评最重要的原因在于,"希望和其他人分享有用的信息"(88%),以及"发现点评很有用,所以希望回馈大家"(86%)。美国市场点评基本与全球范围内的趋势保持一致。为了保证点评的新鲜度,67%的美国游客表示,他们会在旅途或者体验的两天之内写下点评,72%的游客表示写点评的时间在 10 分钟及以内。由此可见,点评成为很有力的工具,全世界各地的游客都依赖点评,帮助他们计划和预订旅途。

在 TripAdvisor 上,每次评分可获得 5 个积分,每完成一条点评就可获得 100 个积分。经常贡献内容的点评者会受到社区的认可,他们将获得"徽章"。这些徽章图表会在旅行者的头像或照片下方(其点评内容侧方)显示,TripAdvisor 会向发布不同数量的点评的用户提供不同种类的徽章。点评者徽章,有时也被称为"Star Badges"(明星徽章)。特定类别徽章,显示出点评者曾针对用户正在查看的特定类别中的很多商家撰写了点评,比方说其发布了10 条餐厅类的点评。城市徽章,显示出点评者曾撰写多少个城市的目的地或商家的点评。当旅行者认为他们所阅读的点评很有用,那他们就会给这些内容投支持票,那么点评者就很有可能获取支持票徽章。如果点评者撰写了多个目的地的点评,那他就能获得环球旅行者徽章。

3.2.2　携程

用户预订和体验了携程的旅游产品后,通过在携程上写点评赚取积分,从而兑换好礼。携程旅行网通过分析用户的真实点评和评分,发布多个点评报告,对酒店和旅行社等相关企业具有很大的参考价值,是利用大数据的典范。

2014年,携程旅行网基于对携程用户1 000万条酒店点评的综合整理及分析,对2010—2013年的酒店发展趋势进行了集中表现,发布了《中国酒店用户点评报告2013年终版》。报告着重指出了酒店点评渠道的变化情况:随着移动互联网时代的到来,2013年通过App进行酒店点评的数量已经占到了总量的1/4,结合目前携程旅行App下载量已经超过2亿,激活数也超过1亿的现实情况,App端或将成为今后酒店点评最重要的渠道。报告分析,以商务出行为主的用户点评数更高,超过50%,其次才是休闲用户,与原来休闲用户占据主要地位的情况发生了很大的转变,这可能与携程的定位有关。此外,产生点评的高峰期一般集中在离店后的3天内,在这段时间内的点评量占到总量的50%。截至2013年底,携程累计酒店点评数已超过1 000万条,相当于2010年的10倍,点评数的增长源于整体酒店市场蓬勃发展,同时,社会责任感的提高促进了点评习惯的养成。

2016年,携程对外发布了《中国旅游者点评与幸福指数报告2016》,这也是我国旅游行业首次出现"幸福指数"这一新概念。报告提出,我国全面进入大众旅游时代,旅游发展的根本目的在于增加大众旅游者的幸福感。报告由携程旅游分析研究专家,根据携程平台上几千家旅行社的旅游度假产品、100多万条真实用户点评数据,从总体评分、领队服务、导游讲解、交通线路、住宿餐食等5大评分维度,得出旅游者的整体幸福程度。我国在线旅游者的点评率和点评量爆发式增长,携程跟团游用户的点评率已经达到49%,同比上升40%,每两个在线报名的游客,就有一个会在体验后对订单进行点评。绝大部分用户预订都会先查看点评。

3.2.3 去哪儿网

用户在购买和使用去哪儿网的酒店、门票等产品后,通过发表点评获得经验值和积分,累计一定的积分可以免费住酒店、换实物、抽奖、获得试睡特权等。根据经验值的不同,去哪儿网将点评用户分为7个等级,不同的等级对应相应的头衔名称,并且具有不同的等级特权。

除了普通用户的点评外,去哪儿网还开发了酒店点评的升级版——"砖家"点评。通过详细完整的文字和图片信息全面展示酒店的软硬件服务,满足专业"驴友"及特殊人士的酒店信息需求。这也是去哪儿网在业界首创的点评模式。"砖家"并不是真正的专家,而是从"草根"的角度,代表大多数消费者的需求对酒店进行详细深入的点评。

3.3 图片分享

旅游者在旅途中会用照片记录下美好的时刻,在旅途后对照片进行加工处理,并在专业的图片分享网站进行分享。

3.3.1 Flickr

Flickr是目前世界上最好的线上相片管理和分享应用程式之一。在2004年,Ludicorp公司建立了一个Web服务套件和在线社区(Flickr前身),雅虎于2005年收购该网站。Flickr是一家提供免费及付费数位照片储存、分享方案的线上服务,也提供网络社群服务的平台。其重要特点就是基于社会网络的人际关系的拓展与内容的组织。这个网站的功能强大,已超出了一般的图片服务,提供图片服务、联系人服务、组群服务等一系列服务。据雅虎报道,在2011年6月,它共拥有51万注册会员和80万独立访问者。

Flickr集合了借由使用者间的关系而相互连接的数位影像,影像可依其内容彼此产生关

图 5 - 18　Flickr 网站首页截图

联。图片上传者可自己定义该相片的关键字，也就是"标签"（Tags），如此一来搜寻者可很快找到想要的相片，例如指定拍摄地点或照片的主题，而创作者也能很快了解相同标签下有哪些由其他人所分享的照片。Flickr 也会挑选出最受欢迎的标签名单，缩短搜寻相片的时间。Flickr 被普遍认为是有效使用分众分类法的典范。此外，Flickr 也是第一个使用标签云的网站。Flickr 也让使用者能将照片编入"照片集"（Sets），或是将有相同标题开头的照片结成群组。然而，照片集比传统的资料夹分类模式更有弹性，因为一张照片可被归类到多个照片集中，或是仅分至一个照片集中，或是完全不属于任何照片集。

Organizr 是 Flickr 中用以管理照片的网络应用程式。这个程式能让使用者修改标签、描述相片，以及制作照片集，并且使用了 AJAX 技术让这个程式在外观、感受和快捷度上都与一般的照片管理程式几乎无异。因此 Organizr 让大量照片的管理变得更为简单。

使用者除了可透过标签分享照片外，Flickr 也提供联络人机制（Contacts），使用者可看到对方最新的照片，以及快速浏览该联络人的公开相片。使用者也可透过将私人照片加入其他公开群组（Group），供群组内的会员浏览。另外 Flickr 也会参考浏览数、被加入最爱次数，选出当日风格照片于站内刊登。使用者可设定相片的开放权限：完全公开、绝对隐私，或是决定照片是否开放给被设为朋友、家人的联络人观看或是留言。

Flickr 以为用户提供良好的体验为最高目标，界面布局合理，配色以徽标（LOGO）的蓝色作为字体颜色，不追求花哨。除了登录后的界面之外很少看到明显的广告。Flickr 网站脚本使用的地方很合理，如修改照片标题、把图片加入收藏或群组或图片集、批量操作、预览前后的图片、增加标签、下拉菜单等。网站除了"My Favorites"一项没有 RSS（订阅）之外，其他用户希望有 RSS 的地方它都提供了很方便、及时的跟踪信息。另外，上传文件的标签也几乎无处不在，照顾了使用创作共用协议的用户。Flickr 网站对中文的支持也很好，同时，各类信息的组织方式比较合理，适合用户查看。

3.3.2 Instagram

Instagram 是一个提供在线照片共享、视频共享和社交网络服务的应用程序,支持 iOS、Windows Phone、Android 平台的移动应用。用户可以关注好友(可以查看 Twitter、Facebook 上的好友),查看热门照片,允许用户在任何环境下抓拍自己的生活记忆,选择图片的滤镜特效(Lomo/Nashville/Apollo/Poprocket 等 10 多种胶圈效果),并在应用这些特效之后再和好友进行分享,可以分享至 Instagram、Facebook、Twitter、Flickr、Tumblr、Foursquare 或者新浪微博上。该程序的显著特点是它限制正方形的形状照片,并采用类似柯达傻瓜相机和宝丽来影像。同时 Instagram 基于这些照片建立了一个微社区,在这里用户可以通过关注、评论、赞等操作与其他用户进行互动。

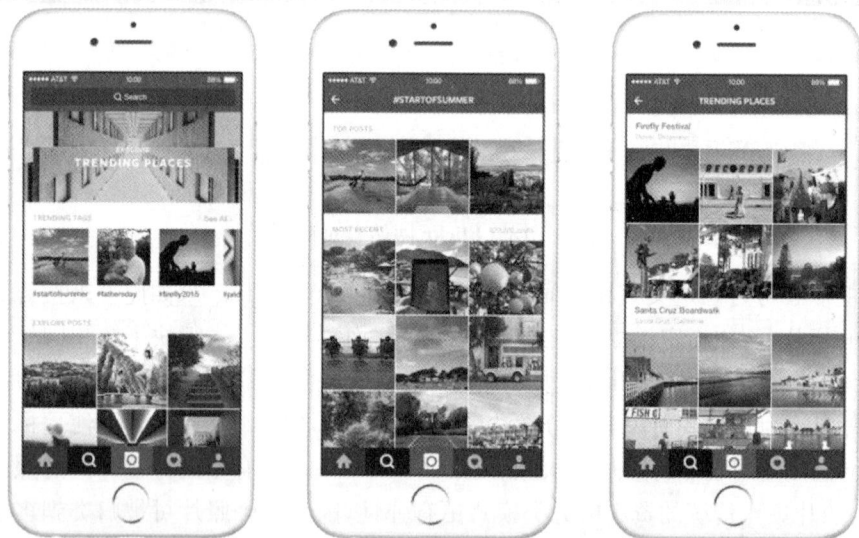

图 5 - 19　Instagram 手机应用截图

基于移动设备的 Instagram 可以让用户享受即拍即传的乐趣,随时随地和朋友分享生活的乐趣。其提供的 11 种经典有趣的特效风格让平庸的照片看起来更加有趣,即使用户不会 PS,这些特效足以让其创作出"惊艳"的作品。Instagram 将整个社区建构在 App 而不是 WEB(Instagram 官网只提供了简单的登录、图片展示和应用下载),因而 Instagram 的社区可以充斥在用户任何的时间碎片。此外,Instagram 在移动端融入了很多社会化元素,包括好友关系的建立、回复、分享和收藏等。而利用 Twitter、Facebook、Flickr 相对成熟的用户关系,可以让用户导入更多的相关好友来烘托社区氛围。并且通过以上社会化媒体的传播通道,Instagram 也可以以最快的速度在人群中扩散,而不必为此耗费庞大的推广费用。

3.4　游记写作

旅游者在出游归来后,可以通过蚂蜂窝、穷游等网站进行游记写作,与他人分享自己的旅程,并为他人的旅行决策提供参考。

3.4.1　蚂蜂窝旅行网

蚂蜂窝旅行网的写游记板块提供"新版游记"和"经典游记"两种方式供用户选择,有音乐有视频,元素丰富、美观,支持点名。新版游记可以增加段落、行程地图,可以给照片归类,还可以设定头图,带来焕然一新的写游记体验。对于之前的经典游记,可选择一键升级为新版游记。第一次在蚂蜂窝发表游记的"蜂蜂",将获得"首发大礼包"(包含 100 蜂蜜、5 张明信片券、10 000 金币)。宝藏,是每个目的地页面下置顶的优秀游记。通常宝藏游记包含大量的实用信息,能从行程、景点、路线、交通、花费、语言等各方面为蜂蜂提供帮助,且作者有独特的视角和体会,思路清晰,语言精练,可读性强,极具参考意义。

蚂蜂窝首页每天都会给用户呈现一篇千挑万选的好游记,这篇游记被称为蜂首游记,其作者便是蜂首。在蚂蜂窝,蜂首带有特殊的身份标识,且享有各项特权和荣誉,并受到广泛关注。蜂首聚乐部是蚂蜂窝蜂首用户线下活动组织,也是蚂蜂窝比较神秘的组织,是蜂首们的旅行分享聚会。在这里可以与其他蜂首亲密交谈,结交有相同兴趣爱好的朋友,并有丰厚的蜂首专属礼物不定期回馈。

图 5－20　蚂蜂窝蜂首聚乐部与蜂首展示

3.4.2　穷游网

穷游网主打出境自助游,游记都是境外旅游记录分享,而由游记衍生的旅游服务工具类功能非常全面,如行程助手功能,可以为每一篇已有的游记自动生成行程单,用户可以一键

图 5－21　穷游网旅行论坛页面展示

"复制行程单",再根据自己的实际需求,自定义规划旅游线路和详细行程安排,并支持一键"导出行程单",方便随时查看及办理签证使用。

穷游网写游记是穷游论坛里的一项功能,写游记需要选择发布的论坛版块,并添加标签。设有"创建行程单"选项,或者可以关联已有行程;设置"帖子电梯",系统支持二级目录设置,"标题1"代表主标题,"标题2"代表副标题。选定之后,自动搭建电梯。点击发布页右侧功能列第一个图标"帖子电梯",可以查看电梯,方便用户查阅。

★★★★★ 本章小结 ★★★★★

本章详细地总结了面向旅游者的各类智慧旅游服务,按照时间顺序将智慧旅游服务分为行前、行中和行后三大类,每一类都选择了有代表性的案例进行具体介绍。

★★★★★ 关键术语 ★★★★★

智慧旅游服务　行前智慧化服务　行中智慧化服务　行后智慧化服务

★★★★★ 讨论与探究 ★★★★★

1. 你比较熟悉的智慧旅游服务有哪些?

2. 你认为目前所提供的智慧旅游服务还存在什么不足,应该如何改进?

第 6 章
智慧旅游营销

学习目标

■ 了解智慧旅游营销的基本内容。

■ 了解从体验进行旅游营销的基本方式。

■ 了解从服务改善旅游营销的基本方式。

■ 了解从渠道进行旅游营销的基本方式。

1　体验智慧化——虚拟旅游

1.1　虚拟旅游的概念与特点

所谓虚拟旅游是指以包括虚拟现实在内的多种可视化方式,形成逼真的虚拟现实景区,使旅游者获得有关旅游景点信息、知识和体验的过程。通过互联网和其他载体,虚拟旅游将旅游景观动态地呈现在人们面前,旅游者可以根据自己的意愿来选择游览路线、速度及视点,还可以参与发生的事件,或与其他参与者进行交流。

虚拟旅游包括了多维信息空间,使得人们在其建立的虚拟旅游环境中可以身临其境随心遨游。虚拟旅游具有沉浸性、交互性、超时空性、经济性、高技术性等特点,不受时间、空间、经济条件、环境条件等的限制,可以满足更多游客的游览和审美需求。

(1) 沉浸性。沉浸性指的是游客能够沉浸到计算机创造出的虚拟环境中,通过图像、声音、文字等多种感知方式,身临其境地体验虚拟旅游活动。

(2) 交互性。交互性指人们同计算机之间的沟通手段不断增加,可通过多种传感设备(如立体显示头盔、数据手套、立体眼镜、嗅觉传感器等)与多维的仿真环境进行互动。

(3) 超时空性。虚拟旅游能将过去世界、现实世界和未来世界发生的事件和状态同时呈现,不受时空的限制,随时随地提供给访问者丰富的信息。

(4) 经济性。信息技术使得访问者足不出户就能享受到虚拟旅游带来的独特体验,避免了交通、住宿等诸多费用,而且不受时间和天气的约束,大大降低了旅行成本。

(5) 高技术性。虚拟旅游依托虚拟现实、三维建模、图像处理、仿真渲染、人机交互等现代化高科技手段,具有广泛的应用前景。

由于时间、空间、经济等客观因素的限制,大多数人的旅游需求难以得到充分的满足,基于信息技术的虚拟旅游就成为灵活、便捷的选择。与现实旅游相比,虚拟旅游的优势如表 6-1 所示。

表 6-1　虚拟旅游与现实旅游的比较

对比项目	现实旅游	虚拟旅游
旅游产品	已形成的旅游产品较难更改,有些景点、景观难以触及	可根据游客需要灵活更改,能够提供进入性差的景点或景观旅游
环境影响	环境破坏较大,可持续性难以控制	环境破坏较小,可持续发展
限制性	易受时间、空间限制,成本较高	不易受时空影响,成本低
购物	在旅游活动过程中进行,易受欺骗,质量难以保证,有时不便于运输	可通过网络直接购买;可使用第三方支付工具,满意后再付款;通过配送服务送货上门,简单方便

(续表)

对比项目	现 实 旅 游	虚 拟 旅 游
过程	在有限的时间游览多个景点,难免走马观花	可通过互联网随时随地进行,可对感兴趣的景点进行多次访问,深入了解
导游服务	依赖于导游的专业水平	可提供图文并茂、信息量丰富的虚拟导游服务,方便可靠

1.2 虚拟现实体验在旅游营销中的应用

1.2.1 360度三维全景漫游体验

全景虚拟现实是通过360度相机环拍一组或者多组真实的场景图片,拼接成一个全景图像,利用计算机技术实现全方位观赏真实场景的技术。通过这种技术可以对场景中游览路线、角度和游览速度进行自由调控,避免了被动接受的缺点;给用户更加充分的自由选择,具有较强的互动性;使游览过程不受时间和天气的影响,游览者可随意更换观察点,多角度细致地游览,满足其想要体验的多种需求。

(1) 悉尼游客体验中心

悉尼游客体验中心通过融合最新的体感互动、沉浸体验、虚拟现实、社会化营销等新鲜元素,设计了"熊猫跑长城"、"飞跃张家界"、"空中遥控看中国"、"隔空学写毛笔字"、"裸眼3D看景点"、"360度全景中国"、"熊猫妙拍拍"等七大板块,利用最新的体感遥控,达到了让海外游客立体感知中国及中国旅游的目的,如图6-1所示。

图 6-1 360度全景中国

(2) 虚拟现实360度全景邮轮

精钻邮轮公司(Azamara Club Cruises)成立于2007年。在国外豪华旅游网站 Virtuoso 的旅游周上,发布了新的 App,可提供一系列360度虚拟现实体验,让用户沉浸在乘坐精钻旅程号(Azamara Journey)的虚拟轮船旅行中,体验到南美洲及中美洲停泊港的短途航行。从体验精钻旅程号的船上设施,到抵达哥斯达黎加玩滑索道,或到卡塔赫、哥伦比亚体验午夜马车之旅,精钻邮轮的这款 App 能帮助用户直观了解航行所提供的服务。

　　用户只需从 App Store 中下载,即可从四个视频选项中选取一个想看的进行播放,通过选择屏幕下方菜单栏中的手形图标,便能通过手指在屏幕上进行拖动,将视频上下移动或360 度旋转;通过选择屏幕下方的 VR 选项,用户可使用带有 Google Cardboard 耳机的设备,进行虚拟现实体验。

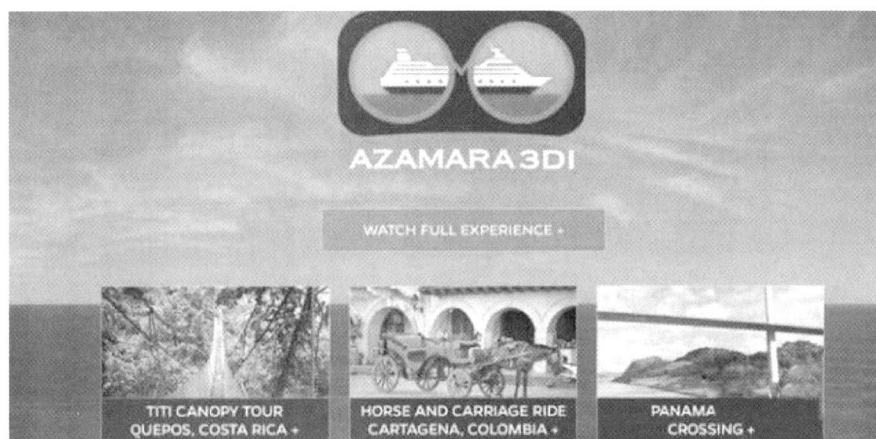

图 6-2　Azamara 3DI 网首页

(3) 湖南景区虚拟旅游体验项目

　　2016 年 3 月 5 日,虚拟现实旅游体验项目在湖南平江石牛寨景区成功开展。游客只需戴上一副虚拟现实眼镜,就可在悠扬流畅的背景音乐中感受平江石牛寨的神奇。全程的飞跃中,可 360 度上下左右感受周围的景观,时而轻松飞翔,时而激情穿越。无论是惊险刺激的玻璃桥,还是宏伟大气的百里丹霞,甚至是一些难以捕捉到的不寻常美景,都可以体验到。

图 6-3　游客在平江石牛寨景区体验虚拟现实旅游

1.2.2 仿真 4D 虚拟现实旅游体验

万豪酒店于 2014 年推出的"瞬间传送器"4D 虚拟现实旅游体验项目,只需参与者利用手中的智能手机,戴上一副虚拟现实眼镜,就可以畅游全球各地。并根据所需,定制旅游体验。比如说,与你同行的人如有行动不便者,可以找无台阶路线游完整个小镇,甚至与你所到的地方环境元素进行互动。

图 6 - 4　增强现实 App 正在将额外的信息叠加至现实场景中

1.2.3 虚拟旅游平台

虚拟旅游平台是一个集成虚拟旅游体验、旅游服务信息、电子商务和游客互动交流等服务的智能化系统,主要由以下几个模块组成。

(1) 虚拟景观游览

虚拟景观游览系统将景区的实地情景再现于网络上,这是虚拟旅游的核心组件。借助导航模块和智能导游系统,游客可按照预先设定的线路漫游,也可以自选线路漫游,不仅能随心所欲地观赏这些景区的风光,而且可以通过虚拟人物的手势和角色情境的转换,从不同角度和侧面了解景点的人文历史,从而获得宛如实地旅游的体验。

(2) 旅游信息服务

虚拟旅游的发展同现实旅游存在着必然的联系,虚拟旅游往往扮演实地旅游前期体验的角色。因此虚拟旅游便成为潜在旅游者获取各种旅游相关信息的一个渠道。更为重要的是,利用智能化的系统工具,虚拟旅游可以全面整合旅游者对目的地食、宿、行、购、娱这些咨询需求,为其提供一个规划旅游行程的网络应用服务平台。

(3) 旅游电子商务

虚拟旅游景观浏览系统与虚拟旅游社区对广大旅游爱好者来说是具有魅力的"圣地",同时也吸引了旅游相关机构的聚集,成为重要的电子商务平台,供旅游者了解、购买或预订旅游相关产品和服务。比如美国的"第二人生"网站,可以为 460 万会员提供 1 000 多个世界虚拟旅游景点,同时吸引了 IBM、喜达屋等酒店以及航空公司,方便了游客进行网上购物和预订。

(4) 虚拟旅游社区服务

虚拟旅游社区是人们通过互联网围绕旅游生活而形成的生活空间。围绕旅游话题,社区成员进行广泛开放的交流,大到旅游胜地的介绍,路线的确定,酒店、机票、火车票的信息,小到货币兑换地点,买票,菜谱,游船的地点、时间,景点特殊开闭馆时间,甚至景点中的票价打折情况,相隔长距离景点路线上的厕所位置以及成员自己的旅游经历、旅游体验以及在旅游中形成的攻略等。换言之,虚拟旅游社区是针对旅游爱好者的"虚拟社区"。一方面,旅游者可以将自己的旅游经历、体验与其他成员共享,从而使旅游体验升华;另一方面,也可以分享其他成员的旅游经历、体验,并获得各种旅游知识,为实地旅游做准备。

案例

全景客虚拟旅游网

全景客虚拟旅游网(全景客)成立于 2009 年,是中国领先的智慧旅游解决方案供应商,中国最大的虚拟旅游电子商务服务平台,拥有海内外 400 多个城市、10 000 多个景区的高清 720 度三维全景图,独创全景虚拟拍照、一键微博分享等功能,提供景点大全、目的地指南等旅游信息,全景线路、云全景等垂直旅游服务。全景客率先提出 720 度三维全景的概念,利用新颖的三维全景技术,以实景、三维、立体、高清的效果,全视角展现旅游目的地、景区的风光以及周边商业信息,相比普通的 360 度全景,720 度全景可以实现上、下、左、右的全方位操作,可以展现天、地、前、后、左、右的全部景色,带给用户身临其境般的感受。

2013 年 1 月 27 日,全景客虚拟旅游网全新改版上线。新版全景客推出虚拟旅游、全景目的地、全景社区等三款重量级产品,为有钱没时间、没钱有时间、没钱没时间这三类热爱旅游、热爱摄影的用户,提供一站式服务。

图 6 - 5 全景客虚拟旅游网首页

案例

好童话虚拟旅游网

好童话虚拟旅游网络技术平台结合 LBS、网络旅游三维体验,与传统旅游文化产业紧密融合,构建成了线上和线下有机结合的大型网络技术平台。项目主要用 Unity 3D 技术进行开发,Unity 3D 对 DirectX 和 OpenGL 拥有高度优化的图形渲染管道,可以实现在 WEB、Android、iOS 等多平台登录。

该平台为各景点承办方提供线上销售门票的功能,并通过虚拟旅游体验使游客更好地了解景点,为景点起到很好的宣传效果,为景点带来了线上营销方面的功能。

图 6-6 好童话 3D 旅游网首页

2 服务智慧化——基于大数据的旅游营销

2.1 用户画像

所谓用户画像,就是对用户的信息进行标签化。一方面,标签化是对用户信息进行结构化,方便计算机的识别和处理;另一方面,标签本身也具有准确性和非二义性,也有利于人工的整理、分析和统计。

2.1.1 基于百度大数据的旅游营销

(1)百度大数据+

百度大数据+,基于百度的海量用户数据,同时与行业垂直数据深度结合,挖掘百度用户千万级标签数据,帮助行业客户对用户进行空间和时间 360 度的立体洞察;提供预测、推荐等深度模型,发挥百度大脑和深度学习的优势,帮助行业客户,实现行业趋势的深入洞察、客群的精准触达、分群精细定价和风险防控等;与 O2O、零售、旅游、房地产、保险、金融等行业均有合作。

(2)百度大数据用户画像

基于海量互联网数据,依托百度强大的大数据分析处理能力,以丰富的标签维度和强大的在线服务能力,能够帮助企业更加深入地了解消费者的需求,洞察用户的兴趣爱好和需求,实现内容的个性化推荐,提升服务效果。百度大数据用户画像有生活日常、工作学习、兴趣爱好和消费倾向四个标签类别,24 个垂直领域,近 300 个兴趣标签,多维度描绘人群的兴趣爱好、使用习惯和需求。

案例

百度与大地合作研发的旅游大数据画像

北京大地云游科技有限公司是大地风景国际咨询集团的核心企业,为全国各省、市、景区、旅游相关企业提供基于大数据的旅游诊断、分析、决策等一体化的大数据解决方案。立足于自身在旅游领域十几年的行业经验,整合全国在线多个大数据资源,凭借自身强大的数据挖掘、分析团队,专注于为客户提供围绕旅游全产业链的数据咨询服务。通过大数据帮助各省、市、景区、企业实现旅游客源市场的精准定位、品牌精准营销、客流量实时监控及预测、项目可行性分析、投融资大数据决策等。

2015 年 5 月,大地风景国际咨询集团旗下的大地云游信息开发有限公司与百度在线网络技术(北京)有限公司双方合作研发旅游大数据应用产品——旅游大数据画像,推出了旅游领域的大数据产品,并在九寨沟、峨眉山、武夷山等多个景区形成了成功案例,如图 6-7 所示。

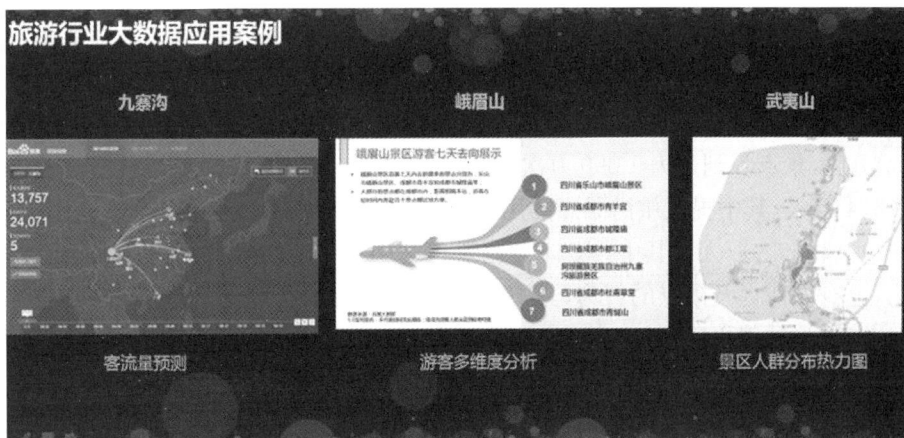

图 6-7　大数据画像应用案例

武夷山景区旅游大数据画像

　　武夷山景区旅游大数据画像是大地云游公司与百度合作,基于武夷山景区旅游产业数据、遥感数据、GIS 数据、百度用户属性数据、百度用户行为数据、LBS 数据等海量数据,通过用户痕迹复原分析法(User Trace Recover Analysis,UTRA),全景构建武夷山景区旅游大数据画像,全面把握武夷山景区发展的外部环境与市场导向,深刻洞察游客基本属性与行为特征,精准分析游客旅游路线,实时监控景区游客量,为武夷山实现旅游市场细分、旅游营销诊断、景区精准管理提供了有力工具。

2.1.2　基于微博数据的旅游营销

（1）用户属性与用户兴趣

　　用户属性指相对静态和稳定的人口属性,例如:性别、年龄区间、地域、受教育程度、学校、公司等,这些信息的收集和建立主要依靠产品本身的引导、调查、第三方提供等。微博本身就有比较完整的用户注册引导、用户信息完善任务、认证用户审核,以及大量的合作对象等,在收集和清洗用户属性的过程中,需要注意的主要是标签的规范化以及不同来源信息的交叉验证。

　　用户兴趣则具有更加动态和易变化的特征,首先兴趣受到人群、环境、热点事件、行业等方面的影响,一旦这些因素发生变化,用户的兴趣容易产生迁移;其次,用户的行为(特指在互联网上的行为)多样且碎片化,不同行为反映出来的兴趣差异较大。

（2）旅游用户画像与营销

　　旅游用户是微博上规模最大的兴趣人群。据中国社会科学院发布的 2015 年微博旅游白皮书显示,旅游相关话题的微博用户达到 7 708 万人,占同期微博活跃用户的 43.8%。年轻用户是微博旅游用户的主流,82.7% 的旅游用户年龄在 15 岁至 30 岁之间。微博上旅游相关内容的热度,与旅游市场的热度呈现明显正相关。旅游目的地在微博上的热度,与游客出行方向也呈现正相关,在出境游市场尤其明显。白皮书指出,微博是旅游大数据的"金矿"。数据显示,微博上 24% 的用户喜欢在微博上分享旅游内容,28% 的用户会在微博上搜索旅游目的地信息,81% 的旅游者会在出游前查找攻略并受口碑影响。

　　新浪微博数据中心发布的《2015 年微博旅游行业发展报告》显示,2015 年度旅游景点热议度为 5.47 亿,景点签到数为 1 390 万次,景点搜索数为 1.33 亿次。参与微博旅游的总用户数共计 4 574 万人,其中提及旅游景点的用户数共计 4 494 万人,签到用户数共计 440 万人,搜索用户数共计 258 万人。其中,4 574 万旅游相关用户中有 178 万用户在本年既有搜索景点的行为,也有发博提及景点的行为,其中 23 万用户还有景点签到行为。从全年旅游用户的分布情况上看,旅游用户以女性为主,占全部用户的 64%;全年活跃规律为从年初开始上升,7、8 月为最高活跃月份,9 月后活跃度下降;其中高等学历用户占 74%;以在校学生和刚毕业青年为主;地域多分布于东、南沿海省市,北京也占有较大比例(如图 6-8 所示)。

（3）旅游大数据的充分利用

　　不管从数据量还是数据维度而言,社交网络所蕴含的数据资源都是最丰富的。作为一

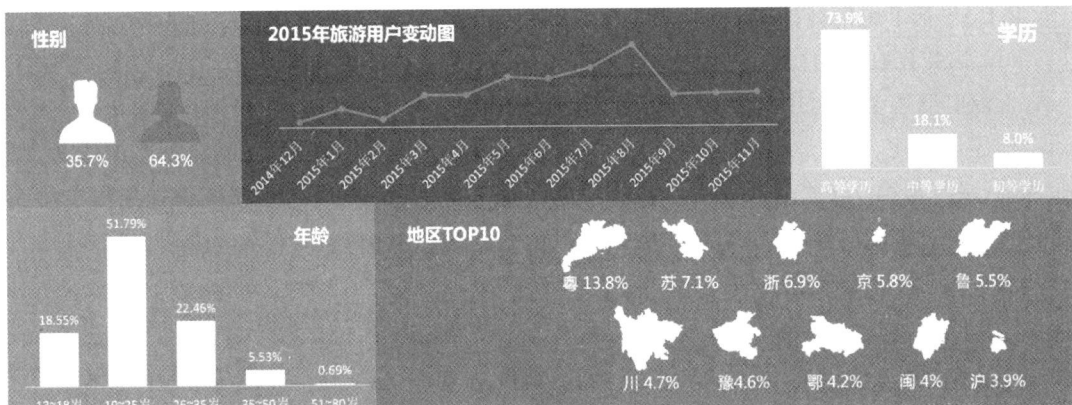

图 6 - 8　2015 年新浪微博旅游用户分析

座数据资源矿,在平台发展到顶峰后必须在数据处理方面下功夫,释放其潜在的数据资源,有效地通过数据撮合与用户相关的消费场景,这是每一个社交网络的必行之路。

案例

新浪微博合作世界邦

2015 年 8 月,出境自助游服务平台世界邦旅行网与微博正式达成战略合作。本次合作主要是将世界邦类似于 P2P 模式的"大数据＋达人众包个性定制"方案与微博的旅行达人用户资源相关联。

世界邦通过后台系统支持微博的旅游信息分享,并为微博用户提供附加服务——这些服务主要来自世界邦目前的业务板块,包括定制超级自由行、解答境外旅行问题等。而微博将为世界邦提供旅游达人资源,扩大世界邦 P2P 模式中"供给端"的资源支持。目前世界邦只有 2 000 个达人来设计线路提供定制服务,但微博有数以万计的旅游达人,世界邦可以通过合作获得大量达人资源,同时还有机会能够挖掘微博所掌握的大量数据。

新浪微博合作阿里旅行

2015 年 10 月,新浪微博与阿里旅行正式达成战略合作。合作方式主要为:首先,微博先通过用户发布的内容及标签,对旅行类的达人及内容进行格式化的处理;其次,微博通过用户行为描述用户画像,与阿里旅行结合推出针对其自身的旅行解决方案;最后,微博通过用户偏好数据针对性将旅行内容分发到用户信息流之中。

微博的优势是海量的潜在旅行用户、大量与旅行相关的内容、天然的传播渠道,而阿里旅行(去啊)的优势则是标准化的旅行产品,以及背靠阿里巴巴和蚂蚁金服的金融支持,包括支付工具、分期产品、旅行保险等。这种搭配的好处是,双方都解决了各自的商业化困境、释放了其产品优势,微博不用自建电商平台,阿里旅行也达到了旅游营销的目的。

2.1.3 基于电信数据的旅游营销

（1）大数据在电信行业应用的总体情况

目前电信运营商运用大数据主要有五个方面（见图6-9）：① 网络管理和优化，包括基础设施建设优化、网络运营管理和优化；② 市场与精准营销，包括客户画像、关系链研究、精准营销、实时营销和个性化推荐；③ 客户关系管理，包括客服中心优化和客户关怀与生命周期管理；④ 企业运营管理，包括业务运营监控、经营分析和市场监测；⑤ 数据商业化，包括营销洞察和精准广告、大数据监测和决策。

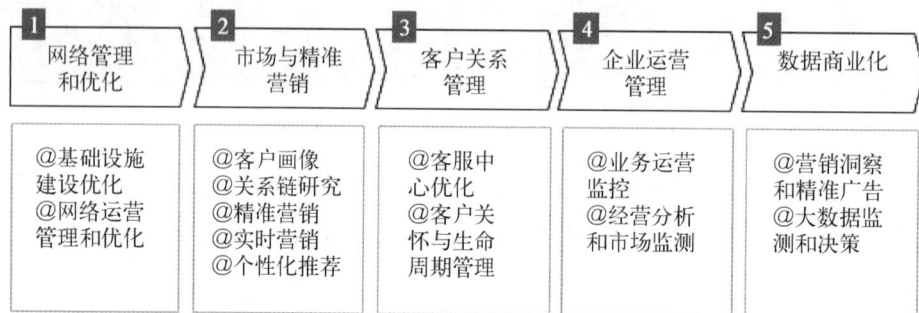

图6-9 电信运营商大数据应用

（2）客户画像

运营商可以基于客户终端信息、位置信息、通话行为、手机上网行为轨迹等丰富的数据，为每个客户打上人口统计学特征、消费行为、上网行为和兴趣爱好标签，并借助数据挖掘技术（如分类、聚类等）进行客户分群，完善客户的360度画像，帮助运营商深入了解客户行为偏好和需求特征。

① 精准营销和实时营销。运营商在客户画像的基础上对客户特征的深入理解，建立客户与业务、资费套餐、终端类型、在用网络的精准匹配，并在推送渠道、推送时机、推送方式上满足客户的需求，实现精准营销。如我们可以利用大数据分析用户的终端偏好和消费能力，预测用户的换机时间尤其是合约机到期时间，并捕捉用户最近的特征事件，从而预测用户购买终端的真正需求，通过短信、呼叫中心、营业厅等多种渠道推送相关的营销信息到用户手中。

② 个性化推荐。利用客户画像信息、客户终端信息、客户行为习惯偏好等，运营商可以为客户提供定制化的服务，优化产品、流量套餐和定价机制，实现个性化营销和服务，提升客户体验与感知；或者在应用商城实现个性化推荐，在电商平台实现个性化推荐，在社交网络推荐感兴趣的好友。

2.2 LBS：新的商业模式

2.2.1 LBS的概念

LBS即"基于位置的服务"（Location Based Services），指通过移动通信网络，采用GPS、基站等相关定位技术，结合GIS地理信息系统，通过手机终端确定移动终端用户的实际位置，以短信、彩信、语音、网页以及客户端软件等方式为用户提供的地理位置服务。

2.2.2　LBS 的功能与应用

完成基于位置的服务需要两个过程:一是定位过程,即获取用户手机当前所在位置的经纬度和高度,通常这些信息不直接提供给顾客;二是定位服务过程,即利用定位操作获得信息完成一些面向用户的业务。目前基于位置的服务在旅游业中的应用主要有以下几个方面:

(1)旅游者自己手动的信息检索服务。旅游者的手动检索主要有地图查询、公交路线搜索、最优化路径、乘车时间预计、饭店餐馆信息等。如果你想搜索附近旅游景点,打开大众点评等 App 的网页,它会自动定位你所在的位置,显示周围的旅游景点,比传统的检索服务更省时省力。

(2)旅游企业向旅游者手机终端发送的信息服务。随着智能手机的普及,越来越多的商家在手机广告上起了心思。各种各样的短信不断地发送到每一个手机用户端,但是这样的效果并不见得很好,许多信息反而引起了消费者的反感,主要原因就是消费者在没有消费的想法之下收到了这样的短信。但是基于位置的服务可以改变消费者的这一感受。比如当旅游者从一个地方到达另一个地方时,旅游部门向其发送欢迎短信,并附带该地区的特色文化、旅游景点、便捷的交通饭店信息等,自然会获得旅游者的好感,从而促使其作出消费决策。

(3)旅游过程中的应急处理。旅行社组团业务中,一个导游要照看多位游客,同时还要向游客讲解景点景区的内容,稍有疏忽,就会发生人员走失的情况,给导游的工作带来了极大的麻烦,也会耽误全团人员的旅程。一旦发生这样的情况,基于位置的服务中有一个功能可以帮助导游解决问题。Friend Finder 是一个"找朋友"的定位服务,只要朋友同意,它能使用户通过手机迅速而轻松地熟悉朋友所在的位置,无论是在附近还是在全球范围内。它主要是通过无线网络提供定位数据:定位网关通过适当的定位方法确定手机用户位置信息;中间件根据用户隐私设置将位置信息发给应用程序(Friend Finder);应用程序从中间件提取手机用户位置信息,使用户能够找到朋友。导游在带团过程中可以利用该功能轻松找到走失的游客。

同时旅游者在外出旅游中如发生旅游紧急事件,而自己又对周围情况不熟悉,不知道是什么地方,通过拨打110,接线员就会根据其无线网络定位准确获知旅游者的位置,并施以援助。这就是基于位置服务中的 Safety First(安全第一)服务。借助手持终端的互联网地图服务,发展基于 LBS 的景区导游图主要包括以下内容(见图6-10):

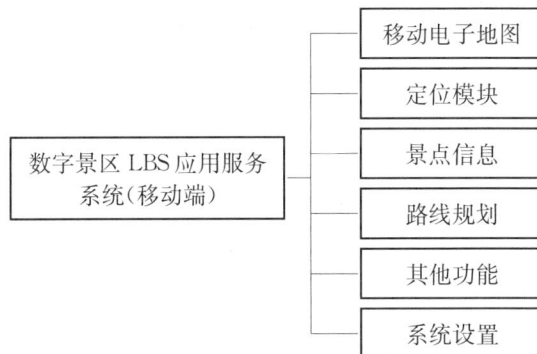

图 6-10　景区 LBS 应用系统功能框架

数字景区 LBS 应用服务系统能够为游客提供以下服务：

① 景区移动电子地图服务：能够给用户提供关于景区的详细电子地图，供用户查询浏览；

② 游客定位服务：提供一定精度的定位服务，能够直观地将游客位置显示在地图上，同时显示周边相关信息；

③ 景区信息公告服务：提供景区相关公告的信息查询、浏览等服务；

④ 景点介绍：提供景区相关景点的详细介绍，包括文字、图片、语音、视频等内容；

⑤ 路径查询：能够查询特定地点，也可以规划从一个地点到另一个地点的最短路线；

⑥ 紧急呼叫：为了处理突发事件，供游客报警或寻求景区管理人员的帮助，软件开发了紧急呼叫功能，当用户触发此功能后，景区服务中心工作室能够收到该呼叫并能在监控系统显示发起呼叫终端的准确经纬度位置；

⑦ 系统设置：包括为用户提供界面更改、通信端口设置、紧急呼叫等功能。

2.2.3 基于 LBS 的旅游服务

（1）基于 LBS 的旅游社交

为了充分吸引社交媒体（SNS）庞大的用户群体使用 LBS 功能，许多 LBS 网站开始与 SNS 实现信息同步分享。例如，切客网与国内的新浪微博、腾讯微博、人人网以及国外的 Facebook、Foursquare 等社区都建立了同步分享的链接，可以实现两个平台间的实时信息同步。企业可以将自己的信息发布在平台上，当有用户在地图上搜索相关的旅游目的地、住宿、交通等信息的时候，系统可以将企业的信息推送给用户，这样让企业的信息能够被更多的用户浏览，增加双方建立联系的机会，辅助创造商业机会。

（2）位置签到

位置签到服务是位置服务在移动互联网的延伸和发展。位置服务是指通过电信运营商的移动通信网络，采用全球定位系统（Global Positioning System，GPS）、基站等相关定位技术，结合地理信息系统（Geographic Information System，GIS），通过手机终端确定用户实际地理位置信息，以短信、彩信、语音、网页及客户端软件等方式为用户提供的地理信息服务。

位置签到服务是在位置服务的基础上引入用户主动签到机制（Check In），围绕签到信息提供勋章、头衔等虚拟用户激励，整合本地生活信息、社交服务、游戏元素及场景化服务，在此基础上聚合用户、开发者及广告主的产业链生态系统。它具有如下特征：① 引入基于位置服务的用户签到机制，实现真实地理信息与用户主动行为的绑定；② 提供用户签到后的整合型服务，扩展位置服务外延及用户交互；③ 以垂直签到企业为主体，严格围绕签到行为开展业务。

（3）好友互动

社交网络与 LBS 的交互，强化了基于 LBS 的好友互动功能，例如微信、微博等。微信支持向微信朋友发送你当前的地理位置，方便朋友找到你。微信还会根据用户的地理位置找到附近同样开启这项功能的人，使用户轻松找到身边正在使用微信的人们，也可以通过"摇一摇"功能找到与你一起使用这个功能的朋友。新浪微博推出的地理定位产品——"微博这里"，在用手机发微博的时候会将自己手机的 GPS 打开，自动定位所在位置。

2.3　游客评论：口碑营销新方向

2.3.1　什么是口碑营销

口碑营销又称病毒式营销，其核心内容就是能"感染"目标受众的病毒体——事件，病毒体威力的强弱则直接影响营销传播的效果。在今天这个信息爆炸、媒体泛滥的时代里，消费者对广告，甚至新闻，都具有极强的免疫能力，只有制造新颖的口碑传播内容才能吸引大众的关注与议论。口碑（Word of Mouth）源于传播学，由于被市场营销广泛应用，所以有了口碑营销。传统的口碑营销是指企业通过朋友、亲戚的相互交流将自己的产品或者品牌传播开来。

艾瑞咨询发布的《2008—2009 年中国网上旅行预订行业研究报告精华版》中指出，在用户消费行为方面，艾瑞研究发现亲朋好友是中国用户获取旅游信息的最主要途径，有66.6%的被调研者主要从亲友那里获取旅游信息，如图 6 - 11 所示。与此同时，艾瑞咨询还将中国用户获取旅游信息的主要途径与美国用户进行对比后发现，中美用户在旅游信息获取方式上存在较大的差异：中国用户更加信赖亲朋好友的建议，而美国用户则更加看重互联网的作用。这一差异一方面说明中国用户对互联网上的信息，特别是广告信息还缺乏充分的信任；另一方面也说明，在中国用户心目中，来自可信任对象的口碑宣传的力量最为强大。

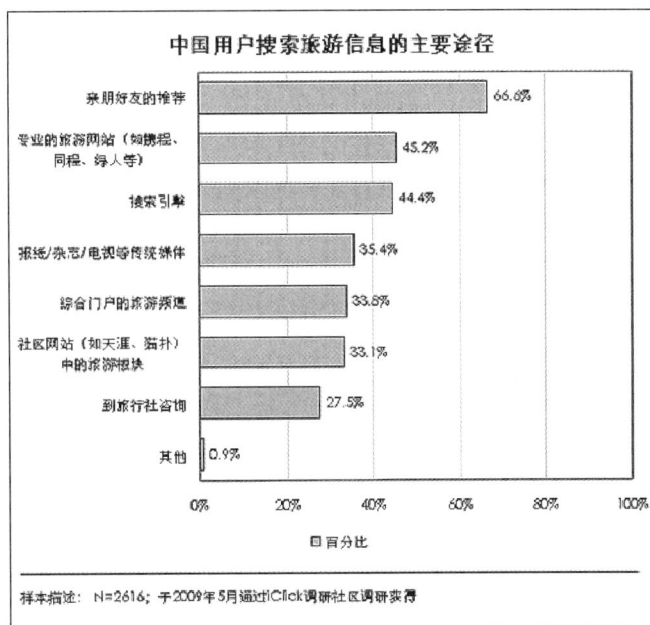

图 6 - 11　中国用户搜索旅游信息的主要途径

2.3.2　基于游客评论的口碑营销案例

随着社交媒体和移动互联网的结合，旅行者在旅行前、旅行中、旅行后都可以利用移动设备进行互动和分享。在旅行前阶段，旅客可以在旅游社交网络互相交流行程计划，共同组织、发起旅游活动，并查看航班、酒店与旅行社的预订信息和评论等；在旅途过程中或结束后,许多旅客还会通过社交媒体和点评网站,实时分享拍摄的照片、旅游经历和用户体验等。根据市场调研公司 Lab42 的调查,在旅程结束后,46%的用户会发布一些酒店点评,40%的用户会发布活动的点评,40%的用户会发布餐厅的点评,76%的用户会上传照片到社交网络上去。用户的在线评论和推荐为旅游者及商务人士带来经验分享,正不断提升旅游者对旅游购买决策的影响力。

由于社交网络的迅速流行与普及,很多国家、地区的企业都看到这一网络新生工具所蕴含的巨大潜力,并把游客用户体验的直观表达——游客评论,作为口碑营销的新方向。例如,Facebook 收购的 NextStop 是提供在线旅游点评类的网站,其核心价值在于本地化的信息以及约 10 万条的用户评论。这些内容充实到 Facebook 上,可以提高用户的黏度,更好地吸引广告商。

案例

Airbnb

Airbnb 成立于 2008 年 8 月,总部设在美国加州旧金山市。Airbnb 是一个旅行房屋租赁社区,用户可通过网络或手机应用程序发布、搜索度假房屋租赁信息并完成在线预订程序。Airbnb 用户遍布 190 个国家近 34 000 个城市,发布的房屋租赁信息达到 5 万条。Airbnb 被《时代周刊》称为"住房中的 eBay"。

Airbnb 的三位创始人分别为 Brian Chesky、Nathan Blecharczyk 和 Jobe Gebbia。在公司成立一年半之时,三位创始人经历了经济危机,他们那时完全依靠信用卡来维持公司的运转,而且也没能找到新的投资者。2009 年 1 月,这三位创始人与 Airbnb 的第一个投资人进行了对话,也就是 Y-Combinator 的创始人 Paul Graham。

图 6-12　Airbnb 网站首页

Chesky 表示:"Graham 告诉我们,有 100 个人热爱你们,好于有 100 万人仅仅有些喜欢你们。我认为,这是大多数人在创业的时候都会遇到的最大的挑战。但是,几乎所有伟大的运动、伟大的产品都是从吸引少数人开始的。往好的方面看,你不用扩大规模就能完成这项工作。也就是说,你能在少数人当中像大型企业那样进行推广。"

在与 Graham 的谈话过后,Airbnb 的三位创始人开始与他们的用户进行接触,让 100 个用户真正爱上了 Airbnb,余下的事情,就变得顺理成章了。

Chesky 表示:"当你开发出了一个人们喜欢的产品之后,它们就会给你带来回馈。"

2011 年,Airbnb 推出了保障计划,他们为用户提供保额达到 100 万美元的保险,以此来保障房东的财产安全。而且保费不用用户负担,完全由 Airbnb 缴纳。

Chesky、Blecharczyk 和 Gebbia 表示,如今 Airbnb 靠的就是用户的口碑营销。

Blecharczyk 表示:"人们度假归来之后,很享受 Airbnb 为他们找到的房屋。于是他们开始在网站上写下很多积极的评论。于是口碑营销就产生了。"

案例

TripAdvisor

TripAdvisor 是全球知名的旅行社区,每月访问量达 3.4 亿,拥有 2 亿余条来自旅行者的真实点评,覆盖超过 190 个国家的酒店、景点和餐厅,官方中文名为猫途鹰。TripAdvisor 在全球 45 个国家均设有分站,覆盖 28 种语言。每月来自全球的直接访问者近 3.4 亿人,同时收录逾 2 亿条来自世界各地旅行者对酒店、餐馆、景点的评论和建议。其内容覆盖全球 190 多个国家,包括 150 000 个旅游目的地,超过 1 650 000 家酒店住宿和度假租屋,530 000 处景点,以及 2 700 000 间餐厅。

TripAdvisor 及其旗下的网站组成了世界上最大的旅游社区,旨在帮助全球旅行者规划和预订行程,并享受优质的旅游体验。TripAdvisor 与国内外的旅游预订网站均建立了紧密合作,用户可根据地理位置、酒店星级、销售价格等条件搜索全球酒店信息;同时,网站的智能比价功能可快速查询同一家酒店在不同预订平台的最佳价格及房态信息,结合点评、评分及照片,让用户在计划行程时作出更好、更明智的选择和决定。

猫途鹰网是 TripAdvisor 的中国官方网站,自 2009 年 4 月 21 日正式上线以来,收录了超过 20 000 家中国酒店的数据和点评,同时推出了包括各类型酒店的人气排名列表,成为中国目前酒店信息最全、用户评论最多的网站之一。

2014 年,TripAdvisor 参照过去一年间外国游客对日本旅游景点的评价,评选出了 2013 年度外国游客心中最具人气的 30 个日本观光景点,极大地展现了游客评论在旅游口碑营销中的重要性。

图 6-13　TripAdvisor 网站

3　渠道智慧化——社会化媒体营销

3.1　基于社会化媒体的旅游营销

社会化媒体(Social Media)是指允许人们撰写、分享、评价、讨论、相互沟通的网站和技术。社会化媒体营销通过社会化媒体平台、意见领袖、在线社区等来开展市场营销活动、公共关系、客户服务,是基于社会媒体平台进行的营销推广活动。常见的社会化媒体营销工具有微博、Facebook、Youtube 等。

3.1.1　社交媒体对旅游营销的影响

随着微博、Facebook 和其他社交媒体的影响日渐扩大,它们也在很大程度上影响了消费者对旅游地的选择。英国的一项调查表明,13%的旅游者是在看过他们的 Facebook"好友"发布的目的地照片后,进行了旅游产品预订。同样,微博中50%的受访者表示他们会在微博个人资料中上传旅行照片,25%的受访者表示会经常更新他们的状态,并分享旅途的点点滴滴。社交媒体对旅游营销的影响体现在如下几个方面:

(1) 用户创造优化旅游信息供应链

在旅游决策过程中,网络是旅行者重要的信息来源。旅游产品可以描述成一种"体验型"产品,由于旅游产品和服务的无形性和高风险性,消费者在购买使用前难以对其进行评估,因此来自其他用户的推荐和评价对潜在购买者来说十分重要。

（2）用户传播放大旅游体验共享和信息"非可控性"

旅游者对网络信息的态度可分为消极型、积极型和传播型。传播型用户会积极向人传播、分享、推荐产品信息和体验，并发表评论和看法。社交媒体的开放平台使得产品或服务的信息互动主要由话题驱动而非商业目标驱动，旅游产品或服务的率先体验者往往担任草根意见领袖的角色，并成为其自愿向其他潜在旅游者进行口碑营销的动力，这种非商业利益驱动的"非可控性"有时是正面的信息，有时也包含负面的信息。

（3）用户参与驱动旅游体验变革

传统的营销观念认为，顾客只是单纯的产品或服务的接受者、受惠者，消费者更多的只是一种被动的参与，社交媒体使得消费者可以通过网络表达自己对产品或服务的看法，描述自己的偏好。顾客越来越不满足于被动消费，越来越希望主动参与，满足自己的个性化需求，获得成就感。

3.1.2　基于社交媒体的旅游营销创新

社交媒体给予消费者越来越大的话语权和主导权，随着互联网对旅游者信息获取和旅游决策介入程度的加深以及旅游者需求的个性化，旅游的营销活动也随之变革，以便更好地掌握消费者需求并满足消费者需要。社交媒体时代，旅游营销可采取的策略如下所述：

（1）挖掘用户需求，实施精准营销

旅游网络消费者通过旅游论坛、个人主页、博客等交流彼此的旅游体验和旅游态度，这种社群的讨论话题和关注话题细分了用户的不同购买需求，而社交媒体详细的注册信息则有利于旅游企业的目标集中和市场定位。分析研究旅游消费群体的行为特征、文化层次、消费习惯和需求特点，有助于旅游企业制定准确的营销策略。社交网站可充分利用分类、Tags等技术，跟踪网站用户的浏览行为和点击行为，根据浏览者偏好、分享内容习性及访问历史，将旅游者依不同喜好划分出不同的社群，实施精准营销。

（2）社交媒体监测，互动式的客户管理

旅游企业通过网络将自己的品牌、文化、产品详情、销售活动等信息迅速、高效地传达给潜在旅游者，同时及时将旅游者的接受度、偏好特征及舆论趋势等信息反馈给企业，促成双方信息流的疏通与调节，从而为旅游企业营造有利于其生存发展的舆论环境及良好的供需关系。社交媒体的顾客关系管理更具人性化和实时性，能对信息的传播及时响应，未来以网络为基础的旅游产业必须以顾客服务技术为中心，利用网站与顾客进行沟通。旅游企业的营销人员可以建立社交媒体平台，监控网上有关其品牌的对话与闲聊，及时了解产品或服务的反馈信息，了解顾客需求，刺激旅游需求。

（3）网络新触点，催生旅游营销新模式

微博、视频、SNS、社区、LBS 等 Web2.0 时代的社交媒体应用让互联网传统 Web1.0 媒体变得趋向实时媒体，由这些应用催生的新触点也被视为在线营销的新模式，依托社交媒体低成本、口碑传播的特点，开展网络营销成为旅游企业的绝佳通路。

3.2　社会化媒体的旅游营销实例

3.2.1　微博营销

微博，即微博客（MicroBlog）的简称，是一种通过关注机制分享简短实时信息的广播式的社交网络平台,是一个基于用户关系的信息分享、传播以及获取平台,用户可以通过 PC 端或移动客户端登录主页,以 140 字左右的文字更新信息并实现即时分享。

最早也是最著名的微博是美国的 Twitter。2009 年 8 月,中国最大的门户网站新浪网推出"新浪微博"内测版,成为门户网站中第一家提供微博服务的网站,微博正式进入中文上网主流人群视野。

微博作为受众认知和了解各地旅游景点的信息渠道之一,融合了移动通信技术、数字技术和互联网,可以提供文字、图片、视频、链接等多种方式;同时,微博注册简单,维护也不复杂,旅游相关部门只需派专人负责。通过与微博用户的有效沟通,在传播当地风土民情和文化的同时,旅游相关部门还能通过微博在第一时间了解消费者的意见和想法,为更好地提供旅游服务提供了第一手资料。旅游相关部门掌握消费者的心理动态和消费需求,克服时空障碍与消费者快捷地进行互动沟通,增进对旅游消费市场的了解,最终达到更好的宣传效果。对于微博而言,旅游和泛旅游相关的原创微博内容所占比重很大。目前,旅游自媒体作者已超过 2 万人,其中阅读量超过 100 万的活跃旅游自媒体超过 300 人。不仅国内旅游达人活跃度显著提升,不少海外目的地的华人也通过长微博生成游记和旅游攻略。

旅游微博受青睐的原因包括:表述简单,符合年轻人习惯;方便,随时记录;实现即时交流;信息广泛,各取所需;内容原创性高等。旅游企业、旅游局、旅游景区(点)、旅游者均可发布旅游微博。旅游微博已经成为旅游信息发布、旅游营销、驴友交流的平台。微博不仅是提供旅游信息的平台,而且还是提供服务的平台。可以通过微博关注旅游者需求,提供人性化服务,解决受众的实际需求,拉近与公众之间的心理距离,从而赢得受众的高度信任和忠诚。

微博对于很多旅游组织或企业来讲是当下非常重要的一种传播促销的工具。微博广告不同于传统广告的最重要一点就是,避免了传统广告的"轰炸式"的传播,让广告有的放矢,更容易驱动现实的购买力。

微博营销其实包括的内容极其广泛。微博营销的模式主要有以下几种:品牌推广、植入式广告、客户服务、公共关系及企业或产品的活动营销等。眼下,大量旅游企业把力量集中在微博营销的传播促销功能上,忽略了微博营销的主要模式。就这方面来看,海南的一些酒店十分重视微博的公共关系与客户服务。如金茂三亚丽思卡尔顿酒店有客人在微博上反映:"面食里面黄油建议小块一点,太多浪费了"。酒店看到后,立即响应做了改进。还有客人反映酒店早餐有点混乱,排队 1 个小时才轮到,市场传媒经理看见微博信息后,第一时间通知接待经理去现场道歉并疏导解决。可见,通过微博多种营销模式的结合运用,旅游微博将会产生巨大的营销价值。

案例

2015 新浪微博十大旅游营销事件

① 新浪重新定义自驾

亮点:自定义主题路线＋多维度体验＋名人效应＋跨界融合

微话题:"重新定义自驾"、"驾游徽州"

阅读量：9 277 万

"重新定义自驾"是新浪从味道、印象、聆听、邂逅、触摸等多维度定义自驾的营销项目。迄今"重新定义自驾"已走过两站——安徽徽州和福建霞浦，活动透过极致化线路内容带动关注，场景化体验关联口碑，通过@纪连海、@苏岑等名人影响力与多平台社交媒体互动。

2015 年 6 月，"重新定义自驾"第一站走进徽州，在活动期间，双话题自然运营阅读量 4 363.2 万，荣登旅游类热门话题榜第一名。2015 年 11 月，第二站来到了霞浦，活动通过线上线下的营销配合，移动端覆盖人次共计 1.7 亿，一度跃居微博热门话题榜第六名，整体覆盖 2.4 亿用户。2016 年 1 月"重新定义自驾"第三站走进黑龙江漠河。

② 丝绸之路对话(海丝起点对话陆丝起点)

亮点：响应国家旅游局的号召，新浪双城记带你解读丝路文化

微话题："海丝起点对话陆丝起点"、"丝路起点对话"

阅读量：4 528 万

2015 年 5 月至 7 月，泉州市旅游局和西安市旅游局携手新浪闽南、新浪陕西联合组织的"海丝起点对话陆丝起点"活动，是一场多角度宣传"丝路"文化的盛宴。活动组织了泉州和西安两地共 20 多名优质达人，以摄影、美食、文化等角度进行了海陆丝路的相关解读，以口碑带动了广泛网友关注。活动吸引了近五十家全媒体报道，包括新华社、中国旅游报等全国及福建主流媒体等。

③ 新浪旅游大事件直播开山之作——发现别样安徽

亮点：新浪旅游大事件产品助力安徽旅游＋旅游新品牌快速覆盖＋活动话题长时间占据旅游热门话题榜榜首＋场景化营销与游客的距离，引发游客自传播

微话题："发现别样安徽"

阅读量：935 万

"发现别样安徽"是安徽省旅游局联合新浪安徽共同推出的以微博平台为主的新媒体综合营销项目。线上围绕景区从内容生产、视频拍摄、话题引爆、区域联动等多手段服务安徽景区，截至目前：生产与推广的内容覆盖安徽省内超过 40 个景区，高达 1 000 幅原创图片，100 篇 500 字以上游记。线下组织大型地面推介会，并打通线上与线下互动通道，借势高铁开通，快速提升安徽沿线城市自助游市场开拓。在当天的推介路演上，活动开始不足两小时，"发现别样安徽"微博话题的阅读量已达 650 多万次，位居旅游热门话题榜第一。

④ 带着微博去旅行 3.0 版

亮点：借助新浪公司级项目占据全平台黄金资源＋创意 H5 引爆双微＋"新浪大 V＋周边省旅游达人＋本地自媒体联盟"强势组合助推效果升温

微话题："带着微博去宜昌"、"爱上宜昌寻情记"

阅读量：6 030 万

2015 年 8 月，宜昌市旅游局、宜昌市互联网信息管理办公室联合新浪湖北共同举办

的"带着微博去宜昌"另辟蹊径,带领大家寻情宜昌,打造"爱上宜昌"旅游品牌。以借势七夕给宜昌写情书为创意点,借助新媒体及大V名博的力量,使这座城市一下变得鲜活立体,霎时成为微博网友热议的旅游目的地。活动附属的微博双话题累计阅读量在15天内突破了5 000万。

⑤ 油菜花新浪微打榜

亮点:利用微博大数据,集攒口碑,聚焦品牌

微话题:"油菜花任性指数"

阅读量:1 479万

2015年3月初@新鲜旅与@旅游新媒体观察各地油菜花在微博上的累计提及次数,推出油菜花热门目的地排行。通过微打榜的方式,提高了网友参与的活跃度,提升了目的地品牌和知名度,让很多不为人知的旅游目的地走进用户的视野,比如浙江浦江。而后,还通过此次微打榜探索出旅游营销新玩法——人文美食之旅"田园餐桌"。

⑥ 山东省旅游局全球招募微博运营官

亮点:山东省旅游局教你玩转微博,人人都是运营官

微话题:"为山东代言"、"就是你"

阅读量:2 387万

2015年7月,山东省旅游局联手新浪山东共同发起了"为山东代言"微博运营官招募活动。自7月25日零时活动微博发布,短短10天,微博引发转评12 000多条,种子微博、活动双话题累计讨论量近30 000。新颖的H5专题受热捧,颇具创意的互动模式引发点击率飞速增长,最终累计点击率突破1 200万,报名人次5 000多。@福建省旅游局类官博关注并支持此活动,大量网友积极参与,为山东旅游做了一次成功的宣传。

⑦ 做一回重庆人·第三季

亮点:被中央网信办纳入2015年十大重点网络宣传活动

微话题:"做一回重庆人"

阅读量:1.2亿

2015年9月,"聚焦长江经济带"主题采访活动暨"做一回重庆人·2015微博达人重庆行活动"完美收官。在为期4天的活动中,微博大咖们一同走进重庆,感受"重庆新发展",感知五大功能区,参访城镇化建设,感受民生实事进展,品鉴非遗文化,体验3D重庆,参与人数为历届之最。"做一回重庆人"微博话题阅读量历史性地突破了1亿。

⑧ 江苏寻味之旅

亮点:透过美食看文化+充分调动自媒体+顺应社交微视频趋势

微话题:"江苏寻味之旅"、"畅游江苏乐享秋韵"

阅读量:1.3亿

2015年10月,江苏省旅游局和新浪江苏联合举办了"畅游江苏乐享秋韵——江苏寻味之旅",活动利用"从网络门户到新媒体社交平台、从线下落地到微视频传播"等多种推广方式相结合的策略,充分体现了"三微一端"的智慧旅游营销方式。"江苏寻味之

图 6 - 14　36 位微博大 V 携 3 亿粉丝体验重庆

旅"多次登上微博旅游话题榜首页,并一度排名跻身前三。"江苏寻味之旅"还联合了多家强势媒体全程报道,将江苏秋季旅游资源和优势最大范围地传播至目标人群,通过此次线上线下全方位的整合推广,江苏旅游的知名度和竞争力得到了更大的攀升。

⑨ 建德的 17 度青春

亮点:人气明星＋意见领袖＋全民狂欢

微话题:"17 度青春"

阅读量:1 445 万

2015 年 8 月,一场以青春为主题,由建德市旅游局、建德市政府和新浪浙江联合举办的"17 度青春新浪粉丝嘉年华暨建德帐篷节"在建德圆满举行。活动充分调动"华妃"蒋欣、江映蓉等明星,@寒残一叶等微博大 V,中国旅游报等传统媒体,杭州潮人等本地自媒体,全面打造了建德"17 度青春"的城市品牌。时下最流行的旅行生活方式"帐篷露营",也成为本次"17 度青春"的一大亮点,活动现场 200 顶帐篷扎满了月亮岛。同时,新浪优质露营基地也落户了"17 度青春"建德新安江。

⑩ 全国最高逼格露营集市——重庆 C - MART

亮点:打造国内最高逼格露营集市

微话题:"武隆 C - MART 露营集市"

阅读量:2 894 万

2015 年 7 月,重庆 C - MART 露营集市在武隆仙女山大草原炫酷开市,这是全球首创的一个以创意分享、亲子互动、自然修心为主题的草坪露营集市。在现场,每个商家将以帐篷做店面,给游客带来全新的消费体验。游客、达人、商家,在集市的每一个人都运用自己的自媒体进行传播。活动四周内,不同的游客,不同的渠道,为 C - MART 在游客心中的认知度打下了坚实的基础。露营集市拉动了景区单日门票售卖金额达百万级以上。最终，活动相关新闻报道达到 459 篇，微博话题量高达 2 894 万，这相当于重庆最大发行量报纸《重庆晨报》的 72 倍。

3.2.2 微信营销

微信凭借强大的社交功能、真实的关系链、口碑性传播等优势，成为旅游行业当前最为关注的营销工具。数量庞大的时尚用户基础，熟练使用微信的行业消费者，以口碑营销来吸引客户的方式，是旅游业可以使用的微信的天然基因。我们作为微信用户，在刷朋友圈或关注公共账号时，看到的关于旅游业的相关推荐链接就是旅游业的一种微信营销宣传手段，通过浏览、转发链接，评论、分享心得，来形成一种互动式的交流，从而构成一种"虚拟"与"现实"相连接的传播模式，即旅游微信营销。

旅游微信营销是一种快捷的信息化体验，游客不用出家门，就可随时掌握景区、天气、酒店、美食等旅游信息。在旅游之前，游客关注一个想去的旅游景点的公共账号，它将为游客在任何时间、任何地点提供电子门票、服务信息、餐饮娱乐消费导引、远程资源预订、自导游、及时推送等多种旅游服务。同时，游客可通过手机客户端发布自己的个性化旅游需要，提供商则通过旅游手机助手为游客提供个性化的旅游定制服务。旅游行程结束后，游客还可以把对旅游服务的意见和投诉等通过电子导览导游机反馈到旅游企业和旅游管理部门。

案例

"微故宫"微信平台应用

您好，欢迎关注微故宫！
回复序号。获取故宫博物院诸多资讯与服务吧
1、开放时间
2、票务政策
3、导览地图
4、地理交通
5、游览须知
6、今日天气

回复"0"。随时唤我出来！

看一看   逛一逛   聚一聚

图 6 - 15 "微故宫"微信公众号页面

在旅游业微信营销中，故宫可谓是开了个好头，打响了旅游业微信营销的第一炮。故宫这个充满 600 多年岁月沧桑的中国读本与当代科技微信相结合，推出了微信公众平台。故宫微信公众服务号为"微故宫"，于 2014 年元旦正式上线，世界各地的游客可以通过关注故宫的微信公众账号"微故宫"来饱览故宫古建筑。通过微语言、微话题和微展览，人们可以随时到掌上故宫博物院逛一逛。还可以注册"微故宫伙伴卡"成为会员，实时参与互动（见图 6 - 15）。与此同时，在建福宫里，手机可以连上"gugong"的免密码 Wi-Fi，随时可以把你看到的美景和历史感悟发到微信朋友圈，让现代科技的产物与历史的积淀感相融合，这样一来，每个去过故宫的游客便都成为故宫的活体广告了。

在"微故宫"里，只要喊出你想参观的宫殿名，就可以自动接收语音导览，查看周围 3D 实景。"微故宫"里还设有"看一看"、"逛一逛"、"聚一聚"三个分栏,为用户提供看展讯、上课堂、收快报、品展览等服务。与此同时,"微故宫"还定期组织微话题,推出微展览,为观众提供全面、立体、便捷的服务。

案例

"中旅大连"微信平台应用

在公众账号中只要查找"中旅大连"就会看到该旅行社的相关信息和近期旅游的优惠活动与精品旅游路线(见图 6-16)。关注其微信账号,按照内容回复既可办理各国签证、预订酒店,又能了解想要游览的景点的信息及近期特价游套餐。

图 6-16　大连中旅微信公众号页面

案例

去哪儿网微信平台应用

2013 年 4 月,去哪儿网携手随视传媒,基于微信推出呼叫中心式的微信客服,成为国内首家把呼叫中心功能搬到微信上的 OTA 品牌。传统上,一般消费者在购买旅游产品时,都需要和朋友、家人交互讨论后决定。去哪儿网巧用微信的强关系交互和简便的

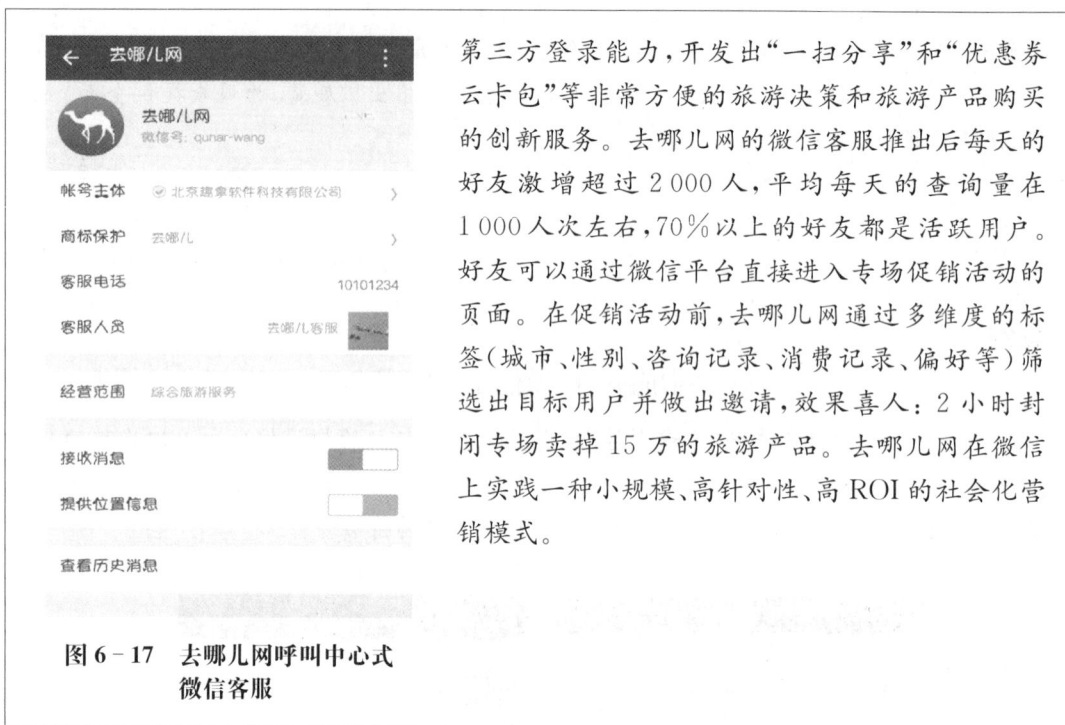

第三方登录能力,开发出"一扫分享"和"优惠券云卡包"等非常方便的旅游决策和旅游产品购买的创新服务。去哪儿网的微信客服推出后每天的好友激增超过 2 000 人,平均每天的查询量在 1 000 人次左右,70% 以上的好友都是活跃用户。好友可以通过微信平台直接进入专场促销活动的页面。在促销活动前,去哪儿网通过多维度的标签(城市、性别、咨询记录、消费记录、偏好等)筛选出目标用户并做出邀请,效果喜人:2 小时封闭专场卖掉 15 万的旅游产品。去哪儿网在微信上实践一种小规模、高针对性、高 ROI 的社会化营销模式。

图 6-17 去哪儿网呼叫中心式微信客服

3.2.3 Facebook 营销

Facebook 是美国的一个大学生社交网站,创建于 2004 年 2 月 4 日。Facebook 由哈佛大学的几位学生创建,它几乎提供了大学生需要的所有日常生活体验。在全球范围内有一个大学后缀电子邮箱的人(如".edu"".ac.uk"等)都可以注册。之后,在 Facebook 中也可以建立起高中和公司的社会化网络。从 2006 年 9 月 11 日起,任何用户输入有效电子邮件地址和自己的年龄段,即可加入。用户可以选择加入一个或多个网络,比如中学的、公司的、地区的。Facebook 是美国排名第一的照片分享站点,每天能上载 850 万张照片。

案例

苏州旅游用 Facebook 向世界营销

2015 年 9 月 18 日至 20 日,"2015 中国江苏旅行商交易大会"在苏州召开。作为中国悠久的丝绸文化的发源地,苏州抢占先机,把"一带一路"产业合作与旅游深度捆绑,努力推向全世界。苏州在 Facebook、Twitter 上开设了苏州旅游账号,目前粉丝数分别达 7.4 万和 0.7 万,并与专业新媒体整合营销机构合作运营,配合采用网络分析手段,直接获取境外游客的精准需求,实现境外产品推广与本地供给间的对接。

3.3   传统媒体的活化

社交媒体时代,市场的主导权和话语权已经逐渐向消费者转移,传统的传播方式正在改变,众多企业已纷纷开始尝试新触点带来的营销诱惑:影视营销、广播营销、泛关系链营销、品牌公关主页等营销产品或方法更是层出不穷。尤其是随着智能手机、平板电脑等新一代移动终端设备的出现,移动网络与社交媒体的融合使得旅游者的网络联系更加紧密,也给旅游业传统媒体和网络营销活动的有效组合提出了新要求和新方向。

3.3.1   综艺节目营销

(1) 基于综艺节目的旅游品牌营销

旅游品牌营销是指在目标市场上,为达到品牌所追求的目标而进行的营销工作,主要内容包括品牌的创建、使用及维护。

案例

途牛旅游网玩转娱乐营销

2014 年,途牛成为《非诚勿扰》开播史上的首个旅游品牌独家冠名商;2015 年,合作版图扩至《花儿与少年》、《花样姐姐》、《最强大脑 2》、《爱情保卫战》等节目。2015 年 7 月,途牛成为《中国好声音》第四季官方指定旅游网站,开创了娱乐营销的新纪元。开播之后,"好声音"关注度居高不下,节目收视率屡创新高,稳坐周五档收视冠军宝座。同时,"好声音"播出期间,每一期节目均吸引了数百万用户参与微信摇旅游红包活动。超高收视率和"多屏互动"带动途牛旅游 App 下载量、新用户注册量迅猛增长,实现了"好声音"粉丝向途牛用户的转化。通过与热门综艺节目进行捆绑营销,借助电视媒体覆盖人群广、传播速度快以及最易被消费者接纳等优势,途牛品牌曝光度和消费市场品牌知名度显著提升。截至 2015 年底,途牛广告全国认知率已经高达 65%。2016 年 1 月,途牛再度携手《最强大脑》。《最强大脑》播出期间,一方面,途牛在黄金时段获得品牌形象展示,进一步提升品牌曝光度;另一方面,推出促销联动、微博微信互动等活动。比如,观众可通过微信摇一摇领取途牛优惠券、现金红包等。途牛旅游网借势综艺节目玩转了娱乐营销,打造了特有的品牌营销模式。

---

(2) 基于综艺节目的旅游目的地营销

旅游目的地营销是指区域性旅游组织通过区分、确定本旅游目的地产品的目标市场,建立本地产品与这些市场间的关联系统,并保持或增加目的地产品所占市场份额的活动。这一概念包含以下几个基本要素:

① 旅游目的地营销的主体是区域性或跨区域性旅游组织,不是一般的旅游企业。旅游目的地营销有别于单独的企业或部门的营销活动,它是以区域性的旅游组织(或政府部门)为主体,在区域层面上进行的一种新的营销方式。

② 旅游目的地营销的客体是旅游客源市场。目的地通过产品开发和形象营造,来拓展市场范围,建立市场关联,提高自身的市场竞争力。

③ 旅游目的地的主要营销手段是目的地形象。旅游目的地营销应该是一个利益和目标一致但又相互分工的工作分工体系。旅游目的地组织的任务一方面是塑造本区域独特的旅游形象,另一方面还要协调好本区域旅游企业和旅游产品的营销活动,因为一个良好的目的地形象也有赖于优势旅游产品的支撑和烘托。

案例

《十二道锋味》的美食与美景

《十二道锋味》是由浙江卫视出品,是 80 后影帝谢霆锋的美食节目,拍摄 3 个月共 12 集,是真人秀、广告片、微电影的结合体。行走在旅途中,唯美景与美食不可辜负。当影视镜头遇上美景,当名人撞上美食,总有一个地方让你心生向往。《十二道锋味》的播出,更是掀起了一股美食旅行风。在节目中,谢霆锋和"锋味家族"的朋友们在万宁拍摄《十二道锋味》第二季压轴戏收官菜"椰汁东山羊",万宁的美景美食也随之受到了网友和粉丝的追捧,万宁的旅游也随之变得火热起来。

---

(3) 基于综艺节目的旅游产品营销

旅游产品营销是旅游产品实现其最终价值的一个重要环节,有效的营销组合将会为旅游产品顺利进入和占领市场产生积极的推动作用。

案例

《爸爸去哪儿》

《爸爸去哪儿》是湖南卫视第四季度全新推出的父子亲情互动节目,原版模式购自韩国 MBC 电视台。该节目自 2013 年 10 月 11 日起于湖南卫视播出。港中旅(宁夏)沙坡头旅游景区有限责任公司借助《爸爸去哪儿》节目的热播,推出了以《爸爸去哪儿》为主题的亲子互动旅游产品,产品上线后,取得了较为可观的销售业绩,是宁夏沙坡头成为宁夏旅游行业转型升级的一个典型案例。受到沙坡头《爸爸去哪儿》旅游产品的启发,宁夏沙湖、水洞沟、中华黄河坛三景区联合互动,相继推出了宁夏旅游版《小苹果》之旅。

3.3.2 广播营销

广播媒体是传播广告信息速度最快的媒体之一,受众明确,传播速度快,信息量大,语言简单,听众可以有广阔的想象空间。面对社交媒体对传统媒体带来的巨大冲击,以及全国旅游业迅速发展的契机,旅游广播营销成为传统广播媒体营销突破的新形式。

（1）北京交通广播——1039 汽车俱乐部

1039 汽车俱乐部，即北京交通广播汽车俱乐部有限公司。1039 汽车俱乐部以自驾游市场为主要客源市场，自 2005 年起，自驾游活动成规模化地组织起来，截止到 2016 年 12 月，俱乐部活动次数为数百次。1039 的许多国内、国外自驾路线，以北京市机动车驾驶员为活动的主要参与者，组织了 2014 年赴新疆的"1039 西游记"、"美国西部海岸自驾"等活动；2010 年，1039 与众信旅游合作推出"勇闯天涯"的北极旅程等活动；类似活动还有"与圣火同行——1039 希腊土耳其自驾游"、"1039 南非彩虹之旅"、"1039 埃及之旅"等都已经逐渐形成固定产品。

自驾游活动多年积累大批以中青年、高收入为主的忠实会员，他们热衷于参加 1039 自驾游活动，以他们为代表的有车人士给予 1039 汽车俱乐部的关注，带动了 1039 汽车俱乐部的其他品牌业务，达到了很好的营销效果。

（2）深圳交通广播——《最爱自驾游》栏目

《最爱自驾游》是深圳交通广播于 2012 年专为车友打造的自驾游节目，主要提供旅游景区动态和自驾游信息，并为听众设计个性化的自驾游路线，为自驾游爱好者提供吃住行游一条龙服务。节目线上通过经典国内自驾游路线深度解析，精选深圳本地及周边自驾游线路推荐，自驾达人、背包高手分享旅游经历和自驾体验，专家现场解答听众自驾游相关问题等内容设置，充分展现体验式的深度旅游；线下通过组建车友俱乐部、策划自驾活动等形式，在增加与听众互动的同时，开展商业运作模式。

2013 年通过《最爱自驾游》节目组织的自驾活动达到了 13 次，基本上每月都有车队出发，实现了经济效益和社会效益的双丰收。

★★★★★　本章小结　★★★★★

本章介绍了旅游营销中对于信息化技术的使用，从游客体验、游客服务，以及营销渠道领域介绍了智慧旅游在其中的应用以及对于传统旅游营销渠道的革新。

★★★★★　关键术语　★★★★★

虚拟旅游　大数据　营销社会化　媒体营销

★★★★★　讨论与探究　★★★★★

1. 传统的旅游营销中应该如何融入信息化的元素？
2. 智慧旅游营销与以往最大的不同是什么？

第7章
智慧旅游标准

学习目标

- 了解我国智慧旅游标准化现状。
- 了解目前智慧旅游领域的相关标准。

1　我国智慧旅游标准化现状

　　我国目前尚未出台专门针对智慧旅游建设的规范,虽然国家旅游局颁布的《旅游景区质量等级的划分与评定》(修订)(GB/T 17775—2003)对旅游景区有一套标准化的质量等级评定体系,但是涉及景区信息化、智慧化方面的指标内容不多,对智慧景区建设的指导意义不大。2014年6月为推动中国从旅游大国向旅游强国发展的进程,引导中国的旅游业向智慧旅游方向发展,提升"宜游"水平,中国智慧工程研究会在国务院发展研究中心、工信部中国电子工业研究院、上海社会科学研究院等20余家有关单位及专家的大力支持下,联合100余位各领域专家,历时一年多时间,编制出全球第一套《中国智慧旅游城市(镇)建设指标体系》。该指标体系分为四级,一级指标5项:平安、诚信、服务、智慧和宜游;二级指标19项;三级指标42项;四级指标237项。该指标体系的研发紧紧围绕"以人为本",基础是"平安和诚信",核心是"服务",依托"智能化",最终评价目标为"宜游",所以又称为《宜游指标体系》。该指标体系是中国旅游业发展的一次革命性创新研究成果,是系统构建的完整的智慧旅游城市建设的评价指标体系,填补了这个领域的理论研究空白。该指标体系采用简明、科学、实用的评价体系,理性、前瞻地评判和引导中国的旅游业发展,为我国的旅游业健康、高效、可持续发展提供了一套全面的参考评价指标。该指标体系以"绿皮书"的方式发布,发布后免费提供给社会各界使用,这不仅在推动我国旅游业向标准化、规范化、价值化、可持续化建设发展奠定里程碑的基础,而且对真正构建我国现代旅游城市新格局,引导旅游产业的理性科学发展,最大限度地提升中国的旅游业整体素质和国际竞争力,加快中国实现世界旅游强国之梦起到关键性促进作用。

　　此外,许多学者以及专业技术人员也对旅游评价指标体系进行了研究,如邓文峰、李霞[1]研究的智慧景区规范研究成果从游客体验、景区管理、旅游产品三个维度进行了标准体系构筑,包括网络与通信服务、导游、导购、紧急帮助、规划和制度管理、资金投入水平、人力投入水平、游客管理、安全防范、交通、资源和环境保护、旅游购物、统一服务与管理、旅游产品开发、旅游产品运营、旅游产品推广等17个二级指标和41个三级指标。刘利宁[2,3]的研究中则将评价体系分为硬件支持系统、综合引用系统和应用价值评价三大部分,分别从公共安全、景区环境监测、景区能源管理、办公管理、景区医疗、旅游交通、公共发布平台、智慧酒店、智慧购物、虚拟旅游等11个一级指标进行了评价指标建设。

　　智慧旅游指标体系的好坏直接关系到评价质量的高低,因此,评价体系的确立是评价旅游智慧化的一个核心和关键环节。智慧旅游评价标准体系所涵盖的内容非常广泛,不但要涉及旅游业的相关信息,还要反映旅游信息化等方面的内容,这就要有很强的综合性和系统性。

---

[1]　邓贤峰,李霞."智慧景区"评价标准体系研究[J].电子政务,2012(9):100-106.
[2]　刘利宁.智慧旅游因子分析评价与对策研究[D].太原理工大学,2013.
[3]　刘利宁.智慧旅游评价指标体系研究[J].科技管理研究,2013,33(6):67-71.

智慧景区规范建设的另一个关键点就是景区智慧的体现,分为四个部分:① 数据的采集和整合管理。② 分析深入全面,展现直观生动。③ 快速可变的业务处理。④ 强力支持预测与决策。

因此,智慧旅游评价体系在构建中,首先,要注意景区智慧体系建设的全面性和综合性;第二,应该遵循系统性、认知性、可比性的规范建设原则;第三,注重人性化和细节化,充分考虑智慧景区的服务智慧化、管理智能化和运行职业化。

2 智慧旅游相关标准体系分类

智慧旅游自 2010 年兴起,我国城市进行智慧旅游的探索也始于 2010 年,此后,智慧旅游逐渐自南向北、自东向西蔓延,智慧旅游建设进行得如火如荼。但是由于智慧旅游在我国的发展时间不长,且缺乏规范的管理,智慧旅游的建设还存在很多问题。智慧旅游项目开发无章可循,很多景区标榜为"智慧景区",但游客亲身体验过后,却感觉与预想中的或是所宣传的智慧旅游景区功能相去甚远。这些问题的存在与智慧旅游缺乏统一的标准体系密切相关,面对智慧旅游发展的困惑,需要一个体系来判断究竟什么才是真正的智慧旅游,旅游相关产品和服务是否达到了智慧旅游的标准。因此,本章的重点就是建立一套智慧旅游综合标准体系,进而希望对行内读者有所启发,一同协助智慧旅游的健康发展。智慧旅游标准体系分为移动终端、目的地网站、虚拟旅游、智慧旅行社、智慧景区、智慧酒店、智慧旅游营销、应急指挥平台、云服务平台 9 大综合性服务领域,如图 7-1 所示。有一些领域,例如智能旅游终端标准,以及云平台服务标准还比较欠缺,本章列举了几个比较典型的智慧旅游标准体系。

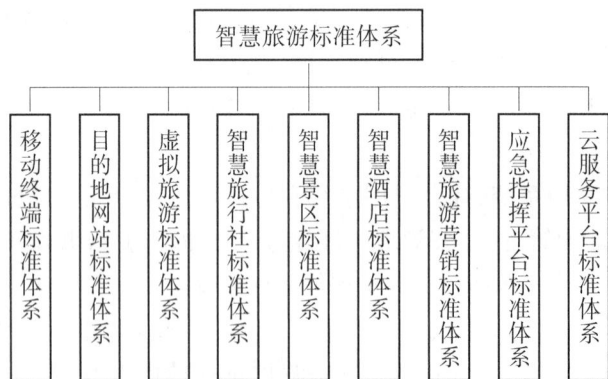

图 7-1 智慧旅游标准体系

2.1 智慧旅行社标准体系

智慧旅行社的主要标准是从流程和产品来确定智慧旅行社的标准化,比较有代表性的是北京 2012 年出台的《北京智慧旅行社建设规范》。如下所示。

《北京智慧旅行社建设规范》(试行)

前 言

本规范由北京市旅游发展委员会提出、归口并负责解释。

本规范起草单位：北京市旅游发展委员会、上海棕榈电脑系统有限公司。

1 范围

本规范规定了智慧旅行社评定的基本要求。

本规范适用于在北京注册的旅行社。

2 规范性引用文件

下列文件中的条款通过本规范的引用而成为本规范的条款。凡是注日期的引用文件，其随后所有的修改单(不包括勘误的内容)或修订版均不适用于本规范。凡是不注日期的引用文件，其最新版本适用于本规范。

2.1 旅行社等级划分与评定 DB11/T 393—2006 2007 年 4 月 12 日

2.2 旅行社出境旅游服务质量 国家旅游局 2002 年 7 月 27 日

3 术语和定义

下列术语和定义适用于本规范。

3.1 智慧旅行社

指利用云计算、物联网等新技术，通过互联网/移动互联网，借助便携的终端上网设备，将旅游资源的组织、游客的招揽和安排、旅游产品开发销售和旅游服务等旅行社各项业务及流程高度信息化和在线化、智能化，达到高效、快捷、便捷和低成本规模化运行。

3.2 云计算

指通过网络统一组织和灵活调用各种信息通信资源，实现大规模计算的信息处理方式。云计算利用分布式计算和虚拟资源管理等技术，通过网络将分散的信息通信资源(包括计算与存储、应用运行平台、软件等)集中起来形成共享的资源池，并以动态按需和可度量的方式向用户提供服务。用户可以使用各种形式的终端(如 PC、平板电脑、智能手机甚至智能电视等)通过网络获取信息通信资源服务。

3.3 射频识别

指可通过无线电讯号识别特定目标并读写相关数据，而无需识别系统与特定目标之间建立机械或光学接触。

3.4 物联网

指通信网和互联网的拓展应用和网络延伸，它利用感知技术与智能装置对物理世界进行感知识别，通过网络传输互联，进行计算、处理和知识挖掘，实现人与物、物与物信息交互和无缝链接，达到对物理世界实时控制、精确管理和科学决策目的。

4 建设内容及要求

本规范从业务智慧化、管理智慧化和新技术应用三个方面对智慧旅行社的建设规范进行要求。其中，业务智慧化和管理智慧化是对智慧旅行社的基本要求，新技术应用是对智慧旅行社的成长性要求。

4.1 信息收集与资源采购

智慧旅行社应实现对旅游资源供应商的统一在线管理,包括供应商基本信息、要素价格、合同记录及财务信息等。旅游资源供应商主要包括景区、饭店、交通工具以及旅游保险等。

4.2 产品策划与发布

在实现资源采购的基础上,应可对收集来的信息和采购来的资源信息实现在线的策划,形成可以销售的旅游产品,并可实现在线定向发布。

4.3 产品销售

应实现旅游产品的在线广告宣传、在线展示与查询、在线预订及在线交易,实现多渠道同步发布和销售,建议提供电子咨询单和预订单;推荐实现电子合同管理。

4.4 游客服务

应为游客提供便捷高效的呼叫中心服务,通过建设各类问题数据库,提供标准的信息咨询,接受意见反馈,并可提供游客关怀。推荐直接实现业务预订处理。

应通过网站等渠道收集游客的意见反馈,提供在线留言与评分,对收集到的意见和建议及时反馈。推荐提供旅游体验分享功能。

应实现客户关系管理,对所有游客基本信息进行在线收集和管理并进行统计分析。

4.5 订单管理

应通过在线的方式提供电子预订单、电子订单、电子行程单、电子订单的结算单、电子导游领队任务单、团队地接任务的电子通知单,实现在线的订单流转,并可对上述电子单据进行数据统计和分析。

4.6 团队管理

应实现通过 ERP 系统对所有团队、导游领队、旅游大巴的即时信息进行管理和查询统计,实现导游领队、旅游大巴的在线调度与在线监管。

4.7 统计结算

应通过 ERP 系统对日常业务数据进行统计和结算,形成电子统计报表与结算报表,并可与财务数据进行对比分析。推荐实现业务数据与财务数据的无缝对接,直接生成财务报表。

4.8 内部管理

应可通过 ERP 系统实现对业务数据和财务数据的实时监控;推荐通过 ISO 质量管理体系认证实现业务流程和文档的标准化管理。

应通过 OA 系统对旅行社企业内部日常工作加以管理,包括行政事务、资源管理、会议管理等;建立完善的人力资源管理制度,实现内部业务流程垂直分工的企业组织架构;推荐实现 OA 系统与 ERP 系统的对接,从而实现自动化绩效考核。

应使用成熟的财务管理系统实现在线的收、付款与结算等财务管理,可在线自动生成财务报表和数据报告,推荐实现业务数据和财务数据的在线对接和财务数据监控。

4.9 与行业监管的技术对接

应与旅游监管部门实现技术对接,实现旅游数据(团队、电子合同、游客和保险)的全面及时上报,配合旅游监管部门在线审批和监管,完成上下游信息的对接。

4.10 技术应用创新

应在国内业务、入境业务、出境业务、单项服务、会议奖励等业务上实现在线操作,鼓励使用电子印章技术、射频技术和全球定位技术(可应用于旅游大巴管理、团队行程管理和身份识别定位中)。鼓励通过数据挖掘技术对业务、游客、供应商数据等进行挖掘分析,应用云技术实现资源共享和云服务。鼓励积极开发或引进新技术,并将新技术应用于旅行社业务。

2.2 智慧景区标准体系

智慧景区的主要标准是从景区服务和产品确定智慧景区的规范与标准,比较有代表性的是北京 2012 年出台的《北京智慧景区建设规范》。如下所示。

《北京智慧景区建设规范》(试行)

前　言

本规范由北京市旅游发展委员会提出、归口并负责解释。

本规范起草单位:北京市旅游发展委员会、北京巅峰美景科技有限责任公司。

1 范围

本规范规定了北京智慧景区评定的基本要求。

本规范适用于北京市各种类型的 A 级旅游景区。

2 规范性引用文件

下列文件中的条款通过本规范的引用而成为本规范的条款。凡是注日期的引用文件,其随后所有的修改单(不包括勘误的内容)或修订版均不适用于本规范。凡是不注日期的引用文件,其最新版本适用于本规范。

GB/T 17775—2003 旅游景区质量等级的划分与评定

3 术语和定义

下列术语和定义适用于本规范。

3.1 智慧景区

指景区能够通过智能网络对景区地理事物、自然资源、旅游者行为、景区工作人员行迹、景区基础设施和服务设施进行全面、透彻、及时的感知;对游客、景区工作人员实现可视化管理;优化再造景区业务流程和智能化运营管理;同旅游产业上下游企业形成战略联盟,实现有效保护遗产资源的真实性和完整性,提高对旅游者的服务质量;实现景区环境、社会和经济的全面、协调和可持续发展。

3.2　物联网

物联网是通信网和互联网的拓展应用和网络延伸,它利用感知技术与智能装置对物理世界进行感知识别,通过网络传输互联,进行计算、处理和知识挖掘,实现人与物、物与物信息交互和无缝链接,达到对物理世界实时控制、精确管理和科学决策目的。

4　建设内容和要求

4.1　通信网络

4.1.1　公用电话网

4.1.1.1　应建有供游客使用的公用电话。数量充足,设置合理。

4.1.1.2　部署有电话报警点,电话旁公示景区救援电话、咨询电话、投诉电话。游客可拨打报警点电话向接警处系统的值班人员求助。

4.1.2　无线通信网

能接收手提电话信号,移动通信方便,线路顺畅。

4.1.3　无线宽带网(WLAN)

应覆盖有无线宽带网络,游客在游览过程中可以方便地将手机、电脑等终端以无线方式连接上网。

4.2　景区综合管理

4.2.1　视频监控

4.2.1.1　视频监控应能全面覆盖景区,同时重要景点、客流集中地段、事故多发地段能够重点监控。

4.2.1.2　监视界面图像能在各种显示设备上显示,并能进行各种操作。视频监控应具备闯入报警等功能。

4.2.1.3　视频监控控制面板能控制画面缩放和镜头转动等,能实现图像的实时远程观看以及4G物联网视频监控等。

4.2.1.4　能支持录像的检索和调看,可自定义录像条件,录像数据存储保留时间应超过15天。

4.2.2　人流监控

应包含和实现入口人流计数管理,出口人流计数管理,游客总量实时统计,游客滞留热点地区统计与监控,流量超限自动报警等。

4.2.3　景观资源管理

4.2.3.1　能对自然资源环境进行监测或监控,主要包括:气象监测、空气质量监测、水质监测、生物监控等。

4.2.3.2　能对景区内的各类遗产资源、文物资源、建筑景观、博物馆收藏等景观资源运用现代化科学管理手段进行信息化与数字化监测、监控、记录、记载、保护、保存、修缮、维护等,从而便于景观建筑文物数据的查询检索以及面向公众展示。

4.2.4　财务管理

应使用专业的财务管理软件。并包含资产管理、筹资管理、投资管理、营业收入管理、税金管理、利润管理、成本费用管理等财务管理内容以及财务预测、财务决策、财务预算、财务控制、财务分析、财务审计等财务管理方法。

4.2.5　办公自动化

办公自动化应包含流程管理，电子邮件，文档管理，公文流转，审批管理，工作日历，人员动态展示，财务结算管理，公告、新闻、通知，个人信息维护，会议管理，考勤管理等内容。

4.2.6　经营资源管理

能应用现代化的科学手段形成一套规范的体系。并包含商业资源部署、商铺经营、经营监管、合同管理、物业规范等内容。

4.2.7　应急广播

广播应覆盖全景区，并且声音清晰。广播应由景区控制中心和指挥调度中心统一控制，遇灾害或紧急情况时，可立刻转换为紧急广播。

4.2.8　应急处置响应系统

应建设有旅游应急预案及应急响应系统。能够根据应急处理预案，对旅游突发事件进行综合指挥调度和协调救援服务。能够利用现代通信和呼叫系统，实现对旅游咨询和投诉事件的及时受理。

4.2.9　指挥调度中心

应具备对人员、车辆的指挥调度以及对应急资源的组织、协调、管理和控制等功能。能对监控终端进行控制，获取旅游综合信息和发布旅游资讯信息。

4.3　电子门票、电子门禁

应采用电子门票形式。售、验票信息能够联网，并能够实现远程查询。应实现售票计算机化。应配有手持移动终端设备或立式电子门禁，实现对门票的自动识别检票。电子票的购买应支持手机支付或者网上金融支付等方式。

4.4　门户网站和电子商务

4.4.1　应建有以服务游客为核心内容的门户网站，且上线正常运营。

4.4.2　门户网站应包含：景区基本信息浏览，景区信息查询，旅游线路推荐和行程规划，景区推介服务，交通导航，下载服务，建有官方微博并有链接，提供多语言信息服务等内容与功能。

4.4.3　电子商务

景区门票应能实现网上预订、电话预订和网上支付、网上交易。景区旅游产品、旅游纪念品应能实现网上预订和网上交易。

4.5　数字虚拟景区和虚拟旅游

运用三维全景实景混杂现实技术、三维建模仿真技术、360实景照片或视频等技术建成数字虚拟景区，实现虚拟旅游，增强景区的公共属性。数字虚拟景区应占游客真实游览全部景区面积的较高比例。数字虚拟景区和虚拟旅游平台能在互联网、景区门户网站、景区触摸屏导览机、智能手机等终端设备上应用。

4.6 游客服务和互动体验

4.6.1 自助导游

4.6.1.1 应为游客提供建立在无线通信、全球定位、移动互联网、物联网等技术基础之上的现代自助导游系统。

自助导游硬件设备能显示景区导游图，支持无线上网，支持全球定位系统，完成自助导游讲解。

能提供手机自助导游软件下载，通过智能手机等设备完成景区地图查询搜索、游览线路规划和线路选择、景点自助讲解等功能。

4.6.1.2 可提供运用基于射频识别、红外、录音播放等技术的自助导游设备服务游客。

4.6.2 旅游资讯信息发布

4.6.2.1 旅游资讯发布方法和形式

景区应设有广告栏或多媒体服务终端机发布旅游资讯，且布放合理，显示醒目。应能在自助导游终端发布旅游资讯。能以短信、彩信等形式向游客的手机发送信息。

4.6.2.2 旅游资讯发布内容

应包含景区基本情况介绍，景区内实时动态感知信息（温湿度、光照、紫外线、空气质量、水温水质等），景区内智能参考信息（景区景点内游客流量，车流拥挤程度，停车场空余位置等），景区管理部门发布的旅游即时相关信息等内容。

4.6.3 游客互动及投诉联动服务平台

景区内应设有触摸屏多媒体终端机。可实现查询旅游相关信息、下载软件、打印路条信息、在线留言投诉以及触摸屏上的虚拟旅游等功能。电话投诉处置系统完善。网络投诉处置系统完善。

4.6.4 呼叫服务中心

应能与12301旅游热线平台对接。能提供旅游产品查询，景点介绍，票务预订服务，旅游资讯查询，旅游线路查询，交通线路查询等服务。

4.6.5 多媒体展示

景区应建有多媒体展示系统，主要借助地理信息系统、虚拟现实和现代多媒体等多种技术，运用高科技手段，利用声光电来展示包括景区景观、自然文化遗产、生物多样性、古文物再现等。

4.7 智慧景区建设规划和旅游故事及游戏软件

4.7.1 自身有详尽、专业的智慧景区（景区信息化、数字景区）建设规划。

4.7.2 编写与北京城市、旅游景区有关的旅游故事，并与旅游营销结合起来形成商业化运作。

4.7.3 编写与北京城市、旅游景区有关的游戏软件，并与旅游营销结合起来形成商业化运作。

4.8 创新项目

本规范中未提及，但景区在建设、管理和服务游客等方面运用各种创新技术、手段和方法从而提升景区服务质量、环境质量、景观质量和服务游客的综合满意度等。

2.3　智慧酒店标准体系

北京早在 2012 年就出台了《北京智能酒店建设规范》,而后国家旅游局在 2013 年,正式以国家标准的形式出台了《饭店智能化建设与服务指南 LBT 020—2013》。如下所示。

《饭店智能化建设与服务指南 LBT 020—2013》(部分)

4　智能系统建设

4.1　服务区域智能化

4.1.1　智能入住系统

4.1.1.1　饭店内宜提供智能入住系统,宾客能在自助 CHECK IN/CHECK OUT 机器上办理入住登记和退房手续。可有专职人员协助宾客办理自助入住手续。

4.1.1.2　宜提供远程智能入住服务,宾客可通过手持登记设备,能远程完成预订、入住登记、信用卡付款等手续;可在酒店以外区域由专人为宾客提供远程办理入住手续服务。

4.1.1.3　持有 VIP 卡的宾客,在开车进入饭店车库时可由专门设备完成入住登记和房卡制作服务。

4.1.2　电梯楼层控制系统

4.1.2.1　电梯宜安装智能刷卡系统,宾客可通过刷房卡,到达自己所在的楼层。

4.1.2.2　电梯可根据宾客类型设定不同的控制模式。

4.1.3　智能导航系统

4.1.3.1　饭店宜提供楼层导航服务,客人办好入住登记手续,到达入住楼层后,通过客房导航系统,引导客人到达房间。

4.1.3.2　饭店内宜具备智能导航系统,为宾客提供各功能区域之间的导航服务。

4.1.4　客房视频门铃系统

4.1.4.1　饭店客房门铃宜具备视频功能,当有人在门外按铃时,室内显示屏可显示门外的图像。

4.1.4.2　客房电视机、卫生间液晶屏等可同步显示门外图像信息。

4.1.5　客房智能电话

4.1.5.1　饭店宜提供智能手机服务,宾客能在饭店内任何地方免费接听客房电话。

4.1.5.2　客房智能手机可申请开通漫游服务,可通过服务中心热线按键,为宾客提供多样化的酒店特色服务,如客房或餐厅预订、翻译、紧急求助、导览、周边景点介绍、交通网点介绍等。

4.1.5.3　客房智能手机可提供饭店及其所在城市的导航服务。

4.1.6　多媒体互动电视

客房宜配置多媒体互动电视,且:

a) 宜具有:

1) 全高清的显示功能,支持收看数字电视节目和卫星电视节目。

2）酒店信息查询功能，可支持多种语言界面选择和显示，显示界面可按照入住宾客的语种进行动态变化。

3）交通、天气预报等公共信息查询功能，可实现公共信息的网上预订等功能。

4）酒店内餐饮、娱乐等消费的预订功能，包括消费账单的查询和确认，及客房留言消息服务功能。

b）并可：

1）具有上网浏览及电子邮件收发等数字办公的功能。

2）配备多媒体连接器，连接笔记本电脑、数码摄影机等设备。

4.1.7 客房多媒体音响

4.1.7.1 客房内床头柜及盥洗间可提供拥有多个独立声道的多媒体音响系统，可在饭店公共区域背景音乐、客房专属音乐和客房电视节目配音等音源之间自由切换。

4.1.7.2 客房多媒体音响系统可提供个性化播放系统接口，同时具备播放和充电等多种功能。

4.1.8 智能点菜系统

4.1.8.1 餐厅采用触摸液晶显示屏，通过无线网络与点菜服务器连接，宾客点菜成功后信息立即发送至厨房，安排加工。

4.1.8.2 制作数字化菜单，所有菜品图片清晰显示，同时标识各种食物的营养成分、价格等信息。

4.1.9 智能会议系统

4.1.9.1 饭店宜配备智能会议系统，对各种会议设备及会议环境进行集中控制，为宾客提供智能化服务。

4.1.9.2 会议开始前，系统可在规定的时间点自动对未到场的参会人员发送会议时间通知，系统在与会人员到达会场后自动显示该宾客的席卡信息，并可同时通知会议组织者即时了解参会情况数据。

4.1.9.3 会议过程中，系统宜通过网络实现会议讨论发言、会议集体表决、会议的即时翻译、全程录音、各种音频信号的接入等功能。宜提供智能中控系统，对会议进程现场摄像和视像跟踪，可提供会议影像同步转播至客房电视或其他会议室的同步直播功能。

4.1.9.4 会议结束后，系统自动编写参会人员到达时间、参会时间、重点内容关注时间等的参会情况分析报告，并对会议各类数据的进行分析汇总成报告，确保会议结果的可被追溯性。

4.2 后勤保障智能化

4.2.1 顾客服务管理系统

4.2.1.1 饭店宜建立智能化顾客服务管理系统，通过移动电话、平板电脑等移动通信设备，准确及时地向客人发送其需求的服务信息，提高对客服务质量与服务效率。

4.2.1.2 饭店宜通过智能派工系统，自动存档各项工作信息以确保服务的可被追溯性，为宾客提供优质快捷的服务，提升客人满意度。

4.2.1.3 饭店宜提供智能化宾客投诉系统,在客房及公共区域设立智能化投诉终端。

4.2.1.4 询问宾客是否有其他服务需求,系统自动将服务工作信息和宾客反馈信息集中到中央数据库,形成统计报告,有效控制对宾客诉求的服务质量。

4.2.2 员工管理系统

4.2.2.1 饭店宜配备智能员工考勤管理系统,具备身份识别、资料备案、授权管理、网络应用和信息查询功能,可自动统计和记录员工的出勤情况。

4.2.2.2 饭店宜配备智能员工门禁管理系统,自动对员工进出记录进行查询统计并形成报表。同时具备联动监控、自动报警和紧急驱动功能。

4.2.2.3 饭店宜配备能耗管理系统,对员工用水、制服洗涤等进行实时、动态掌握,并自动生成报表和对比分析图。

4.2.2.4 系统宜自动采集员工考勤数据、能耗数据和质量管理数据,形成绩效综合报表,完成量化考核与绩效评定。

4.2.2.5 系统宜具备员工投诉及建议的管理功能。

4.2.2.6 饭店宜建立智能化人事工资管理系统,具备结构编码、档案建立和查询、工资变动管理、职称评议和劳保管理等功能。

4.2.2.7 系统自动生成和备份工资统计数据并形成报表,为管理者提供数据查询依据。

4.2.3 购销管理系统

4.2.3.1 宜建立饭店物资采购管理信息平台,及时反应物资采购动态信息,为采购计划制定提供数据查询服务。

4.2.3.2 利用计算机网络技术建立严密的销售数据库,对饭店各类销售报表进行在线统计,实现销售、财务、仓储、保卫和管理等部门的智能化远程管理和资源共享。

4.2.3.3 宜设立智能库存系统,实现库存物资统计,库存盘存实数输入统计,库存盘盈、盘亏、损耗统计,库存月末转接的智能化管理。

4.2.3.4 设置数据访问安全机制,实现智能化用户管理、订单管理和供应商管理,提高工作效率,减轻工作量。

4.2.4 固定资产管理系统

4.2.4.1 在贵重固定资产上粘贴电子标签,利用信息介质,对饭店固定资产管理进行全程跟踪,保证信息流和资产实物流的对应。

4.2.4.2 当饭店贵重固定资产被非法移动时系统自动报警。

4.2.5 经营管理查询系统

4.2.5.1 宜建立智能化经营管理查询系统,具有海量数据统计分析功能,能自定义关键词,自动生成报表。

4.2.5.2 报表宜涉及饭店经营管理的各方面,主要包括经营总报表、各部门营收、采购、能耗、人力资源等。

4.2.5.3 可根据不同权限等级,提供多种形式的报表打印。

4.2.6 营销管理系统

4.2.6.1 构建以客户为中心的营销管理系统,应用现代信息化技术实现远程配置和调度营销资源,使客户营销扁平化。

4.2.6.2 系统宜具备信息收集和归纳分析功能,为饭店提供准确、及时的决策数据,降低销售成本,维系饭店客户。

4.2.6.3 系统可运用智能技术,完成新产品、重大节日问候等信息发布。

4.3 饭店环境智能化

4.3.1 客房智能温湿控系统

4.3.1.1 宾客在总台登记入住后,该房间空调宜同时启动,并运行在节能模式。若未在设定时间内进入客房插卡取电,空调系统宜进入待机模式。

4.3.1.2 客房空调宜具有自动调控功能,当房门、窗户被打开超过设定的时间,空调宜自动进入待机模式;当客人取卡临时外出,空调系统宜运行在节能模式,超过设定时间后进入待机模式。

4.3.1.3 客房空调系统可释放负离子净化房间空气,同时可保证适度在舒适范围。

4.3.2 智能调光系统

4.3.2.1 客房内灯光照明宜采用集控与分控,有多种场景模式可供选择。

4.3.2.2 客房内空间可采用智能化隔断,通过在浴室与卧室之间安装智能隔断设施,实现透明和雾化效果之间切换。

4.3.2.3 残障房宜采用门铃与灯光联动控制。

4.3.2.4 饭店公共区域可根据场景光线情况,自动调整适合当前经营需要的光环境。

4.3.2.5 根据季节的变化,可预设广告牌、大厅、入口大堂、走道、楼梯停车场(库)等区域的照明开关时间。

4.3.3 客房环境智能控制系统

4.3.3.1 客房取电口宜具有自动识别功能,只有本客房宾客安插房卡才能取电。

4.3.3.2 服务人员可通过远程方式,对客房内各电器进行控制。

4.3.3.3 关闭客房总控按键,客房内除空调以外所有灯光及排风扇宜被关闭。

4.3.3.4 客房内所有电器宜在宾客取卡并按退房按钮后自动关闭,同时退房信息通过网络发送至总台和客房部。

4.3.3.5 在空房模式下,客房内所有电器开关宜被锁定,非授权进入不能进行操作。

4.3.3.6 在空房模式下,服务人员进入房间打扫卫生或查房,所有的用电设备被启动后,在设定时间过后宜自动关闭。

4.3.4 数字监控系统

4.3.4.1 监控系统宜采用数字化处理和网络化传输模式,并符合 GB 50395—2007 中 4.0.2 条的要求,可实现多级授权管理和多级联网监控,每个设备有独立 IP 地址,可随时增加分控点,单点故障不影响系统工作。

4.3.4.2　监控系统宜采用实时监管模式,可实现双向语音对讲功能、多层电子地图功能、多种录像管理方式,以及全面的设备、人员、事件、日志管理功能。

4.3.4.3　监控系统宜支持开放式集成功能,可与报警、门禁、消防、交通等系统无缝对接。

4.3.4.4　监控系统可通过感应器,对酒店内主要设备设施的运行情况进行检测,采集数据并生成报表。

4.3.4.5　消防联动控制系统宜符合 GB 50116—2008 中 5.3 条的要求。

4.3.5　停车场管理系统

4.3.5.1　宜对车辆通行道口实施出入控制、监视、行车信号指示、停车计费及汽车防盗报警等进行综合管理。

4.3.5.2　宜提供智能、便捷的管理功能。主要功能有:

——入口处车位显示;

——出入口及场内通道的行车指示;

——车牌和车型的自动识别;

——自动控制出入栅栏门;

——自动计费与收费金额显示;

——多个出入口组的联网与监控管理;

——分层的车辆统计与车位实时更新;

——意外情况发生时自动报警。

4.3.5.3　宜与饭店监控室联网,实现中央监视室对该系统的集中管理与监控。

4.3.6　智能楼宇控制系统

4.3.6.1　系统宜采用现代化技术对酒店建筑内所有机电设备进行集中管理、分散控制、系统联动、优化运行,确保其处于高效、节能、最佳运行状态。

4.3.6.2　空调、采暖及通风系统的监控:

——宜对空调系统的冷源进行控制,对楼宇空气环境进行自动监测,并显示在楼宇自控系统中。

——宜具有智能通风系统及排烟系统,客人在总台登记入住后,该房间卫生间排风机启动排风,以减轻房间内的异味。

——可对热力系统进气、水量的调节,以及热水循环泵进行智能化连锁控制。

4.3.6.3　给排水系统的监控:

——宜对给水系统、排水排污系统水泵运行状态进行监控,自动采集数据生成报表,可对水泵的启动和停止进行自控。

——宜对水泵故障、过载自动报警,对水池、水箱水位的高低进行监控,实时预警。

4.3.6.4　配电系统监测:

——宜对低压进线和中间断路器状态进行有效检测,发生故障即时发布预警信号。

——宜对变压器、断路器的状态进行有效监测和故障预警。

——宜对电源电压值及主回路电流值进行有效检测。

4.3.6.5 电梯系统的监控:

——楼宇智能控制系统的通信接口可与电梯自带的控制系统联网,信息共享。

——宜对电梯的故障进行自动检测,及时预警,到达设定时间自动提示维护保养。

——发生火警时电梯可与消防系统联动,并自动返回首层。

4.3.7 综合布线系统

4.3.7.1 宜采用高速高容量的多模光纤作为饭店内网络主干,大对数话音线缆作为酒店的话音主干。

4.3.7.2 综合布线铜缆系统的分级与类别,达到 GB 50311—2007 中 3.2.1 条的要求。

4.3.7.3 在饭店基础传输网络的基础上,多家运营商末端馈线部分可采用共用线缆,同时实现 2G、3G、4G、LTE 和 Wi-Fi 等多种通信信号的覆盖,达到多网合一的效果。

2.4 智慧旅游乡村建设标准

北京于 2010 年专门出台了智慧旅游乡村建设的标准体系来规范智慧乡村旅游的建设。具体如下所示。

北京智慧旅游乡村建设规范(试行)

前 言

本规范由北京市旅游发展委员会提出、归口并负责解释。

本规范起草单位:北京市旅游发展委员会、中国联合网络通信有限公司北京市分公司。

1 范围

本规范规定了北京智慧旅游乡村评定的基本要求。

本规范适用于北京市的市级民俗旅游村。

2 规范性引用文件

下列文件的条款通过本规范的引用而成为本规范的条款。凡是注日期的引用文件,其随后所有的修改单(不包括勘误的内容)或修订版均不适用于本规范。凡是不注日期的引用文件,其最新版本适用于本规范。

GB/T 1.1—2009 标准化工作导则 第 1 部分:标准的结构和编写

DB11/T 350—2006 乡村民俗旅游村等级划分与评定

DB11/T 652.1—2009 乡村旅游特色业态标准及评定 第 1 部分 通则

3 术语和定义

下列术语和定义适用于本规范。

3.1 智慧旅游乡村

拥有民俗旅游信息化网站,具备丰富的展现方式,提供旅游服务、农产品在线和电话预订,能够向游客提供带宽上网服务、旅游信息智能推送服务(自助导览、自助导游)、旅游智能化安全监控服务的市级民俗旅游村。

3.2　旅游乡村产品预订

通过互联网技术、信息通信技术实现旅游乡村的餐饮、住宿、采摘和其他旅游项目的在线展现、网上预订、支付、电子认证及统一管理。

3.3　物联网(IOT)

指通信网和互联网的拓展应用和网络延伸,它利用感知技术与智能装置对物理世界进行感知识别,通过网络传输互联,进行计算、处理和知识挖掘,实现人与物、物与物信息交互和无缝链接,达到对物理世界实时控制、精确管理和科学决策目的。

4　建设内容及要求

4.1　村级网站

4.1.1　应展现村级景观、餐饮、农产品、休闲娱乐信息,包括本村旅游项目图文介绍、360度全景旅游图片和旅游介绍视频等。

4.1.2　村级网站内容应支持在电脑、智能手机等显示屏上显示,实现多屏互动,便于用户随时随地浏览,同时支持点播观看。

4.1.3　应做到网页内容的时时更新。

4.1.4　在北京旅游网智慧旅游乡村频道下公布网站信息。

4.1.5　能够通过微博等手段对外发布微游记、旅游攻略等文字、视频信息。

4.1.6　应可以在线支付,支持手机支付。

4.1.7　应实现对网站域下所有文字、图片、视频等信息的严格审查与发布,无色情与反动等信息。

4.2　民俗旅游接待户建设

4.2.1　独立网站

应独立拥有介绍餐饮菜品、住宿房型、采摘项目和其他旅游项目的内容及价格的网站。

4.2.2　电子票

能够支持游客在网上购买电子票。能够扫描识别二维码电子票或其他形式的电子票。

4.2.3　电子身份认证

能够支持以手机识别游客的电子身份认证。

4.2.4　客户服务电话

应提供固定的联系方式,便于游客咨询服务,并保持畅通。

4.2.5　刷卡便捷服务

应可以提供借记卡、信用卡刷卡服务,方便游客消费,POS终端符合国家相关标准。

4.2.6　手机支付服务

能够提供手机支付,要求符合国家相关标准。

4.2.7　在线预订

应可以通过包括但不限于互联网在线预订、电话预订的方式，接受游客预订。能够以多种方式通知民俗旅游户预留房间、餐桌等，并短信通知用户。提前1天向用户确认预订结果。

4.3　无线网络

4.3.1　全村民俗旅游接待户客房、休闲渔场、观光果园和观光农园等各乡村旅游接待单位应实现室内有线网络的无线覆盖，并免费向游客提供无线上网服务。

4.3.2　全村民俗旅游接待户客房、休闲渔场、观光果园和观光农园等应达到10 M及以上光纤接入覆盖率超过80%，20 M及以上光纤接入覆盖率超过20%。

4.3.3　村内的游客服务中心、小广场等游客聚集地点应实现无线网络(WLAN)热点覆盖，能够与室内无线网络无缝切换，双点畅游。

4.4　智慧应用

4.4.1　基于位置的信息服务

在旅游乡村出入口、重点旅游项目等位置利用位置服务的技术手段能够向游客手机提供各类旅游信息，包括民俗村介绍信息、周边餐饮信息、周边住宿信息、周边游玩项目信息等自助导览、自助导游信息。

4.4.2　信息触摸屏

在游客服务中心、重点旅游项目等位置应设置信息触摸屏，提供自助导游导览信息、旅游资讯信息、地图交通信息、天气预报等信息查询、语音公用电话服务和免费上网服务。

4.4.3　在线培训

能够为本村民俗旅游接待户提供农村政策法规、乡村旅游服务规范、智慧服务操作技能等互联网在线培训。

4.4.4　视频安全监控

4.4.4.1　在旅游乡村主要出入口、重点旅游项目等位置建设视频监控点。

4.4.4.2　能够实现网络在线监控、实时远程控制与调度、集中上联，在保障乡村、景区安全的前提下，便于管理部门统计了解人流、车流情况，方便管理。

4.4.4.3　能够通过视频监控系统实现对人员、车辆进行识别、统计，实现对旅游景区、民俗旅游户的人员安全监控、人车流量统计等功能，对安全风险服务进行提示，包括人车流信息情况通报、气象交通信息提示、安全信息提示等。

4.4.5　农产品食品安全监控

能够对旅游乡村中休闲渔场、观光果园、观光农园等高端农产品的种植、养殖、生产等环节，采用先进的通信技术、物联网技术、视频技术等实现对农作物生长环境的监控，并集中展现，保障农产品有良好的生长环境，吸引城镇居民消费。

4.4.6　农产品销售运输安全管理

对于智慧旅游乡村高端农产品销售应提供物流跟踪管理，通过RFID技术、全球定位技术对农产品运输全流程进行监控和跟踪，保障运输过程安全。

2.5　智慧旅游营销标准体系

目前,我国还没有出台具体的智慧旅游营销标准体系,但是目前已有的营销设施标准里有一定的规定,可以为未来建设营销标准体系时提供参考。如下所示。

作为我国商业流通领域有关商店的第一个国家标准,《商店购物环境与营销设施的要求》(GB/T 17110—1997)于 1998 年 5 月 16 日起实施。该标准于 2009 年被 GB/T 17110—2008 所代替。《商店购物环境与营销设施的要求》是针对商店在建设和翻建过程中存在的问题而制定的。它的制定有利于规范和指导商店购物环境与营销设施的设计和布置,有利于提高商店经营管理和服务水平,可促进商品销售和繁荣消费市场,保护消费者权益,满足顾客购物的需要。

《商店购物环境与营销设施的要求》分别对购物环境基本要求、营销设施配置基本要求、售货单元与营销设施布置要求、附属设施要求等做出了规定。其附录部分还对各类商店(百货、自选商店等)的售货单元与营销设施如何按规模、经营范围、商品种类进行布置提出了原则要求。该标准对店面、购物场所、通道、顶棚(墙面、地面)、照明、卫生、消防安全、顾客停车场、休息室、顾客用电话等都做出了具体规定,对商店营销设施配置以及采用电子技术、配置相关设备也都提出了要求。

2.6　智慧旅游电子商务平台的标准

旅游电子商务网站已在全国范围内大量建设,但是还没有完整、规范的相关标准作为旅游电子商务网站建设的依据。2009 年全国电子业务标准化技术委员会颁布的《电子商务平台运营与技术规范》,2011 年国家旅游局信息中心出台的《旅游电子商务网站建设技术规范》均可作为参考。具体如下所示。

2.6.1　《电子商务平台运营与技术规范》(2015 版)

电子商务平台运营与技术规范(部分)

1　范围

《电子商务平台运营与技术规范》规定了电子商务平台在电子商务平台提供商、在线销售商、配送服务商、支付服务商的运营要求,消费者信息和利益保护要求以及平台运营技术保障要求。

本标准适用于电子商务平台建设者、监管者以及电子商务平台提供商和平台用户。

2　规范性引用文件

下列文件对于本文件的应用是必不可少的。凡是注日期的引用文件,仅注日期的版本适用于本文件。凡是不注日期的引用文件,其最新版本(包括所有的修改单)适用于本文件。

GB/T 2887　计算机场地通用规范

3 术语和定义

下列术语和定义适用本文件。

3.1 电子商务 electronic commerce

以电子形式进行的商务活动。

注：经济活动主体之间利用现代信息技术和网络技术(含互联网、移动网络和其他信息网络)开展商务活动，实现网上接洽、签约、支付等关键商务活动环节的部分或全部电子化，包括货物交易、服务交易和知识产权交易等。

3.2 电子商务平台 electronic commerce platform

电子商务活动中为交易双方或多方提供交易撮合及相关服务的信息网络系统总和。

3.3 电子商务在线销售商 online seller

在电子商务平台提供商提供的服务平台上开展有形商品和无形商品营销活动的组织或个人。以下简称在线销售商。

3.4 电子商务配送服务商 delivery service provider

依法注册登记的，为电子商务平台提供商、在线销售商和消费者提供配送服务的组织或个人。以下简称配送服务商。

3.5 电子商务支付服务商 payment service provider

依法注册登记的，为电子商务交易的组织或个人提供电子商务交易支付服务的组织。以下简称支付服务商。

3.6 电子商务平台提供商 electronic commerce service provider

依法注册登记的，为在线销售商、配送服务商、支付服务商和消费者提供电子商务交易服务平台的组织。

3.7 消费者 consumer

顾客

利用电子商务平台选购商品与服务的组织或个人。

3.8 平台用户 platform user

通过电子商务平台为消费者提供商品交易、配送和支付的服务商。

注：主要包括在线销售商、配送服务商、支付服务商。

4 概述

电子商务平台的运营和技术要求的主要要素如图1所示。

本标准主要从运营和技术两方面对电子商务平台予以规范，具体如下：

a) 运营要求：主要包括针对电子商务平台提供商、在线销售商、配送服务商、支付服务商以及消费者的相关要求；

b) 技术要求：主要包括针对机房设施、基础保障、交易信息保障、数据备份、系统保障、安全管理和服务平台系统接口的相关要求。

5 电子商务平台提供商运营基本要求

5.1 资质和经营条件

电子商务平台提供商应具备的资质和经营条件包括：

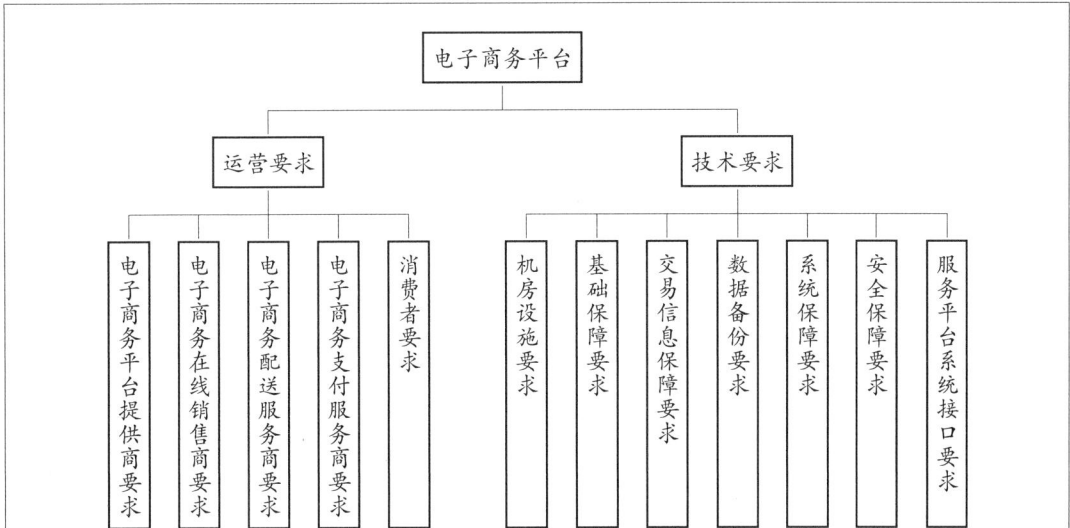

图 1　电子商务平台运营和技术要求要素

　　a) 依法设立或注册,获得相关资质,独立承担法律责任的机构;

　　b) 具有固定场所和经营设施设备,具备专业技术人员和管理人员。

　　电子商务平台提供商应对经营资质进行公示,公示内容包括但不限于:

　　a) 互联网信息服务业务经营许可;

　　b) 工商营业执照;

　　c) 相关专项经营许可。

5.2　人员管理与培训

　　在人员选用时,应依法招聘、依法用工、依法解聘。

　　应建立培训管理机制,内容包括但不限于:

　　a) 建立电子商务平台服务人员的培训机制,针对不同岗位特点完善培训机制;

　　b) 对在线销售商、配送服务商提供必要的培训和帮助服务;

　　c) 针对关键岗位,应经过培训后持证上岗。

5.3　电子商务平台信息管理系统建设

　　应建立和保持电子商务平台信息管理系统,内容包括但不限于:会员注册、购物车、商品展示、商品信息管理、营销栏目管理、订单处理、自动配货处理、客户购物信息反馈、邮件分发、退货或换货管理、商品入出库管理、商品账目管理、财务数据管理、支付结算管理、用户权限管理、各种业务统计分析报表。

5.4　平台用户资质审核与备案

　　应建立管理制度,并应有专职机构或人员负责平台用户的资质审核与备案,并定期进行复核。

　　电子商务平台提供商应对平台用户的资质进行备案管理。备案内容可包括但不限于:

　　a) 身份证明信息;

b) 专项经营许可；

c) 税务登记；

d) 产品经营许可；

e) 特许经营许可；

f) 其他需要认证或认可的证明材料。

5.5 交易过程监督与信息披露

应建立在线销售商商品和服务质量管理监督体系，应设置专职机构和人员负责监督交易商品和配送服务质量，并对服务内容和经营资质等信息进行公开披露，监督内容和信息披露要求包括：

a) 电子商务平台提供商应在专有页面对电子商务平台提供的服务内容进行明示；

b) 电子商务平台提供商有义务监督和审核平台上发布的各项信息符合国家法律法规的规定，对违反规定的信息予以撤销，并对发布者进行惩戒处理；

c) 监督和管理商品或者服务的价格明示；

d) 对平台用户的服务资质进行披露。

5.6 投诉处理与纠纷调解

应建立消费者申诉和投诉处理制度，规定履行销售承诺的服务条款。电子商务平台提供商与在线销售商应相互配合，并在承诺的时间内协调解决平台消费者的投诉或建议，应包括：

a) 各项交易活动响应时间应在电子商务平台明显位置予以公示；

b) 消费者投诉处理工作时间应不少于每周 5 d×8 h 的服务（节假日除外），宜每周 7 d×24 h 服务；

c) 对在线销售商和配送服务商未在规定时间内响应的投诉，应积极配合消费者对销售商和配送服务商进行联系并给予响应；

d) 对平台明示的违规行为，电子商务平台提供商有义务协助消费者对违规行为进行追责，违规责任方拒绝履行其义务的，电子商务平台提供商宜给予先行赔付，再向违规责任方给予索赔。

申诉、投诉服务内容一般包括：换货、退货、赔付及售后服务。

6 在线销售商运营要求

6.1 资质和经营条件

取得相关资质，经过相关注册，能够独立承担经济和法律责任的机构或个人。

6.2 人员管理与培训

应建立人员管理制度，依法招聘、依法用工、依法解聘。

建立服务人员的培训制度和继续教育机制，特定岗位应持证上岗。

6.3 商品销售和服务信息管理系统

应维护商品销售和服务信息管理系统，内容包括但不限于：会员注册、商品展示信息、商品订货合同信息、营销管理数据、订单数据、配货数据、退货或换货信息、申诉与投诉管理、商品入库和出库信息、商品账目、财务数据、支付结算信息、用户权限信息、各种业务统计分析报表管理等。

6.4　商品质量和服务质量管理体系

6.4.1　商品供应商资质备案制度

在线销售商应建立对商品供应商资质审核和备案制度。审核和备案的内容包括但不限于：

a）工商营业执照；

b）税务登记证；

c）组织机构代码证；

d）商品经营许可权；

e）政府监管部门和机构要求的其他资质证明。

6.4.2　商品进货登记备案制度

应建立和执行商品进货登记备案制度，登记内容包括但不限于：

a）产品的检验（报告）证书；

b）产品合格证；

c）产品生产许可证；

d）能够表明产品质量状况的相关材料；

e）外在标识中的商标名称、产品名称、生产者的名称和地址；

f）用于识别产品质量、数量、特征、特性和使用方法的要求、申诉和投诉管理。

6.4.3　商品质量标准控制制度

应建立和执行商品质量标准控制制度，对于标准化批量生产的商品，按法律层级顺序排列，商品质量控制要求应依次符合：

a）国家法律、法规、行政法规中规定的量化技术指标；

b）商品相关技术指标应符合技术法规、标准的要求；

c）商品无技术法规要约，但国家技术文件存在时，企业标准至少应执行并符合技术文件规定的要求。推荐性技术文件中的技术指标包括推荐性国家标准、行业标准、指导性文件及指南等；

d）无国家技术法规和技术文件规定时，应建立企业技术文件，并依法备案。企业技术文件的技术指标中，包含国家技术文件规定的技术要约时，本指标不得低于国家技术文件规定的量化技术要约；

e）非标准化批量生产的商品，应具备不危及消费者安全和危害环境的要求，且需明示商品特性。

6.4.4　商品计数管理

应建立和执行商品计数管理，商品的数量应与明示销售数量相符。主要包括：

a）按数计量时，应一物一个（件）；

b）按量计量时，应按国家定量包装商品规定执行。

6.4.5　价格管理

应建立和执行价格管理制度,主要包括:

a) 商品定价类型,包括:政府定价、政府指导价、市场调节价、议价、竞价等;

b) 商品价格应在线实时标明;

c) 商品标价基本信息公示,包括但不限于:品名、产地、等级、规格、市场零售价或批发价、会员价,等级、物价管理人员、价格监督等;

d) 在电子商务平台上应明示商品配送价格;

e) 需收取消费者配送费用时,在交易过程中,应提前明示商品销售金额与配送服务费。

6.4.6　商品质量验货管理

应建立和执行商品质量验货管理制度,商品质量验货认可方式包括:

a) 供货方(第一方)检测机构的检测结果。结果类型包括:出厂检验合格证、检验报告、检测报告;

b) 销售方(第二方)检测机构的自检测结果;

c) 中介方(第三方)检测机构的检测结果。结果类型包括:

1) 未经第三方考核的实验室实验结论;

2) 经认可机构认定的实验室实验结论;

3) 通过国家法律规定考核的商品质量监督检验测试机构的实验结论。

商品质量要约验货选择形式包括:

a) 合同要约检验;

b) 要约第三方仲裁检验;

c) 要约技术专家鉴定。

6.4.7　商品质量宣传要求

商品质量宣传要求应包括:

a) 不应低于6.4.1～6.4.5关于商品质量、数量和价格规定的要求;

b) 不以人为认可、评审、评定、审核和奖励的结果作为商品质量保证的宣传。人为认可商品是指第一方、第二方和第三方人为认定有质量保证的商品。包括但不限于:通过标准体系认证的商品、免检商品、名牌商品、著名商标商品、利用国家无形资产标示质量有保证的商品。

6.4.8　消费者申诉和投诉服务响应机制

应建立和执行消费者申诉和投诉服务响应机制,包括但不限于:

a) 建立消费者申诉处理制度,规定履行服务的条款。申诉服务内容一般包括:接待、听取、沟通意见、有效处理及结果跟踪;

b) 建立消费者投诉处理制度,规定履行服务条款。投诉服务内容一般包括:换货、退货、赔付。

6.5　网上支付安全要求

网上支付安全要求应包括:

a) 与具有电子支付资质的网上支付服务商签订合同；

b) 专人与支付服务商进行工作对接和查询数据；

c) 对消费者的其他相关信息进行保密。

6.6　订单确认过程的控制

订单确认过程的控制要求应包括：

a) 订单确认和服务响应时间应在电子商务平台明显位置予以注明；

b) 订单处理工作应不少于每周 5 d×8 h 的服务（节假日除外），宜每周 7 d×24 h 服务；

c) 订单确认工作应在自消费者下订单 1 个工作日内完成；

d) 对消费者因商品质量或配送服务产生的投诉需在半个工作日内给予响应。

6.7　配送服务商管理与货物交接

6.7.1　配送服务商管理

对配送服务商的管理包括但不限于：

a) 应监督其配送和交接过程中遵守服务约定的执行情况。包括但不限于：文件化考评监督形式和到场监督形式；

b) 应监督其对消费者相关信息保密安全要约的执行情况；

c) 应监督其假借销售商名义进行商品促销或者其他商业欺诈活动的情况；

d) 应监督其按照合同要求的时间完成订单配送服务情况；

e) 应监督其在消费者投诉配送服务问题上的处理情况。监督其在 1 个工作日内给予答复和处理的能力；

f) 有代收货款服务情况时，应监督其按照合同约定交回货款的能力。

6.7.2　与配送服务商货物配送交接过程要求

6.7.2.1　货物单据管理

货物单据内容包括但不限于：交接时间、交接商品数目、交接商品名称、交接商品价值、客户相关信息（如：地址、姓名、发货单位名称、配送单位名称）。

6.7.2.2　货物处理程序

货物处理程序包括：

a) 应在买卖规定的时间要求内，与销售商进行应配送商品服务交接；

b) 交接双方一致确认配送交接的商品和包装后，在相关的配送交接单据上签字或盖章确认，并分别保管单据；

c) 交接双方各自指定专人负责单据保管；

d) 定期与销售商单据进行明细核对。

6.7.3　货物运输要求

货物运输要求应包括：

a) 装运配载应保证商品的安全；

b) 运输配送设施使用应符合国家规定或商品特点需要的规定。

6.8　售后管理

售后管理主要是对商品的退换货进行管理,包括:

a) 按照合同约定的时间和地点与配送服务商进行退货或换货交接;

b) 收到退货或换货商品,应与配送服务商进行订单内容和商品内容的核对;

c) 对查验的商品认定无误后,在退货或换货商品交接记录上进行确认;

d) 对符合规定的客户退还货款划转,并应在合同约定的时间内,通知电子商务平台和银行完成退款。

7　配送服务商运营要求

7.1　资质和经营条件

配送服务商资质和经营条件包括:

a) 依法设立或注册,独立承担法律责任的机构;

b) 具备固定场所和经营设施设备,具有专业技术人员和管理人员。

7.2　企业人员管理

企业人员管理过程中应满足:

a) 应建立和保持企业人员管理制度,在人员选用时,应依法招聘、依法用工、依法解聘;

b) 配送业务人员宜持证上岗。

7.3　配送服务信息管理系统

应建立和保持配送服务信息管理系统,内容应包括但不限于:会员注册、商品信息管理、订单处理、自动配货处理、客户购物信息反馈、退货或换货管理、商品入出库管理、财务数据管理、用户权限管理、各种业务统计分析报表。

7.4　服务质量管理机制

7.4.1　配送商品登记备案制度

应建立和执行配送商品登记备案制度,登记内容包括但不限于:

a) 产品的检验(报告)证书、合格证、产品生产许可证及能够表明产品质量状况的相关材料;

b) 外在标识中的商标名称、产品名称、生产者名称和地址;

c) 用于识别产品质量、数量、特征、特性和使用方法的要求。

7.4.2　服务价格管理制度

应建立和执行服务价格管理制度,包括:

a) 服务价格类型,含:政府定价、政府指导价、市场调节价;

b) 服务价格应在线实时标明;

c) 服务标价基本信息公示,主要包括配送服务方式、服务等级、服务人员、服务价格、物价员、价格监督等。

7.4.3　配送商品进货、存储、调配、运送服务制度

应建立和执行配送商品进货、存储、调配、运送服务制度。

7.4.4　配送商品与消费者交接服务制度

应建立和执行配送商品与消费者交接服务制度。

7.4.5　销售商和消费者信息保密制度

应建立和执行销售商和消费者信息保密制度。

7.4.6　客户申诉和投诉服务响应制度

应建立和执行客户申诉和投诉服务响应制度。

7.5　配送过程的服务

7.5.1　销售商订单确认控制要求

销售商订单确认控制要求包括：

a) 订单确认和服务响应时间按销售商要求进行；

b) 订单的配送服务应不少于每周 5 d×8 h 的服务；

c) 订单确认后,配送服务应在与销售商规定的合同时间内完成；

d) 对客户因商品或配送服务的投诉,应在半个工作日内回复。

7.5.2　配送商品管理要求

应监督配送服务人员对国家明令禁止通过普通邮寄进行投递商品的管理,并要求其使用国家许可的标准方式运输商品。

7.5.3　配送服务规范要求

配送服务规范要求包括：

a) 遵守配送服务制度；

b) 遵守交接服务制度；

c) 执行保护客户信息制度；

d) 不借销售商名义进行商品促销或其他商业欺诈活动；

e) 按合同要求的时间完成订单配送服务；

f) 对客户投诉配送服务问题,应在半个工作日内答复；

g) 有代收货款服务工作,应按照与销售商合同约定时间交回货款。

7.6　与销售商货物配送交接过程

配送服务商与销售商进行货物配送交接的要求同 6.7.2。

7.7　与消费者交接商品服务

7.7.1　单据内容要求

配送交接单据内容至少应包含：日期、消费者名称、联系地址、联系电话、配送机构名称、发货销售商单位名称。

7.7.2　交接服务要求

交接服务要求应包括：

a) 提前联系客户确认配送时间和地点；

b) 交接前出示有效证件明示自己身份；

c) 双方应当面检验。

7.7.3 问题商品处理要求

问题商品处理要求应包括：

a）客户拒绝接收货物时，配送人员应记录原因并将货物返还公司；

b）配送商品运输外包装无挤压痕迹和拆封，其内部产品缺少或者损坏应由配送服务商联系货物发送方解决。

7.8 售后服务管理

售后服务管理主要是针对退货或换货提出技术服务要求，包括：

a）接收消费者货物交接服务要求，主要包括：

1）根据销售商提供的退货或换货指令，提前联系客户确定货物交接时间和地点；

2）确定客户返回的商品和货款退回形式，明示配送人员身份；

3）按销售商的退货或换货规定检查商品；

4）记录商品外部状况情况和附件情况；

5）双方需在登记记录上签字；

6）取回商品。

b）退回商品运输过程要求，主要包括：

1）返回商品需进行必要的运输包装；

2）需有相应的记录并与返回商品单据一起放置。

c）与退换商品服务中心的交接服务要求，主要包括：

1）收到的退回或换货商品明细，商品服务中心应与销售商核对；

2）商品服务中心应与销售商按照双方合同约定的时间和地点进行退、换货交接；

3）对查验的商品认定无误后，双方在退、换货商品交接记录上进行签字。

8 支付服务商经营要求

8.1 资质与经营条件

提供支付服务的服务商的资质和经营条件包括：

a）依法设立或注册，取得相应资质，独立承担法律责任的机构；

b）具备法律规定的固定场所和经营设施设备，具备专业技术人员和管理人员。

8.2 网上支付服务规范和职业规定

网上支付服务规范和职业规定包括但不限于：

a）及时更新操作指南，定期进行岗前培训；

b）掌握网上交易安全规范，降低网上交易风险；

c）依据合同进行交易款项的扣款、结算、转账、退款及给消费者提供可查询验证的服务；

d）向账款划转未成功的订单客户，提供查询服务；

e）及时对账，响应消费者需求。

9 消费者信息和利益保护要求

9.1 消费者信息一般内容

9.1.1 消费者可提供的信息

消费者参与网站活动时，主动填写的信息可包括但不限于：身份信息、登录信息、交易信息、页面信息。

9.1.2　消费者被收集的信息

电子商务交易过程中,电子商务平台提供商和平台用户可通过软件技术收集消费者信息,包括但不限于:

a) 使用的网络浏览器类型;

b) 使用的操作系统种类;

c) 曾经浏览过的网页;

d) 为消费者提供接入服务的 ISP 的域名和地址。

9.2　消费者信息的保护

9.2.1　电子商务平台提供商自我约束机制

应主动建立自我约束机制,保护消费者信息。

9.2.2　消费者信息保护条款

消费者信息保护条款内容包括但不限于:

a) 公示收集个人信息的服务商身份,包括其名称、法定代表人、联系方式、主营业务等;

b) 被收集的个人信息用于何种目的、用途及可能存在的风险;

c) 潜在的信息分享者,包括但不限于可能参与信息交易的第三方;

d) 所收集的个人信息的性质和收集方法;

e) 消费者不提供所要求信息将会产生的后果;

f) 信息收集者采取何种措施保证所收集信息的私密性、完整性和准确性;

g) 消费者可以行使的权利;

h) 电子商务平台提供商的义务。

9.2.3　消费者自愿进行权利的选择

消费者资源进行权利的选择包括但不限于:

a) 消费者对于被收集的个人信息、使用目的和使用方式有完全的决定权;

b) 消费者有定入方式和定出方式的选择权;

注1:定入方式:在收集或使用消费者个人信息时,应得到消费者的明确同意,即默认为不同意。

注2:定出方式:对于个人信息收集和使用的反对,消费者应明确表示,即默认为同意。

注3:默认选择为定出方式。

c) 消费者有权查阅和修改服务商收集的相关个人信息,并有权质疑信息来源和用途的准确性、完整性。

9.3　消费者信息安全与保密

依照合法程序获得消费者信息的电子商务平台提供商和平台用户应采取管理和技术上的措施防止未经消费者授权,其他人员对其信息的查阅、毁损、使用或披露。

依照合法程序获得消费者信息的电子商务平台提供商和平台用户应采用必要的技术方法保证个人信息的安全性和完整性。

9.4　消费者利益的保护

消费者利益保护主要包括：

a）电子商务平台提供商和在线销售商应明示与消费者的要约，经过消费者确认方能生效；

b）为消费者提供的服务软件应不影响消费者计算机其他应用软件的正常使用；

c）为消费者提供的服务软件使用时，应仅限于对本软件已经明示的用途，不应利用该软件从事明示用途以外的活动，除非该用途得到消费者许可。

10　平台运营技术保障要求

10.1　机房设施

应符合 GB/T 2887 规定的场地、环境条件、安全防护、消防、入侵报警、视频监控等要求。

10.2　基础保障

10.2.1　系统稳定性要求

系统年可用率、平均利用率、系统高峰利用率、主要设备的正常使用年限、主机托管场所的通风及散热条件、UPS 相应时间和在线式断电保护，应符合相应的安全标准要求或能满足网络营销的需要。

10.2.2　系统故障恢复要求

系统故障恢复应满足：

a）平均无故障间隔时间（MTBF）大于或等于 8 500 h；

b）软件平均故障恢复时间小于 4 h；

c）硬件平均故障恢复时间小于 12 h；

d）日故障率小于 1%。

注：设备日故障率＝每天出故障的设备台数/总的台数。

10.2.3　信息系统灾难恢复要求

信息系统灾难恢复通常需要切换到灾难备份中心，通过启用数据备份系统及备用网络系统，实现信息系统功能的恢复。

——恢复时间：一般性系统灾难小于 1 h，严重性系统灾难小于 12 h。

——恢复程度：一般性系统灾难恢复 100%，严重性系统灾难恢复大于 98%。

10.3　交易信息保障

应保证交易信息保密、完整、可鉴别、不可伪造、不可抵赖。

10.3.1　用户鉴别

确保每个用户被正确识别，避免非法用户入侵。

10.3.2　用户权限

确保不同的用户按照各自的权限访问不同的数据。

10.3.3　数据加密

确保消费者个人信息及交易信息不泄露给第三方。对于消费者与平台需要交换敏感信息的流程,网络营销平台应给消费者提供不加密的普通 Web 访问方式和 SSL128 位安全加密的 Web 访问方式。

10.3.4　数据完整

数据完整包括:

a) 不因物理原因影响数据完整性。物理原因指:停电、火灾等;

b) 不因逻辑原因影响数据完整性。逻辑原因指:修改某个字段等。

10.3.5　可追溯

能够追踪到数据库的访问者及重要操作。

10.4　数据备份

10.4.1　备份方式

应定期进行完全备份,同时下列备份方式应至少选用一种:

a) 增量备份;

b) 差分备份;

c) 在线备份;

d) 离线备份。

10.4.2　备份区域

备份区域包括:

a) 本地备份;

b) 异地备份。

10.4.3　备份周期

根据业务数据的流量和业务数据的重要性确定备份周期。

10.4.4　备份内容

备份内容包括但不限于:

a) 页面基本信息;

b) 消费者基本信息;

c) 电子商务平台交易信息;

d) 电子商务平台业务管理信息;

e) 电子商务平台用户和消费者的应用信息。

10.4.5　备份软件

应选用具有以下功能的备份软件:

a) 保证备份数据的完整性,并具有对备份介质的管理能力;

b) 支持多种备份方式,可定时自动备份,还可设置备份自动启动和停止日期;

c) 支持多种校验手段(如字节校验、CRC 循环冗余校验、快速磁带扫描),以保证备份的正确性;

d) 提供联机数据备份功能；支持 RAID 容错技术和图像备份功能。

10.5　系统保障

10.5.1　操作系统要求

应能满足电子商务平台运行，具有完全集成式的联网能力、支持对等式和客户机—服务器网络、共享文件和打印机资源。宜采用主流的操作系统。

10.5.2　编程语言要求

满足主流操作系统、数据库和网络传输协议要求，保证系统稳定、安全和高效运行的语言编写程序，宜采用支持跨平台、跨语言的整合能力的编程语言。

10.5.3　源代码要求

对源代码进行版本和版权管理，符合 10.4 中提出的数据备份的要求。

10.5.4　数据库要求

应能满足网络营销系统需求，宜采用主流数据库软件。

10.5.5　网络协议要求

宜采用传输控制协议/网际协议(Transmission Control Protocol/Internet Protocol)，即 TCP/IP 簇。

10.5.6　网管软件要求

除监控管理系统外，还应使用较为成熟的网络监控设备或实时入侵检测设备，以便对进出各级局域网的常见操作进行实时检查、监控、报警和阻断，防止针对网络的攻击与犯罪行为。

10.6　安全管理

10.6.1　安全管理制度

安全管理制度内容包括但不限于：操作规程、应急处理、日常维护、软硬件档案保管、信息保密、权限管理。

10.6.2　防火墙

防火墙产品应满足：使用功能要求、使用性能要求、方便配置和管理、健全的状态监视手段、防火墙自身安全度高。

10.6.3　防病毒软件

防病毒软件应满足：防病毒引擎的工作效率高、系统资源占用少；系统易于管理和部署；对病毒的防护能力强。

10.6.4　离线备份数据存放

离线备份数据存放应满足：

a) 离线备份数据应异地存放；

b) 建立针对离线备份媒介的管理制度，备份媒介按规定权限使用。

10.7　服务平台系统接口

电子商务平台提供商应提供服务平台系统接口，包括但不限于：

a) 营销核算账目接口；

b) 产品进销存流转接口；

c) 销售货款支付接口；

d) 消费者身份认证/确认接口；

e) 与物流中心/配送公司接口；

f) 与网上银行支付接口；

g) 消费者关系管理系统接口；

h) 平台数据分析系统接口。

2.6.2　《旅游电子商务网站建设技术规范》(2010版)

本标准用于规范旅游电子商务网站的建设活动,使相关业务和技术人员用共同的方式表达和理解系统;明确旅游电子商务网站的功能和技术要求;规范旅游电子商务网站建设过程以及各组成部分的实施与集成;支持旅游产品和服务技术的信息化,提高旅游电子商务网站的信息共享程度。

旅游电子商务网站建设技术规范

1　范围

本标准规定了旅游电子商务网站建设应遵循的基本原则、总体设计要求及安全和建设服务要求。

本标准适用于旅游管理部门、旅游企业等机构进行旅游电子商务网站的规划和建设。

2　规范性引用文件

下列文件中的条款通过本标准的引用而成为本标准的条款。凡是注日期的引用文件,其随后所有的修改单(不包括勘误的内容)或修订版均不适用于本标准,然而,鼓励根据本标准达成协议的各方研究是否可使用这些文件的最新版本。凡是不注日期的引用文件,其最新版本适用于本标准。

GB/T 19256.1—2003　基于XML的电子商务　第1部分:技术体系结构

3　术语和定义

下列术语和定义适用于本标准。

3.1　电子商务 electronic commerce

以电子形式进行的商务活动。它在供应商、消费者、政府机构和其他业务伙伴之间通过任一电子方式(如电子邮件、报文、万维网技术、电子公告牌、智能卡、电子资金转账、电子数据交换、数据自动采集技术等)实现标准化的非结构化或结构化的业务信息共享,以管理和执行商业、行政和消费活动中的交易。

[GB/T 18811—2002,定义3.31]

3.2　旅游电子商务网站 tourism electronic commerce website

旅游管理部门、旅游企业和旅游者之间通过万维网进行旅游产品、服务及信息交换和交易的网络站点。

3.3　体系结构 architecture

一个系统的基本组织,表现为系统的构件、构件之间的相互关系、构件与环境之间的相互关系以及设计和进化的原理。

注：改写 GB/T 21064—2007,定义 3.1。

3.4　构件 component

系统的组成部分,可以是子系统、硬件部分或软件部分。

[GB/T 21064—2007,定义 3.2]

4　基本原则

旅游电子商务网站的建设应考虑以下原则,系统在投入使用后能够充分发挥以下作用：

a) 可靠性：应确保旅游电子商务网站可靠、稳定的运行,确保数据的完整性、正确性和可恢复性;

b) 安全性：应采取足够的措施,保证网站软硬件系统的安全和用户使用的安全;

c) 开放性：旅游电子商务网站建设应采用具有开放性、符合相关技术标准的要求,使其能与原有系统和其他应用系统兼容或集成;

d) 先进性：应采用先进而成熟的技术和设备,以保证系统高效、安全可靠地运行,可分阶段逐步实现;

e) 可扩充性：应保证系统具有升级、扩展的能力;

f) 实用性：应做好规划和需求分析,根据具体要求和实际情况选择实用可行的技术及软硬件产品;

g) 集成性：底层设计应集成化,各类数据、计算、共享应高度统一。

5　总体设计要求

5.1　功能

5.1.1　基本功能

旅游电子商务网站应具有但不限于以下功能：

a) 旅游机构形象宣传;

b) 新闻及供求信息发布;

c) 产品和服务项目展示;

d) 产品和服务订购、转账与支付;

e) 信息检索与查询;

f) 用户信息管理;

g) 旅游社区系统;

h) 短信增值服务;

i) 广告管理与发布;

j) 网站服务。

5.1.2　旅游机构形象宣传

旅游电子商务网站的形象宣传应提供旅游机构的组织、特点、产品、服务、联系方式等基本信息;对于不同类别、面向不同市场和经营不同产品的旅游机构,应分类介绍;还可通过电子杂志编辑、排版、制作系统创建旅游电子杂志,进行形象宣传。

5.1.3　新闻及供求信息发布

旅游电子商务网站的新闻及供求信息发布功能可动态发布最新的旅游目的地和线路信息,及时发布旅游业的重要新闻,向用户公告企业的业务情况、优惠活动等。

新闻发布系统应能够:

a) 支持信息的批量发布;

b) 支持多种信息,如文本、图形、图像、声音等;

c) 支持信息的权限访问控制;

d) 实现信息的按类别管理。

5.1.4　产品和服务项目展示

旅游电子商务网站的产品和服务项目展示应提供旅游目的地信息、旅游黄页信息、电子地图、旅游行程规划,并可进行旅游多媒体资源的管理。

5.1.5　产品和服务预订

旅游电子商务网站的产品和服务预订可具有宾馆预订、旅游产品营销、招商引资和询价的功能:

a) 宾馆预订应能够针对宾馆、代理商和游客分别提供其所需的在线预订和管理等商务应用功能;

b) 旅游产品营销对象类型应涵盖一般旅游者、旅游相关媒体和旅游机构,应能够为目的地的旅游宣传推广提供客户关系管理、主动营销等方面的支持;

c) 招商引资可提供详细的招商引资综述名称、广告语、招商引资优惠政策、招商引资项目指引和有效时间段。招商引资项目部分需提供具体的项目名称、批准部门及文号、规模、总投资、已到位资金、拟引进资金、目前项目的进展情况、业主及经营者、联系方式;

d) 询价功能应为用户提供灵活的产品价格查询和分析手段,同时预留与其他询价系统的数据交换接口,可提供实时的价格信息,询价的结果可通过多种发布渠道传达给用户。

5.1.6　转账支付

旅游电子商务网站应提供但不限于以下支付方式,方便用户支付已订购的旅游产品:

a) 邮局汇款;

b) 银行转账;

c) 信用卡支付;

d) 银行卡支付;

e) 货到付款;

f）第三方支付平台；

g）电子支付。

5.1.7　信息检索与查询

旅游电子商务网站的信息检索与查询应具有以下的功能和特性：

a）智能全文检索，包括智能中文分词、广义同义词检索、主题词典控制检索以及相似性检索等。

b）检索系统中的信息采集和维护管理可采用自动和人工两种方式，支持远程维护和管理，可达到分钟级自动监测，支持增量更新，确保检索网站最新的资料。

c）可支持检索静态网页、动态网页、文件系统的目录文件等。

5.1.8　用户信息管理

旅游电子商务网站的用户信息管理应实现对旅游电子商务网站用户的认证管理和提供个性化服务的功能：

a）用户认证管理可对不同子系统的用户进行统一认证，对用户权限的管理可采用会员制和用户组的方式；

b）个性化服务可根据不同用户的需求，提供个性化页面、个性化定制信息，并且可根据用户资料信息提供符合用户习惯和需求的个性化服务。

5.1.9　旅游社区

旅游电子商务网站的旅游社区可具有会员管理、旅行游记、图片集管理、旅游论坛及社区管理的功能：

a）会员管理可为用户提供注册和提交个人基本资料的功能，登录会员可按条件查询其他会员允许对外公开的资料；

b）旅行游记可包括游记发布、游记管理、游记查询的功能，并且可将达到一定点击数量的游记自动设置为"精华游记"；

c）图片集管理可为注册会员提供用户相册、图片发布和管理的功能，并且可将达到一定点击数量的图片自动设置为"精品图片"；

d）旅游论坛可具有多个论坛分区和"精华区"，网站访问者可指定条件查询论坛内容；

e）社区管理应包括会员管理、图片管理、游记管理、论坛管理功能。

5.1.10　短信增值服务

旅游电子商务网站的短信增值服务应基于 Web 短信平台，宜支持国内主要电信运营商的短信系统，可向手机用户提供短信息、铃声、图片、定制新闻、游戏等服务；为企业用户提供集团短信服务；可与 WAP 系统和 Web 网站集成。

5.1.11　广告管理与发布

旅游电子商务网站的广告管理与发布可对网站内投放的广告位、广告形式和点击情况进行管理。主要功能应包括广告属性、广告形式、广告内容维护、访问量与计费管理。

5.1.12　网站服务

旅游电子商务网站的网站服务应为用户提供关于旅游目的地、旅游线路、旅游常识、旅游安全的详细信息,列举网上交易中常见的技术或服务问题;应提供网站功能的使用说明;宜具有在线帮助的功能,为用户提供专业的在线答疑,指导用户如何使用电子平台进行安全便捷的交易。

5.2　体系结构和关键技术

5.2.1　体系结构

旅游电子商务网站的建设技术体系结构应从总体上描述运用各种技术构建网站系统的规则和方法,标识出各服务领域及其接口,实现开放系统的分离原则。

旅游电子商务网站的体系结构自下而上可分为基础设施层、基础支持平台、商务支持平台、商务服务平台、商务应用层、电子商务应用表示层六个层次,其中每个层次为上层提供服务和支持。整个体系结构中的各个模块和层次之间应是低耦合的。

体系结构中的各层应包含以下内容:

a) 电子商务应用表示层应将商务应用层的各种业务逻辑的处理结果以多种形式提交给客户端,该层次应支持多种标准数据格式、支持多种主流数据终端。

b) 商务应用层应实现旅游电子商务网站的核心业务逻辑。

c) 商务服务平台应直接为商务应用层提供具体的服务,扩充和优化商务应用层的功能。

d) 商务支持平台应为旅游电子商务网站的应用服务提供抽象的、通用性的功能,简化应用程序的开发,提高应用系统的效率。

e) 基础支持平台应定义旅游电子商务网站的基础架构,为旅游电子商务网站的各类应用提供系统开发与维护环境、系统性能优化及可靠性、系统可管理性、应用互操作性四种基本类型的服务,旅游电子商务网站的基础架构技术应符合本标准5.2.2的要求。

f) 基础设施层是旅游电子商务网站的运行环境,应包括计算机、网络等硬件环境,操作系统、数据库管理系统等软件环境,同时该部分还应包括各种网络协议。

5.2.2　基础架构技术

5.2.2.1　面向过程的架构

5.2.2.1.1　构成

旅游电子商务网站的基础架构技术可采用面向过程的架构。

面向过程的架构主体是中间件技术,可包括消息中间件、交易中间件、数据访问中间件、远程例程调用中间件等。

5.2.2.1.2　消息中间件

消息中间件应提供的基本功能包括:

a) 异步消息传输;

b) 可靠传输服务;

c) 消息订阅与发布机制;

d) 消息管理；

e) 消息传输的路由管理；

f) 可靠性与故障恢复机制；

g) 资源或活动的监控与管理；

h) 日志机制；

i) 安全管理。

5.2.2.1.3　交易中间件

交易中间件应提供的基本功能包括：

a) 支持并发请求；

b) 服务程序和数据库连接资源的管理与调度；

c) 全局事务管理；

d) 故障恢复；

e) 安全性；

f) 系统的监控与管理；

g) 日志功能；

h) 群集和均衡负载支持。

5.2.2.1.4　数据访问中间件

数据访问中间件应提供的基本功能包括：

a) 标准的数据访问接口；

b) 用户端可使用数据访问中间件代替不同数据源的各种驱动程序；

c) 支持全局模式，实现用户对异构和分布数据的透明访问；

d) 支持全局查询操作，可对不同数据源中的数据进行关联查询；

e) 可通过可视化工具方便地进行全局模式管理、用户管理和系统配置。

5.2.2.2　基于组件的架构

旅游电子商务网站可采用基于组件的架构。基于组件的架构应建立在组件对象模型之上，提高软件的重用性、扩展性。

5.2.2.3　面向服务的架构

旅游电子商务网站可采用面向服务的架构。面向服务的架构应使采用不同编程语言、组件模型、硬件环境、数据库实现的服务能够集成在一起，消除异构的分布式环境对应用系统的影响。

5.2.3　信息表示技术

旅游电子商务网站的信息表示技术应提供一种独立于系统、平台的通用数据内容描述语言和方法。旅游电子商务网站应采用统一的信息表示规范，且应满足以下特性：

a) 自描述性，使信息在不同的系统中都能被正确识别和处理；

b) 可扩展性，允许在现有的信息结构中扩展新的结构；

c) 可校验性，允许通过定义一些约束条件，自动校验信息的格式是否满足约束；

d) 信息的层次结构，允许信息的层次性描述；

e) 信息的关联，允许信息之间建立一对多、多对一和双向链接等多种关联；

f) 多样式表支持，允许将数据内容与它们的表现形式分开；

g) 多语言支持，允许表示多种语言的信息，使同一语种的信息在多种语言的系统环境下都能处理。

旅游电子商务网站的信息表示宜采用 XML 技术。

5.2.4　数据访问技术

旅游电子商务网站的数据访问技术应满足以下要求：

a) 采用标准的数据访问接口，保证应用系统对数据的访问独立于数据的物理结构和逻辑结构；

b) 在数据层和应用层之间提供数据映射机制，保证应用层和数据层相互独立；

c) 应提供包括结构化数据的查询和非结构化数据的查询；

d) 在不同的数据源（异构数据）之间实现数据交换，或者将不同的数据源的数据集成并整合。

数据访问技术可采用但不限于：数据库访问技术、Web 资源访问技术、基于 XML 的数据访问技术。

5.2.5　Web2.0 技术

旅游电子商务网站建设可采用 Web2.0 技术实现可编程的 Web 和社会性 Web 应用，包括网络日志等。

5.3　信息采集与数据交换

5.3.1　信息采集

旅游电子商务网站的信息采集可包含旅游目的地信息、出游信息、旅游企业信息等。

5.3.2　数据交换

旅游电子商务网站应可以通过网络进行广泛的信息交换并完成相应的电子商务活动，可采用以消息服务为核心的技术实现数据交换。

消息服务应满足以下要求：

a) 数据具有统一的封装格式；

b) 统一编址，采用统一的、简单易用、易扩展、易管理的地址编码体系；

c) 可靠的数据传输；

d) 信息的表示与交换分开，实现高效的数据交换并具有充分的灵活性；

e) 具有可管理性，提供日志、审计、会话管理、传输优先级等功能。

可采用 GB/T 19256.1—2003 中 7.5 所描述的消息服务实现数据交换。

5.4　系统集成

5.4.1　旅游电子商务应用集成

旅游电子商务网站建设可与其他应用系统集成，实现：

a) 网上支付；

b) 全球分销系统旅游产品和服务预订;

c) 语音呼叫服务。

5.4.2　分布式数据库的集成

旅游电子商务网站建设可采用分布式数据库提供多下级机构或多营业点的分布式管理,在这种情况下应至少满足以下要求之一:

a) 各个分点的数据库应能独立运作,并能定时或人工启动复制到其他结点;

b) 各个分点的数据库能独立运作,并能在在线时传递修改记录;

c) 各个分点的数据库在线状态下能独立运作,并能于在线时将修改记录整合至其他结点;

d) 可以自由定义需要复制的信息。

6　旅游电子商务网站建设的安全

6.1　安全目标

旅游电子商务网站的信息安全应满足以下目标:

a) 确保旅游电子商务网站信息的保密性,使得旅游电子商务网站的信息在生成、存储、传输、处理过程中,信息被访问的时间、地点、人员、方式四个要素满足信息保密性的规定;

b) 确保旅游电子商务网站流程的安全性,在信息系统流程的设计中,对流程的安全属性、安全要求应进行充分的分析和论证,同时保证满足旅游业务的需要;

c) 保证用户身份正确识别;

d) 确保用户权限正确分配和执行;

e) 确保旅游业务连续运转,应对"连续性"保障体系进行设计,确保旅游电子商务网站的故障不会影响旅游业务的连续运行。

6.2　安全保护范围

6.2.1　计算环境

基本的计算环境由信息处理、传输和存储的设备构成,计算环境的保护应满足但不限于以下内容:

a) 确保对用户终端、服务器系统、应用系统实施有效保护,防止系统设备性能下降、信息泄密、数据丢失和变化;

b) 确保授权用户正确使用所授权使用的功能,正确地访问、处理、传输、存储信息;

c) 确保服务器系统、用户终端按照相应的安全要求进行配置,及时进行系统更新和修补;

d) 具有防范内部和外部攻击的能力;

e) 具有对安全事件及时响应的能力。

6.2.2　系统边界

旅游电子商务网站与其他系统连接的边界即为"系统边界"。系统边界的防护应满足但不限于以下内容:

a) 确保系统边界上系统连接点的可用性,防止拒绝服务等攻击;

b) 确保系统边界不成为攻击的入口点；

c) 确保系统边界所交换的信息的保密性、完整性和可用性；

d) 确保系统边界所进行的信息交换的合法性。

6.2.3 网络和基础设施

旅游电子商务网站的网络和基础设施资源包括物理资源、逻辑虚拟资源和通信资源。网络和基础设施防护应满足但不限于以下内容：

a) 防止远程通信信息被截获；

b) 防止远程通信带宽的损失；

c) 防止信息发送过程中的时延异常、丢失和误传；

d) 防止数据流分析；

e) 防止通信干扰。

6.2.4 支撑性安全基础设施

旅游电子商务网站的支撑性安全基础设施应涵盖以下内容：

a) 密码管理系统；

b) 密钥管理系统；

c) 入侵检测系统；

d) 安全管理系统；

e) 数字证书系统；

f) PKI/PMI 系统；

g) 灾难恢复系统；

h) 应急响应系统。

6.3 安全体系结构

6.3.1 构成

旅游电子商务网站的安全体系结构应包含安全平台、加密技术、认证手段、安全协议四个层次，为旅游电子商务网站的业务系统提供安全保护。安全体系中的各层次应符合本标准 6.3.2—6.3.5 的要求。

6.3.2 安全平台

旅游电子商务网站的安全平台应涵盖软件安全、数据安全和网络安全三方面内容。

6.3.3 加密技术

旅游电子商务网站采用的加密技术应涵盖加密方法和密钥管理两方面的内容。

加密方法可采用对称密钥加密或非对称密钥加密。

密钥的管理应满足下列要求：

a) 应在生命周期内对密钥资料进行控制，保证密钥资料的完整性，防止信息非法授权、泄露、修改、替换、重用；

b) 在允许使用相同算法的密码装置之间互用密钥时，应进行安全的人工或自动分配；

c) 在密钥管理进程失败或密钥资料的完整性存在疑问时应具有恢复能力，并提供审计追踪所有密钥资料的途径。

6.3.4 认证手段

旅游电子商务网站可采用数字签名保证信息的完整性和真实性。

旅游电子商务网站可采用证书授权认证机制，由证书授权认证中心向用户颁发包含用户公钥及用户身份信息的数字证书。

6.3.5 安全协议

旅游电子商务网站可采用安全套接层协议实现旅游电子商务网站的客户端和服务端之间的身份认证和保密通信。

旅游电子商务网站可采用安全电子交易协议实现旅游电子商务网站的安全电子交易和支付。

7 旅游电子商务网站的建设服务

7.1 服务内容

旅游电子商务网站的建设和运行期间应提供相应的服务以保证网站建设的顺利完成和正常运行，这些建设服务应涵盖但不限于以下内容：

a）服务保证体系；

b）管理咨询；

c）安装集成；

d）用户培训；

e）产品升级；

f）技术支持。

7.2 服务保证体系

旅游电子商务网站应建立独立的满意度评估与用户投诉渠道，保证用户能够得到等价的服务内容并保证服务质量。

7.3 管理咨询

旅游电子商务网站建设过程中应提供管理咨询服务，进行业务流程调研与优化、项目规划、主导推动、进度监控与阶段报告反馈工作。进行工作协调，组织分工与专业的编码建议，流程规划与软件运作规划，以保障旅游电子商务网站的顺利建设。

7.4 安装集成

旅游电子商务网站的建设应针对所购买的软硬件设备提供安装集成服务。安装集成服务应：

a）提供集成前的规划与建议报告；

b）提供集成后的完成报告，并取得用户确认；

c）提供软硬件安装集成服务的操作规范。

7.5 用户培训

7.5.1 模块功能培训

旅游电子商务网站的建设应针对旅游电子商务网站各模块的功能说明、操作培训、使用时机、管理目的与导入程序进行培训,使系统应用、运行、维护人员深入了解每个模块的详细功能并熟练操作。

7.5.2　开发技术培训

旅游电子商务网站的建设应对有能力自行维护并合法取得源代码的网站运营机构进行技术培训,提供相应技术文档和培训课程,使其能顺利接手产品技术,提升其运行维护的技术水平。

7.6　产品升级

旅游电子商务网站的建设应能在软件供应商推出新版本时,针对用户使用的旧版本提供软件升级服务。软件升级服务应:

a) 明确升级服务的收费方式;

b) 在升级前说明新老产品的差异;

c) 产品升级应保证用户原始数据不被破坏,且能适合新版本的功能;

d) 提供产品升级服务的操作规范。

7.7　技术支持

旅游电子商务网站的建设应针对网站建设、运行维护和使用上的问题,提供以下方式的技术支持:

a) 热线电话技术支持;

b) 远程网络技术支持;

c) 现场技术支持。

★★★★★ 本章小结 ★★★★★

本章总结了我国智慧旅游标准化的现状,整理了部分智慧旅行社、智慧景区、智慧酒店、智慧旅游乡村、智慧旅游营销以及智慧旅游电子商务平台的标准,主要是补充学生在智慧旅游标准化方面的知识,让学生对智慧旅游标准化有个大致的了解。

★★★★★ 关键术语 ★★★★★

智慧旅游标准

★★★★★ 讨论与探究 ★★★★★

1. 我国目前的智慧旅游标准化现状如何,和国际上有无差异?

2. 目前已有的智慧旅游标准有哪些,有没有什么需要完善的地方?

参考文献

[1] 黄超,李云鹏."十二五"期间"智慧城市"背景下的"智慧旅游"体系研究[A].2011旅游学刊中国旅游研究年会会议论文集,2011.

[2] 唐洪广."智慧旅游"与信息化[N].中国旅游报,2012-04-20.

[3] 罗成奎.智慧旅游的智慧性研究[J].当代旅游旬刊,2013(2):14-15.

[4] 金卫东.智慧旅游与旅游公共服务体系建设[J].旅游学刊,2012,27(2):5-6.

[5] 张凌云,黎巎,刘敏.智慧旅游的基本概念与理论体系[J].旅游学刊,2012,27(5):66-73.

[6] 李云鹏,胡中州,黄超,等.旅游信息服务视阈下的智慧旅游概念探讨[J].旅游学刊,2014,29(5):106-115.

[7] 任瀚.智慧旅游定位论析[J].生态经济(中文版),2013(4):142-145.

[8] 黄超,李云鹏.智慧旅游公共服务体系建设研究[J].时代经贸,2013(8):201.

[9] 刘军林,范云峰.智慧旅游的构成、价值与发展趋势[J].重庆社会科学,2011(10):121-124.

[10] 金江军.智慧旅游发展对策研究[J].中国信息界,2012(11):22-23.

[11] 郑俊.智慧旅游的未来[J].信息化建设,2013(2):32-34.

[12] 姚国章."智慧旅游"的建设框架探析[J].南京邮电大学学报(社会科学版),2012,14(2):13-16.

[13] 朱珠,张欣.浅谈智慧旅游感知体系和管理平台的构建[J].江苏大学学报(社会科学版),2011,6:97-100.

[14] 马勇,陈慧英.智慧旅游发展的四大核心价值[N].中国旅游报,2012-04-06.

[15] 丁风芹.我国智慧旅游及其发展对策研究[J].中国城市经济,2012(1):34-36.

[16] 张国丽.智慧旅游背景下旅游公共信息服务的建设——以浙江为例[J].科技经济市场,2012(3):41-44.

[17] 张旗.智慧旅游对旅游市场影响的实证研究[J].扬州大学学报(人文社会科学版),2013(2):34-40.

[18] 黄羊山.智慧旅游的作用与前景(下)[N].中国旅游报,2011-02-18(11).

[19] 裴盈盈,袁国宏.智慧旅游浅析[J].当代经济,2012,5:46-47.

[20] 黄晓波.智慧旅游服务社会的路径选择研究——以南京市为例[A].2013中国旅游科学年会论文集,2013.

[21] 莫琨.智慧旅游的安全威胁与对策探讨[J].旅游纵览(下半月),2013,2:198.

[22]　蒋丽芹,包沁昕.基于物联网技术的我国智慧旅游产业发展研究[J].鸡西大学学报(综合版),2013,13(1)：60-62.

[23]　高天明.热旅游、冷思考：智慧旅游之我见[J].旅游学刊,2012,27(9)：5-6.

[24]　邓贤峰,李霞."智慧景区"评价标准体系研究[J].电子政务,2012(9)：100-106.

[25]　沈杨,张红梅,何越.我国智慧旅游建设的现状与思考[J].甘肃农业,2013(3)：20-23.

[26]　严斌.面向智慧旅游信息系统构建的旅游数据整合研究[D].上海师范大学,2012.

[27]　杨阳.浅议"智慧旅游"下的旅行社发展[J].商界论坛,2012(18)：156-157.

[28]　陈胜容.智慧旅游体系下的旅游环线资源整合研究——以京东旅游环线为例[J].唐山师范学院学报,2013(2)：142-144.

[29]　姚国章."智慧旅游"的建设框架探析[J].南京邮电大学学报(社会科学版),2012(2)：13-16.

[30]　李臻,朱进.智慧酒店——酒店产品升级换代的必然趋势[J].镇江高专学报,2013,26(1)：31-34.

[31]　冯浩.智慧旅游服务卡——"江苏旅游一卡通"的研究与实现[D].南京邮电大学,2013.

[32]　刘利宁.智慧旅游因子分析评价与对策研究[D].太原理工大学,2013.

[33]　刘利宁.智慧旅游评价指标体系研究[J].科技管理研究,2013,33(6)：67-71.